ISBN:978-986-6431-38-8

執著離念靈知心爲實相心而不肯捨棄者，即是畏懼解脫境界者，即是畏懼無我境界者，即是凡夫之人。謂離念靈知心正是意識心故，若離**俱有依**（意根、法塵、五色根），即不能現起故；若離**因緣**（如來藏所執持之覺知心種子），即不能現起故；復於眠熟位、滅盡定位、無想定位（含無想天中）、正死位、悶絕位等五位中，必定斷滅故。夜夜眠熟斷滅已，必須依於**因緣**、**俱有依緣**等法，方能再於次晨重新現起故；夜夜斷滅後，已無離念靈知心存在，成爲無法，無法則不能再自己現起故；由是故言**離念靈知心是緣起法**、**是生滅法**。不能現觀離念靈知心是緣起法者，即是未斷我見之凡夫；不願斷除**離念靈知心常住不壞之見解**者，即是恐懼解脫無我境界者，當知即是凡夫。

——**平實導師**——

一切誤計**意識心為常**者，皆是佛門中之常見外道，皆是凡夫之屬。意識心境界，依層次高低，可略分爲十：一、處於欲界中，常與五欲相觸之離念靈知；二、未到初禪地之未到地定中，暗無覺知而不與欲界五塵相觸之離念靈知，常處於不明白一切境界之暗昧狀態中之離念靈知；三、住於初禪等至定境中，不與香塵、味塵相觸之離念靈知；四、住於二禪等至定境中，不與五塵相觸之離念靈知；五、住於三禪等至定境中，不與五塵相觸之離念靈知；六、住於四禪等至定境中，不與五塵相觸之離念靈知；七、住於空無邊處等至定境中，不與五塵相觸之離念靈知；八、住於識無邊處等至定境中，不與五塵相觸之離念靈知；九、住於無所有處等至定境中，不與五塵相觸之離念靈知；十、住於非想非非想處等至定境中，不與五塵相觸之離念靈知。如是十種境界相中之覺知心，皆是意識心，計此爲常者，皆屬常見外道所知所見，名爲佛門中之常見外道，不因身現出家相、在家相而有不同。

——平實導師——

如聖教所言，成佛之道以親證阿賴耶識心體（如來藏）爲因，《華嚴經》亦說**證得阿賴耶識者獲得本覺智**，則可證實：證得阿賴耶識者方是大乘宗門之開悟者，方是大乘佛菩提之眞見道者。經中、論中又說：證得阿賴耶識而轉依**識上所顯真實性**、**如如性**，能安忍而不退失者即是**證真如**、即是大乘賢聖，在二乘法解脫道中至少爲初果聖人。由此聖教，當知親證阿賴耶識而確認不疑時即是開悟眞見道也；除此以外，別無大乘宗門之眞見道。若別以他法作爲大乘見道者，或堅執**離念靈知**亦是實相心者（堅持意識覺知心離念時亦可作爲明心見道者），則成爲實相般若之見道內涵有多種，則成爲實相有多種，則違實相絕待之聖教也！故知宗門之悟唯有一種：親證第八識如來藏而轉依如來藏所顯眞如性，除此別無悟處。此理正眞，放諸往世、後世亦皆準，無人能否定之，則堅持離念靈知意識心是眞心者，其言誠屬妄語也。

——**平實導師**——

目次

第二輯：

第三輯：

第四輯：

第五輯：

第六輯：

第七輯：

第八輯：

第九輯：

自 序

《金剛經》原名為《金剛般若波羅蜜經》，意為證得金剛不壞心而產生了實相智慧，由此智慧而到達無生無死彼岸底經典。本經是中國大乘佛法地區佛教徒中，家喻戶曉之大乘經典，在家居士及出家諸僧，多有人以本經作為日課而持誦不斷者。本經是將大品般若及小品般若的實相教理，濃縮成為一部文字較少而簡要的般若經典；若再將此經加以濃縮，則成為二百餘字的極精簡經典，即是大眾耳熟能詳的《心經》，如是亦可證知本經所說的內涵是金剛心，並非解說一切法空。以此金剛心如來藏的實證，能使人看見本來就無生無死的解脫彼岸，由此實證而發起本來自性清淨涅槃的智慧。有了這個無生無死的本來自性清淨涅槃的現觀，知道阿羅漢們捨壽入了無餘涅槃中的境界以後，再現觀此時猶未捨壽之際，自己與眾生的金剛心如來藏，依舊不改其本來自性清淨涅槃的境界，那麼死後入無餘涅槃或不入無餘涅槃，就無所差別了。菩薩因為如是實證、如是現觀，因此發起大悲心，願意盡未來際不入無餘涅槃，願意盡未來際利樂眾生永無窮盡，不辭勞苦。

然而《金剛經》之宗義，漸至末法時期，由於六識論的凡夫臆想中觀流行於世，同將本經解釋爲一切法空之說，致使本經中所說的第八識金剛心密意全面失傳；縱使有善知識繼出於人間，欲將本經之眞實義廣爲弘傳，亦屬難以達成之目標。由是緣故，必須先將禪宗之開悟實證法門推廣，眾皆信有開悟之事，亦信自身可能有緣開悟，然後教以禪宗之開悟即是親證第八識如來藏妙心之眞義，最後方得以本經之宗義如實闡揚，令大眾周知本經中所說「此經」者，實即第八識金剛心如來藏。然後依金剛心如來藏之清淨自性、離世間相自性、離出世間相自性、離三界六道自性……等，一一鋪陳敷演，得令已證金剛心之大眾隨聞入觀，一一現前證實　佛之所說誠屬眞實語；亦令未證金剛心之大眾歡喜信受，願意盡形壽求證之，以期得入大乘見道位中，眞成實義菩薩。以是緣故，應當講授本經，如實顯示本經之眞實義。

又，《金剛經》屬於破相顯宗之經典，是故講解本經時，除了顯宗以外，亦應同時摧破各種邪見相，令今世後世一切眞正學佛之人，讀後快速遠離各種外道常見、斷見相，亦得同時遠離各種佛門凡夫相。以是緣故，講解本經時，必須於顯示大乘自宗勝法時，同時破斥各種外道相及凡夫相，方能使聞此經典眞實義者同獲大利；由此顯宗同時破相之故，永離無因唯緣論的緣起性空、一切法空邪見，則此一世實證大乘般若實智即有可能。

又，若能如實理解本經中之眞實義，則能深入證實「宗、教不離」之正理，由是得以藉教驗宗、藉宗通教，漸次成就宗通與說通之自利利他功德，非唯自通得以自利而已。從此以後即能爲人解說宗門與教門非一非異之理，則人間有緣眾生即得大利，不久即得因如是善知識之弘化而得實證大乘般若，是故應當講授本經，並應於顯宗之際同時破相，令末法時代佛門四眾同得法利。

又因本經所說皆是直指金剛心之本來涅槃境界，然而未證金剛心之凡夫位菩薩，雖讀而不能現觀金剛心之本來解脫境界，於是不免臆想分別而產生偏差，終究無法如實理解本經中的世尊意旨。爲救此弊，乃出之以宗通之方式而爲大眾講授，是故名之爲《金剛經宗通》；即以各段經文中與中國禪宗互有關聯之公案等，附於每一段經文解說之後說之，藉以引生讀者未來見道而實證《金剛經》宗義之因緣，是故即以宗通方式而作講授。復次，以《金剛經宗通》爲名而講授本經者，亦因鑑於明朝曾鳳儀居士所講《金剛經宗通》並不符實，顯違佛門宗通之智慧，後人讀之難免為其所誤，以是緣故，亦應於經文中與其有關之處加以拈提，條分縷析而令佛門四眾了知其錯謬所在，不復以其錯謬之宗通註解作為依止，後日參究真如本心時，庶能遠離偏斜，則親證本經宗旨即有可能，是故即採宗通方式講授之。今者《金剛經宗通》之錄音已整理成文字，並已略加潤色，刪除口語中重複之贅言，總共達到一百三十餘萬言；今已將之編輯成書，總有九冊，仍以成本價流通之，以利當代學人；即以如是感言及緣起之說明，以為序言。

佛子 **平實** 謹序

公元二〇一一年初冬 於竹桂山居

第三輯：

《金剛般若波羅蜜經》

〈無為福勝分〉第十一

【「須菩提！如恒河中所有沙數，如是沙等恒河，於意云何？是諸恒河沙，寧為多不？」須菩提言：「甚多！世尊！但諸恒河尚多無數，何況其沙？」「須菩提！我今實言告汝：若有善男子、善女人，以七寶滿爾所恒河沙數三千大千世界，以用布施，得福多不？」須菩提言：「甚多！世尊！」佛告須菩提：「若善男子、善女人，於此經中，乃至受持四句偈等，為他人說，而此福德勝前福德。」】

講記：「須菩提！譬如恒河中所有細沙的數目，像這樣多的恒河沙數的恒河，你的意下如何呢？這麼多數不盡的恒河沙數恒河中的沙子，難道不是很多嗎？」須菩提回答說：「非常多呀！世尊！單單是那些恒河的數量尚且無法計算，何況是那些無法計算的恒河中的細沙？」「須菩提啊！我如今以眞實語告訴你：如果有善男子、善女人，以金銀等七寶布滿在這麼多的恒河沙數目的三千大千世界中，以這些七寶用來布施，所得到的福德是不是很多呢？」須菩提回答說：「非常多啊！世尊！」佛陀告訴須菩提：「如果有善男子、善女人，在『此經』的全部法義中完全受持、多分受持、少分受持，乃至只有很少地受持其中的四句偈，而能夠爲他人解說，他這樣的福德是勝過前面以無量七寶布施者的福德。」

〈無爲福勝分〉這一品，無爲福勝四個字很清楚地告訴我們：無爲法的親證所得的福德是最殊勝的。這意思是說，在有爲法中累積的福德並不是最殊勝的；貪求有爲法的福德而作布施，這個福德永遠比不上無爲法的親證所得的福德。貪有爲法的福德，以前我們講《優婆塞戒經》，佛已經說到很詳細了：布施給一個破戒的修行人，來世還得千倍之報；布施給佛法中持戒不犯的人，可以獲得十萬報。換句話說，你今天買個饅頭供養一位佛門中持戒不犯的人，你來世可以有十萬個饅頭的福德回報，未來世你可以用這個世間福德，再用來作更多的布施；但是雖然有十萬報，還不如布施給一位證得初禪的外道，因爲來世可得百萬倍的果報；進一步說，布施給外道證得初禪的人（註），卻是遠不如布施給斷我見的初果人；因爲斷我見的人將來會出三界，這才是三界中眞正的聖人，所以你來世所得的福報是無量報。如果是布施給斷我見再加上證如來藏的菩薩，那更是無量報了。這福德眞的很大，所以有好多人悟了以後，常常要買食品來請證悟的同修們分享受用；因爲他很聰明，知道這樣的小小布施既是福田勝，也是施主勝；因爲他自己知道能施與所施及布施都空，自己是親見三輪體空的人，而被他種福田的人也一樣是證悟者，他在未來世行菩薩道時就獲得無量報，可以用來大大增益他所行的菩薩道。這樣的布施，即使只有一顆糖果，未來無量顆糖果一類的福德受用不盡；但可以節省著用，把大部分都累積到未來世，一直累積下去才能成佛。這種布施的殊勝處，在於自己也是開悟的人，那就變成施主殊勝；而受施的菩薩也是證悟者，同時也是福田勝。如果福田勝，施主也勝，那福德就不可想像了。（註：目前並未看見外道中有誰證得初禪者，都是未離欲者而自稱得初禪。）

我們同修會有一句話在私下流傳著：「你來到同修會中學法時若還不懂得布施種福田，就是沒智慧。如果來到同修會悟了以後還不懂得布施種福田，就是笨蛋。」因爲以前在表相佛法中都肯布施，現在來到正覺同修會中，福田勝又加上施主勝，未來世果報無量無邊，反而不肯布施，那不是笨蛋又是什麼呢？不過話說回頭，這些都是有爲的福報。假使這一世在正覺同修會裡面，你種了福田而有未來世的無量報，但是下一輩子沒有繼續在法中用功，因爲存心在福報上面，在無爲法上不太用心，結果再下一輩子緣就不是很好。因爲來世有了很多的錢財，卻只想在人間享受福報；生活太快樂了，享樂都來不及了，哪有時間想到要修行呢？所以下一世風風光光享受六七十年、八九十年，等到臨命終時說：「這麼快！一生要結束了，好像黃粱一夢一樣，好快！」快樂的日子永遠都會過很快，下一輩子就把此世修來的廣大福德享用完了，所以下下輩子又是窮光蛋一個，要重新再修集福德，然後再享用一輩子，又重新再修福德。有沒有這種人？有！而且很多。就像有的人很喜歡喝米酒，今天作工一天，看看有酒錢可以喝了，下工以後去喝酒，喝到醉得一塌糊塗不省人事，第二天又再醉一天也不上工；第三天早上酒醒了，心想「沒錢就不能生活」，又去上工再作一天。作完那一天的工作，領了錢又去喝酒，不斷地重複這樣的生活，就是這樣愚癡。貪有爲福報的人就好像是這樣，一世又一世不斷地重複，有智慧的人看著都會說這個人眞沒智慧；只能搖頭嘆息，可是他就這樣醉生夢死過完每一世。

同樣一種貪求有爲福報的人，一世快快樂樂的廣有錢財、三妻四妾，幾億元的別墅好幾家輪著住，竟然不肯布施；但是當他要捨報時，只覺得一生就這麼一晃，很快就過去了，然後下輩子再當窮光蛋。這就是貪有爲福，所以雖然果報很大，但不能常保福德，其實還是福薄，不能說他是福德厚。只有樂於無爲福的人，他的福才會永遠廣大，因爲他不但在法上不漏失，在世間的福德上也不漏失。他會繼續累積下去，一直不斷累積；每一世都只享用百分之一、千分之一，剩下的福德都累積下去；這就像滾雪球一般，或者像等比級數、等差級數那一類。他累積福德越來越大，但每一世都只用一點點，那表示這個人成佛會很快，這就是無爲福。有爲福會損失，無爲福常住不損，因爲假使你眞的有法，每一世來了自己參一參又悟了，你還怕沒飯吃嗎？大家等著要供養你呢！所以無爲福是永遠不會失去的，因爲它是常住法。

什麼是有爲福？除了布施以外，還有另外一種有爲福就是修定。現在台灣有個很普遍的現象，很多佛弟子在修有爲的福德，就是到處去慈濟眾生利樂有情，但都只是在世間法上修福而談不上佛法上的大福德。另外還有一種人，他不是到處去慈濟眾生，而是利樂自己，也是有爲福德，也就是修定；因此他一天到晚打坐，如果一天不打坐，他就渾身不舒服；只要有時間給他打坐，至少坐半天，他就通身舒暢。如果每天最少給他坐半天，他嘴角永遠都帶著微笑，眞的是這樣呀！這條路我以前也是走過的，因爲我這一世的師父教的禪宗的禪，其實是以定爲禪，那是在修定，偏偏他又修不成禪定；我是先走這條路，然後看出這條路不對，改用自己的辦法來參禪才開悟的。這個從修定而獲得的有爲福或布施錢財的有爲福，都是有爲法、都是無常法。如果修定有了證量，死了以後升天生到色界天；如果不繼續用功，散散漫漫地，死了只好又下墮來人間或下墮三惡道，所以都是有爲福。

無爲福爲什麼最勝？因爲無爲福是智慧所得，這個智慧的種子會一直留在你的金剛心中，而你這個心是常住不壞的，這種子就會一直在。所以無爲法所得的福報是兼有功德的，兼有功德就不會失去；若是沒有功德而只有福德，來世就很容易失去，所以說無爲福是非常殊勝的。世間福不必執著，也不必炫耀。這就像經中講的，當人們誤以爲布施眾生、布施三寶有功德的時候，它其實已經是世間的有爲福了；因爲凡是與無爲法不相干的布施，雖然福田極爲殊勝，乃至親值應身佛而得供養，那個福德雖然被錯說爲功德，其實仍然是世間福，因爲自己在出世間法上並沒有實證。這一種世間人所謂的功德，就像《大般涅槃經》中說：有一對姊妹永遠是相隨不散的，大姊叫作功德天，小妹叫作黑暗女；功德天與黑暗女永遠同在一起，從來不分開。有許多學佛人，他們的心態是要作功德；那種作功德其實就是種福田，那不是眞的功德。

眞正的作功德，得要斷我見、斷我執，或者進一步實證如來藏、進修菩薩道，那才是眞的作功德。可是世間人誤會了，很多初機學佛人也誤會了，就說大家以身力或錢財來護持三寶的道場就是作功德。自從我們出世弘法以後，同修們又增加了一句話說：「**功德可以不種，但是法不能亂講，話也不能亂說。**」因爲恐怕把佛法講錯了就要負擔誤導眾生的因果，恐怕把話說錯了要負擔因果。所以，假使覺得哪一個道場本質上是跟破壞佛法有關的，譬如密宗或否定第八識的道場，那就最好不要去那種道場種福田。去那邊種福田，結果會變成種毒田；毒田種下去，未來世長出來的都是毒花毒果，還得要自己享用，那可就麻煩了！丟都丟不掉呢！未來世該怎麼辦？

如果所種的福田是屬於眞正的三寶，不是破法的道場，若是沒有正法可以實證，那樣作功德只是世間福德。佛說這功德天與黑暗女永遠同在一處，所以那些世間人或初機學佛人講的作功德，一定伴隨著黑暗女。所以佛陀講了一個故事：有一戶人家，有一天來了一個女人，衣服鮮白散發著非常漂亮的光芒，來敲他家的門，門一開就說：「我要來住在你家裡面。」這主人問說：「妳是什麼天呀！妳住在我家能給我什麼好處？」她說：「我是功德天，能夠讓你大有資財、眷屬廣大。」說了很多，那家人就說：「好！妳趕快進來住，求之不得。」才剛請她住進來，又看見門外有一個女人穿得破破爛爛，渾身散發著黑光，說她也要住進來；那家主人問她說：「妳住進來能給我什麼好處呢？」她說：「我住進來會使你短命，會使你家財散失，會使你眷屬越來越少。」他一聽就說：「喔！那我不要！妳趕快走！」那黑女人卻說：「不行！我姊姊既然住進來了，我就一定要住進來，我跟她是從來不分離的。」這就是佛經說的功德天與黑暗女，也就是說世間的有爲福都是無常法，有爲的福德會產生許多的漏失。然後　佛陀開示說：有智慧的人，既不要黑暗女，也不要功德天，只要世出世間法的上上無爲法。

今天我吃午餐的時候已經兩點多了，剛好有個新聞報導說，美國前幾年有一個人中了威力彩，好像等於台幣一百多億元；他今天後悔說當初早該把它撕掉，不要去得那個相當於一百多億元台幣的錢財（那是美金好像幾億元吧？我沒記得確實數目）。因爲他自從有了許多錢財，也作了一些好事，可能是那些錢財不是他命中該得的，他只是偶然撞見了，結果中獎以後什麼事情都不順，連女兒也死掉了，他覺得很不值。有一次 佛陀帶著阿難走在路上時，看見路上有一袋黃金，阿難說：「哎呀！怎麼黃金丟在這裡呢！」佛說：「那是毒蛇，趕快走！」於是後面又有人走來而看見了，就把它拾了據爲己有；原來是有人黃金被竊賊盜走，可能竊賊暫時偷放在那裡，官家查來查去以後，查到那個人持有黃金，就被官府把他當作竊賊，判了刑，關在牢裡了。阿難說：「好在當初沒有拿，眞的是毒蛇。」不該得的眞的不要去貪啦！

這就是說，世間有爲法中的功德都是伴隨著黑暗愚癡的，都不是常，都是有漏法，都是會漏失的，因此說世間福德不可執著。假使我們在世間法上作了許多的功德，我們更應該修學無爲法；當你證得無爲法的時候，以這個無為法來攝持那些世間有為功德，未來世你不但有功德，還會有許許多多的福德，並且讓你一世又一世安隱無憂地擁有廣大資財與眷屬，行菩薩道總是順順利利，這不是最好嗎？話說回來，無為福中最殊勝的到底是什麼？諸位當然知道，那就是《金剛經》講的「此經」，就是金剛心如來藏啦！

佛問：「須菩提啊！譬如恆河中所有沙的數目，像恆河沙這樣多的數目，每一顆沙當作一條恆河，像這樣無數的恆河，每一條恆河又有那麼多的恆河沙，像恆河沙數那麼多的恆河中的沙，你的意下如何呢？這些恆河沙是不是很多呢？」須菩提於是答覆說：「非常之多呀！世尊啊！單單只是一條恆河沙數的恆河，而不說恆河沙數諸恆河中的沙數，就已經夠多了，何況是恆河沙數諸恆河中的沙的數目？」因為一條恆河沙數的恆河數目就已經數不清了，更不要說恆河沙數恆河裡面的河沙。佛又問：「須菩提啊！我今天眞實的告訴你：如果有善男子、善女人以七寶鋪滿了恆河沙數那麼多條的恆河中的沙一樣多的三千大千世界，把那麼多的七寶拿來布施，得到的福德是不是很多呢？」須菩提說：「非常的多呀！世尊！」佛卻告訴須菩提說：「如果另一個善男子或善女人，住在這一部經中所說的智慧來為他人演說；或者不用全部都演說，只把這一部《金剛經》中的一首四句偈，來為別人如實解說，這個福德是勝過前面所說鋪滿恆河沙數恆河中沙子數量世界中的珍寶來布施所得的福德。」

這樣講起來，你們是不是也該發願說：「我假使這一輩子不能為人講《金剛經》，至少下輩子、下下輩子，我總是要證悟以後來為別人講《金剛經》的。」是不是應該發這個願？（眾答：是！）是嘛！是應該發這個願，你想：遍滿恆河沙數的恆河裡的沙數那麼多的三千大千世界中，全都鋪滿了珍寶去布施，還不如為人家講《金剛經》中的一首四句的偈。想想看，我要把這整部經講完，喔！這福德真的不可計算呵！所以將來你如果也這樣為人講解「此經」，你的福德還真的不可計算呢！因為你若是真的要為人演講《金剛經》，得要先知道《金剛經》中講的「此經」是什麼。那就表示說，你為人家講《金剛經》時，其實是在大量增長與無為法相應的廣大不壞的福德；這不單單是有為法上相應的福德，所以說這個福德非常的殊勝，遠勝過在恆河沙數的恆河中的恆河沙數的三千大千世界鋪滿七寶來布施。所以這樣想一想，你到底是應該去參加慈濟作義工布施呢？還是要先來證這個無漏法然後來作布施？（大眾答：先證無漏法。）對嘛！要先證無漏法，然後你就成爲「施主勝」，然後再找一個殊勝的福田種下去，也就是在殊勝的眞實弘揚實證佛法的道場來種福田，那未來世的福德才眞是廣大到不得了。世間法都沒有什麼不得了的，只有實證的了義佛法中才會有這種「不得了」，因爲你沒有辦法「了」掉這個福德；這種無爲法上的福德非常大，誰都無法輕易把它「了」了！這種無邊廣大的福德生生世世跟著你，你要怎麼了掉它？你這個無爲法既然永遠在，一定不會因爲有錢就亂花錢來作威作福，而且還會繼續用來利樂眾生及實證更深廣的無上法，所以這個無爲福眞的很殊勝。這樣把「事說」簡單地說完了，再來看看理說：

《大方廣佛華嚴經》卷七十七：【「善男子！於此南方，有國名海岸，有園名大莊嚴，其中有一廣大樓閣，名毘盧遮那莊嚴藏，從菩薩善根果報生，從菩薩念力、願力、自在力、神通力生，從菩薩善巧方便生，從菩薩福德、智慧生。善男子！住不思議解脫菩薩，以大悲心，爲諸眾生現如是境界，集如是莊嚴，彌勒菩薩摩訶薩安處其中。」】

《華嚴經》，我在演講《金剛經宗通》時會常常舉出來講。《華嚴經》眞的是經王，佛法的廣大無邊富麗堂皇，就在《華嚴經》中顯現出來。有哪一個宗教有這麼富麗堂皇廣大莊嚴的經典內涵？根本就沒有！以前　克勤大師講《華嚴經》，那眞叫作天下一絕！可惜的是，當初我沒有想到找人把它全部記下來，太可惜了！他講的華嚴妙義，那可是不得了！根本就是聞所未聞；所以說，如今想要見這樣一位菩薩都很難。不說你們，連我想要再見他都很難。不曉得如今被派在哪個世界利樂眾生，反正是奉　佛之命到處去了。《華嚴經》儘管常常有人講，可是《華嚴經》的眞義究竟有誰知？到目前爲止，全球的佛教界並沒有人知道，都只能依文解義。有人建議我找時間來講華嚴，可是我想要再找時間時，覺得好像很難找。以後有沒有機會呢？還要隨緣啦！有緣的話，當然可以講，那時不講《六十華嚴、八十華嚴》，只講《四十華嚴》就好，咱們先有這個願在，看將來這個願能不能成就。

這一段《華嚴經》的經文，是　善財大士五十三參最後階段，被指引要去見　彌勒菩薩；若是不見　彌勒菩薩，就無法再得　文殊神力加持，也就無法再參　普賢，不能完成他的五十三參；而　善財童子一一完成了，所以他最後成爲等覺菩薩。善財童子成爲等覺菩薩，佛教界竟然沒有人知道，我覺得也是很奇怪！竟然常常把他畫成一個小孩子站在道教的註生娘娘身邊。善財童子的「童子」二字，並不是指小孩子，也許五十歲了、八十歲了都還是被叫作童子；因爲是修童子行，沒有妻室而終生不淫，道業增上，就是童子行。譬如童女迦葉，那也是好幾地的菩薩，她也不是七、八歲的小女孩；她修的是童女行，所以五、六十歲了都還被叫作童女；佛世之時，她率領著五百比丘遊行人間，顯然不是小女孩，但還是被叫作童女。因此，五十三參如果完成了，就表示你的五十二個階位完成了，因爲其中有兩參同是 文殊菩薩，所以是五十二個階位。但是 文殊菩薩在這五十三參裡面是作什麼呢？他是負責穿針引線，在重要時刻幫 善財童子加持和安排要怎麼樣去參訪善知識，完成五十二個階位的修行。凡是參到最後沒什麼善知識可參了，文殊菩薩就會指引他。這告訴我們什麼道理？告訴我們說，你如果想要完成菩薩五十二個階位的修證，不能純靠自己。千萬不要覺得自己是多麼厲害，沒有誰是多麼厲害的人。每一尊佛的成佛，都是經由五十二階位的善知識指導，要經歷五十二個階段，都是這樣修學過來的。所以在凡夫位會覺得自己好厲害，就好像卡通動畫中的水手卜派吃了菠菜一樣；可是等到你入地了，就覺得自己眞的很差勁；越接近佛地就越覺得自己很差勁，因爲終於明白原來都要靠善知識，每一個階段都有每一個階段應該依止的善知識。

善財童子就這樣從凡夫位一直參訪善知識，最後回來 文殊菩薩那裡。剛開始是 文殊菩薩指引去見適合的善知識，但最後還是回到 文殊那裡，也就是最後還是要回歸實相智慧。然後 文殊菩薩指引他：「你去那個大寶樓閣。」講的就是大莊嚴樓閣。南方有國名爲海岸，這個海岸國中有一個莊園叫作大莊嚴，這其實就是大寶樓閣。密宗裡面不是有個大寶樓閣咒嗎？就是這個總持咒。可是他們西藏密宗都不用它，東密偶爾還會持用它；因爲這個大寶樓閣咒是在破雙身法的，所以藏傳佛教密宗都不肯持用。你若是要叫西藏密宗的喇嘛們持誦大寶樓閣咒，眞的很困難！大寶樓閣指的就是這個大莊嚴園，彌勒菩薩住在裡面。這個大莊嚴園裡面有個廣大樓閣，名爲毘盧遮那莊嚴藏。毘盧遮那是指什麼？就是指法身佛。法身佛有另外一個名稱，叫作無邊性海，因爲這個法身佛擁有無量無邊的廣大自性，自性無量無邊。這不是自性見外道說的那些自性，因爲自性見外道那些自性都是六識的自性，就是能見能聞乃至能覺能知之性。可是這個毘盧遮那名爲廣大性海，是第八識的各種自性之海；無邊性海是因爲有無量無邊的自性而數不完，猶如大海一般，所以叫作毘盧遮那莊嚴藏，也就是法身藏。

我記得以前年輕的時候，好像十幾歲或者青年二十幾歲的時候，有一個時期在電視上（那時都還是黑白電視），以及報紙上常常在諍論一件事情；起因是有一齣電影，剛開頭時是一個大宅門，這個大宅門兩扇門上貼了四個字。我們以前房子神廳的大門，每到過年要換那兩幅字，廳門上貼的一定是「加冠」、「晉祿」；如果是長上的房間兩扇門，就是「福壽」、「圓滿」或者單單一張「壽比南山」；如果堂上老父親走了，只剩下老母親，那就要改貼「福如東海」。那個影片剛開始是一個大宅門的圍牆外門，兩扇門上的兩幅紅紙寫著：「性海」、「情山」。好了！有的人不懂國文，也不懂佛法，就亂批評：「講什麼性海？這電影怎麼可以把男女的性事扯進去！應該禁止再上映。」大家七嘴八舌講了一堆。最後有人出來講話：「你們這些人根本就不懂，少講話。這個『性海』與『情山』是怎麼來的？這是從佛法引出來的，是講自性猶如大海無量無邊，這才叫作『性海』；可是眾生不懂，被無明所誤，於是就流轉生死，都落在『情山』裡面。」終於有人出來講出眞實義了。

那時候，我很年輕，因為還有胎昧，雖然知道那些人都講錯了，但我也無法講出個所以然。但是這個人寫文章出來演說這四字的佛法，確實很妙！從那時以後，只要有人說到「佛」字，我的頭髮就好像會豎起來，就好像起雞皮疙瘩那樣，渾身感動。到現在都還會，並不是怒髮衝冠，而是感動而全都會豎起來。這就是「性海」、「情山」，一幅是凡夫眾生輪轉生死的世界，另一幅是如來藏自性毘盧遮那的無量無邊自性之海；這四字寫成兩幅一對。

這個毘盧遮那莊嚴藏，祂講的就是自性大海之寶藏，也就是如來之藏，就是法身藏。法身藏從哪裡出生？為什麼說祂具足五分法身、具足無量無邊自性？這是從菩薩的善根果報而生的。因為從初信位修到十信滿足，對三寶具足信心然後才開始修布施、持戒等六度；這樣一直修到最後成就了自性之海，表示煩惱障的現行斷除了，煩惱障的習氣種子也斷盡了，所知障的隨眠也即將斷盡了，只剩下唯一的一件事就是修廣大福德；要在整整百劫之中為了廣大福德而不斷修福，所以去投胎受生的目的只是為了作內財、外財的布施，除了布施以外都不為別的。這樣百劫之中世世都擁有資財，不論有誰來要，直接就給誰；如果是來要內財，誰要肝臟就割了去；要大腿、要胳膊就割給他，要眼睛、要頭都給他，死後去投胎換一個色身再來布施，這叫作百劫修「相好」。三大阿僧祇劫修的福德還不夠，最後百劫還要這麼修；終於福德滿足了，他所利樂的眾生可就很多了，這時才是他成佛的時候，這段經文講的就是這個時節。文殊菩薩是這麼跟 善財童子開示說：這個毘盧遮那莊嚴藏，是從菩薩的善根果報出生的，也從菩薩的念力、願力、自在力、神通力而出生的。

什麼是念力？有念力之前要先有念根，若沒有念根就不可能有念力。念根在世間法上常常可以見到，有些人你若教他打麻將，他一聽就會了，立刻就記住了，這表示他對於麻將這個法的念根是很具足的；他再常常繼續打下去，不久以後他對打麻將這個法的念力就圓滿了，所以他隨便打都會贏。可是我這個人很笨，我高中的同學來找我，週末來我家，說要打麻將，我說：「我不會。」他說：「我教你，這個很簡單。」我學了又學，終於學會了，會打了；雖然打得很差，總算是會了；第二週同學們又來繼續打麻將，我又要從頭開始學，因爲忘記了。這表示我對麻將這個法的念根是不圓滿的、是不具備的，更不要說念力了。在世間法上，我的念根、念力都不好，但我在佛法上的念根、念力倒是很好。當菩薩，像我這樣是不行的，菩薩應該麻將也很會打，也要精通一切世間法的，因爲這也是一切世間工業明處的範疇。是不是我在未來的哪一世比較會打一點？我不知道，只知道現在是很差，根本就不懂。這樣講解了，大家就懂念根與念力了。有念根才會有念力，有念力就表示說，某一些法你學過而且完全勝解了，全部都不會忘記；當你實證佛菩提了更不會忘記，這叫作念力。佛法中要學的法非常非常的多，你要一部分一部分去修學，所以當你有眞正的體證的時候，那個念力就會存在，就會越來越圓滿。

接著還要有願力，有的人明心以後，就想要趕快取涅槃。我說：「我早知道這樣，當年就把他的腳後跟剁了。」因爲度了這種人根本就沒有用，聲聞種性。所以菩薩要有願力，就是盡未來際利樂有情——虛空有盡，我願則盡；虛空無盡，我願亦無盡。一定要有這個願力，才能當菩薩；否則行菩薩道不必多久，他就會迴大向小，於是入無餘涅槃去了！那你度了這個人，辛辛苦苦爲他，有什麼收穫？一點收穫也沒有！他不可能長久住在人間繼續利樂很多人，那你度了他能作什麼？所以如果想要成就毘盧遮那莊嚴藏，就一定要有願力；不能只是想著自己悟了以後躲入深山好好地只修自己的，那可不行！像這樣的人，都無法成就毘盧遮那莊嚴藏。

然後還要「從自在力生」，要有自在力才能成就。談到「自在力」，就得看有幾種自在力？有的人多，有的人少。有的人在世間法中有自在力，因爲他可以誇口說：「我家什麼都沒有，就是有權，因爲我老爸當國王。」有的人可以誇口：「我家什麼都沒有，就是有錢。」因爲他們家富有資財，可不只是家財萬貫而已，萬貫對他來講都還不算什麼。有權的話，於一國得自在；有錢的話，於世間法享受得自在。如果他說：「我就是有眷屬，我沒有權也沒有錢，我的眷屬很多。」因爲他一天到晚跟人家結交，所以眷屬很多；只要有事，登高一呼，一大群人就來幫忙了，眞不可以小看他呀！他於群眾就得自在。有的人只是於一家得自在：「因爲老子是一家之主，你們都要靠我養。」回到家裡講話就特別大聲，這樣就不是菩薩的自在力。

凡夫菩薩有什麼自在力呢？「我趕快去出家，圓頂以後又受具足戒了，大家見了我都說：這是僧寶，好好禮拜供養。」這就於在家的三寶弟子中得自在了。有的人卻說：「我不但要出家成爲表相僧寶，我還要證果。」他眞的很努力去斷了我見。斷了我見以後，他不再想著自己於三寶弟子中得自在；可是人家越發的恭敬他，他越發的自在，卻不對這種自在力生喜樂，因爲那是無常法。有的人得阿羅漢果，更得到自在力；有的人成爲俱解脫阿羅漢，有的人乃至證了三明六通，更有自在力；這不但是於三寶弟子中得自在，而且是於三界生死得自在；他若是想要迴小向大成爲菩薩再來人間受生也可以，若是不迴心大乘而不再來人間，死後可就出三界了。可是菩薩的心量很大，不是只有這樣，你們不要羨慕三明六通的大阿羅漢；菩薩的心量要大、眼光要遠，不要只看前面三吋——不要滿足於三明六通的證境。菩薩沒有三明六通，卻要超過三明六通的大阿羅漢，這就是你要證得實相法界；然後完成三大阿僧祇劫的修行，把實相界的諸法功能差別具足圓滿修證，就成佛了。成佛之前，在因地菩薩位中，明心、見性了，已經足夠藐視三明六通的大阿羅漢了，卻不會有一點點藐視之心。可是爲什麼大阿羅漢們不敢隨便來跟你開口呢？因爲你於大乘法、於二乘法都得自在，你有這個自在力。

所以如果有誰說他已經入地了，可是四阿含諸經請出來講解時卻會誤解，顯然他於二乘解脫法不得自在力。連二乘解脫法都不得自在力了，而說他有入地後的無生法忍，能於大乘法得自在，那叫作自欺欺人之談。所以菩薩的自在力要跟別人不一樣，你們就要求得這種自在力。經由世間法中的布施或者勝福田的布施，你未來世可以在資財上面得自在；有這種自在力，你不必伸手行乞，也不必靠別人資助，自己就有辦道時需要用的資財；並且在你還可以賺錢時就不想再賺了，不想實現其餘的福德而想要累積到未來世去，是不斷累積而準備成佛要用的資糧，這就是於資財得自在。而且你還能繼續在了義勝妙法上用功，使你因爲這一世的證量，在未來世不必再依靠別人，也能於世間法中得自在；因爲你的智慧無邊勝妙，讓世間人無法小看你；雖然你並不炫耀，雖然你過得很低調，不想讓人家知道，人家也是要尊敬你，這也是得自在。然後你還要在二乘法中得自在、大乘法中得自在，因爲你對大乘法、二乘法，都有證量可以爲人解說，可以幫助人家證果乃至證悟佛菩提，這更是得自在。當你有了這些自在力作爲你的基礎，你才能夠在未來成就毘盧遮那莊嚴藏。

接著又說還要有神通力，可是菩薩的神通力是三地即將滿心之前才要開始修的。如果未接近三地滿心之前修神通，當然也可以成就，但是層次低，而且修的時候也會事倍功半。如果在十住位、十行位修成神通時，你就不得不與鬼神交通，這下可麻煩了！這時你已經可以跟鬼神往來，那在鬼神界中傳揚出去是很快的；因爲鬼神有他心通可以互相傳來傳去，比你上網E-mail更快；到時候鬼神法界都知道了，但我告訴你：每天從早到晚都有鬼神來找你，有時你會忙到晚上都沒辦法睡覺了，把你給累壞了。你又不好拒絕，因爲有許多大力鬼神要求你幫忙，你若拒絕了，可就麻煩多多了。那怎麼辦？你就要有無生法忍的威德力，讓他們不敢來跟你開口，連到你面前來都不敢。這時候你就可以修神通了，那是三地即將滿心底事；當你那時有福德上及證法功德上的大威力時，又有了神通力，才轉到等持位中成就辦事靜慮，讓你的神通力更加的廣大無邊，你可以於一切鬼神中、一切天主天神中都得自在，一切鬼神見了你，都得要低首，不敢直接看你，才不會有一堆鬼神每天來找你爲他們辦世俗事。

這樣經由無生法忍、念力、願力、自在力、神通力，繼續修到八地心時可以隨意變化，於相於土都得自在。這樣還不夠，還要有方便善巧的威德力；若沒有方便善巧，七地心是不能滿足的。所以七地菩薩要專修善巧方便波羅蜜多，才能夠在滿心時獲得念念入滅盡定，這樣才能轉入八地。八地主要是修大願，要修願波羅蜜多，那個願力要大到無量無邊。然後就可以成佛了嗎？毘盧遮那莊嚴藏便成就了嗎？還不行！我們剛剛講過還要百劫修「相好」，才能成爲妙覺位的菩薩；但是百劫修相好之前還要在九地滿心、十地入心以後，再利益無量無邊的九地菩薩，這樣福德才算差不多了。可是這個差不多，好像是說只差一點點的福德，卻是要整整百劫而修相好，是要以無量的內財、外財布施，這個時候，我請問你：「**你這百劫修相好中，每一世是成家比較好？還是不成家比較好？**」似乎是不能成家了！當你成家的時候，你要怎麼施內財？人家說：「**你有二十億元，我作個某某善事，正好需要二十億元，請你布施！**」你二話不說就得布施。你如果成家了，可能要鬧家庭革命了，家人可能反而因此而對佛菩提道退心乃至自殺了，所以眞的是難行呵！但是將來你得要能行。不過現在別擔心，因爲你還沒有入等覺位。

完成等覺位的修行，進入妙覺位就能成佛了嗎？還不行！剩下最後一著，你要示現在母胎中度眾生。這是最後身菩薩位的最後一段時間，受生在母胎中還要示現廣大樓閣爲眾生說法，讓十方有緣的高證量菩薩進入母胎中來聽你說法。這個你要怎麼想像呢？所以千萬不要輕易誇下大口說：「佛法就是這樣，我全都知道了。」就算你入地了，也還早著呢！所以越往上修越謙虛，在凡夫位的人最會誇口，動不動就說他已經是佛了。如果是在這個五濁惡世中示現成佛，還要在最後出胎示現出生於人間時，故意把所有證量都給忘光光，示現為一個凡人，看來跟凡夫沒有差別；然後追隨諸外道去修學一切外道法，最後全部把外道法推翻掉，然後自修苦行；再示現苦行不能成佛，捨棄苦行而修不苦不樂行，參禪之後自己成佛，示現證得最高的智慧。所以 釋迦如來在前夜（前夜不是指前一個晚上，而是指晚間的前半部、前半段時間），祂降魔後以手按地的時候明心了，大圓鏡智現前了，這時還不能成佛，還要作一番整理。到了夜後分天將亮時，東方有一點點魚肚白出現了，那時正是金星最明亮的時候（眞的是那個時候最明亮，我以前寫那本《平實書箋》時，那時候還沒有學習電腦，寫稿寫到天亮；當天快亮的時候，我家是東西向的，從窗戶看出去，金星眞的好明亮），就是那個時候，佛陀看見明亮的金星而眼見佛性了，成所作智現前。當成所作智現前的時候，是應該成佛了，卻還是沒有成佛；這時住於自內境中，根本不管什麼成佛或不成佛的事情。

所以剛見性的時候就住在所見的佛性境界中，根本就不去想說這是見性，就只是住在佛性境界裡面。所以禪宗有一個公案說：《法華經》中講「大通智勝佛，十劫坐道場，佛法不現前，不得成佛道」，既然有人悟了，覺得很了不起，就要問他是什麼道理？大通智勝佛那時明明已經悟得大智慧了，才說是坐道場，卻還不能成佛道，因爲都住在佛地智慧的境界裡面。如果你已經明心了，也看見佛性了，稍微可以想像一點；如果還沒有明心也沒有見性，就無法想像了。從另一方面說，在妙覺位明心而生起大圓鏡智時，也還沒有成所作智，得要眼見佛性而發起成所作智，再回到三界境界時，才能說是眞的成佛了。

那就是說，祂完全住在自心內境中，然後才離開那個境界，是因爲被心中十無盡願的願力所推動，才離開那個境界，終於回頭來檢查：我釋迦牟尼終於成佛了，今天是眞的成佛了。（當然，這個成佛只是一種示現。）可是成佛了，想一想：眾生要怎麼度？想一想：乾脆入涅槃算了。因爲對眾生而言，這眞的太難了，這佛菩提道眞的很難解說。最後是因爲大梵天王三請之後，才答應轉法輪。所以爲了要讓眾生確實可以有信心及可以實證，就把佛菩提中關於能解脫三界生死輪迴的部分先分析出來，爲大家說聲聞菩提、緣覺菩提。所以最後身菩薩位降生人間示現爲人，在那個晚上成佛，那是最後的智慧。那麼大家想一想，成佛須要這麼多智慧與內容，善財童子是 文殊菩薩指引，經過五十二個階位善知識的教導，要先參訪經過第五十一參，然後被指引去進入 彌勒菩薩的大寶樓閣藏中，就是去毘盧遮那莊嚴藏，求見 彌勒菩薩。若是不見 彌勒菩薩就成不了佛，因爲最後必須要把一切種智貫通，所有的內容都必須要學，這時當然要尋找 彌勒菩薩了。正因爲見了 彌勒菩薩，進入大寶樓閣中，獲得成佛所必須的一切法財，他才能完成等覺菩薩位的實證，所以德生童子、有德童女對 善財童子說：「善男子！住於不思議解脫的菩薩，是以大悲心爲諸眾生顯現這樣的境界，修集這樣的莊嚴。住於這種不思議解脫的菩薩就是彌勒菩薩摩訶薩，他住在這個大莊嚴園的大寶樓閣中。」

這個大寶樓閣的成就非常非常的困難，但你不能夠質疑說：「這麼困難，我要修到什麼時候？」不能這樣想，因爲不管怎樣困難，你遲早都要走上這一條路。轉輪聖王當了好幾世、好幾劫，一直當下來，最後還是輪迴生死。

你又不想當阿羅漢，就只好走這一條路。有的人想說：「**我去當天主算了，我修廣大福德去當天主享受。**」那麼享受完了會如何呢？還是下來人間受苦。因爲他把福德都享盡了，升天享受就是把所有的福德拿來享受，享受完了就沒福德，剩下的就只有積欠別人的小債小怨了，那麼下來人間時要幹什麼呢？往往是要去當狗、當牛、當馬，給人家奴役。前一世那樣尊貴的天主捨壽後竟然下來人間當狗、當牛、當馬，如果牠有宿命通的話，不會一頭撞死嗎？一定要自殺的，受不了的。好在有隔陰之迷，所以沒事，就繼續當牛馬狗類，不然人間可都沒有牛馬狗類等畜生了。

那你想：「**菩薩修集這麼多的福德、念力、悲願等等，要修三大阿僧祇劫，是那麼辛苦！**」可是千萬不要打退堂鼓，因爲不論你怎樣輪迴，到最後都是要走這一條路。即使外道的天主、教主，如果極力毀謗佛法，將來在天上捨壽下了地獄，未來無量劫以後，還是要走這一條路，沒有別的更好的路可以走。想要離開生死的輪迴，而且不當聲聞聖人，想要成爲三界中最究竟的法王，就只有這一條路。可是這一條路要怎麼入？那就有層次差別了。修學十信位的人，就是常常要去聽一聽了義佛法，然後又想：「**這蕭老師講得口沫橫飛，到底是眞的、假的？」不太信受。也有人修西藏密宗的法，也許他們還沒修到雙身法的階段；來到正覺講堂聽法，聽了一段時間，有一天我突然說：「我們正覺五宗、六宗共弘，我們什麼法都有，就是沒有西藏密宗的法。」他可能聽了不太高興，轉身就走人了！那表示他的十信位還沒有修滿足。十信位的功德還不能修滿的時候，就得要繼續修十信位的法。等到他的十信位已經滿足了，對佛寶、對了義正法、對勝義僧都有了眞正的認識了，他才有辦法進入眞正的佛法中來修布施行；否則他是無法眞正修布施的，還是會繼續去供養喇嘛，會繼續去作世間善事，但是他的布施行都與眞正佛菩提道的法不相應。這表示他的十信位還沒有滿足。有的人修十信位功德，只需要一劫時間；有的人要修十劫、百劫、千劫，最遲鈍的人則是要修一萬大劫，十信位才滿足。

所以有的人跟我抱怨說：「慈濟那些人怎麼那麼難度呀！」我說：「那是正常的，是你不瞭解，才會說他們難度。因爲他們的十信位功德還沒有修滿足，還必須以仰信的心態在利樂眾生當中，漸漸滿足他們的十信位功德。」所以當十信位滿足了，他們就會進入眞正的佛法中來布施，那時會思惟而尋覓什麼是正法，才能知道他們原來以爲的初地的證量都只是因中說果，都還只是凡夫；那時他們才會去護持了義正法，就不會專在世間法上利樂眾生了，然後他會去求受菩薩戒。當他布施度滿足了，他就會去求戒：求五戒、求菩薩戒。戒能受持得好，他還會再想：「我要修忍辱。」後來終於懂得修忍時得要修法忍，然後精進地一度一度往上爬，接著修靜慮。靜慮是在後面才修得，所以各山頭修禪的人永遠比慈濟的人少。不會多，只會少！爲什麼只會少而不多？因爲布施是基礎，修定及思惟靜慮都是排在後面的事。即使修到後來以定爲禪，錯認修定就是禪宗般若的實修，也還是好的，至少是精進在修定。修了定，知道要走修行的路了，才會在緣熟的時候起心動念：「什麼叫作般若？」

當他在般若上面修學一世又一世，到最後，有一天終於想通了：「原來般若的開悟、般若的實證，就是禪宗的開悟。」等他繼續修學了義正法好幾個小劫以後終於弄清楚了！當他弄清楚了就是進入正覺來學法的時候了。那你想：這個過程需要多久？有的人是這一世才進入慈濟，往世都沒有作過什麼布施，他如果最精進修行六度，也要一大劫才能進入初住位，最遲鈍的人可要一萬大劫。如果初住位滿足進入二住位修持戒法，一直到第六住位修學般若，那可是一大阿僧祇劫的三十分之六。把這三十分之六的時程過完了，進到正覺同修會裡來，那就是開悟見道前的加行位了！就是六住後的加行位。到正覺同修會裡，要實證能取所取空，然後才來求證如來藏；證得如來藏而能夠不退，能夠安忍，這才能進入七住位中。你說，進入同修會實證如來藏，有那麼容易嗎？不容易呀！

現在說到重點了，進入七住位要怎麼入？你得要懂「此經」，可是「此經」到底是什麼？「此經」就是如來藏。下一段經文還會重提「此經」，「此經」就是如來藏金剛心。你如果不懂般若經，就無法進入第七住位常住不退。般若經的通達，它的鎖匙就是如來藏。如果你無法找到如來藏，縱使找到了佛法大殿的門，一樣是進不去。佛法大殿的門就是《金剛經》，《金剛經》那個大門的鎖匙就是如來藏；你只要找到了那一把鎖匙，插進鎖孔一轉就進去了（大眾笑…）。大家在笑，是因爲知道我在講什麼。不知道大家爲什麼笑的人，等到將來你找到如來藏時，你就會知道了。

「此經」就是般若經的重點，「此經」就是如來藏，就是每一個人都有的毘盧遮那自性佛；因此，毘盧遮那大莊嚴藏廣大樓閣，就是從「此經」出，因爲祂是萬法的根源。所以，如果能受持四句偈乃至爲人解說，這個人就能夠從此經來獲得廣大樓閣。當你獲得廣大樓閣的時候，這大寶樓閣咒你就不用誦了，因爲它主要也是在講這個廣大樓閣。爲什麼叫作廣大的樓閣？因爲你成佛所需的一切法，都在這裡面；具足廣大樓閣了，文殊菩薩才會指引善財去見 普賢菩薩，就是要再廣行普賢行以後才能成佛，但卻是以這個大寶樓閣的智慧爲中心來行普賢行。這個廣大樓閣既然是這麼重要，佛當然要講「此經」了，講了「此經」就等於是爲人家指出說：**那把鎖匙在哪裡**。把鎖匙指出來，讓大家有一個方向去找，找出那一把鎖匙。把鎖匙找出來了，就能夠通《金剛經》中的所有四句偈。《金剛經》中有好幾首四句偈，不論哪一首，這時你都可以通——只要你找到了那一把鎖匙。那把鎖匙就是你自身中的如來藏，如來藏就是「此經」，而這部《金剛般若波羅蜜經》講的就是「此經」。

經上說：度一個人受五戒，福德遠勝過布施無量眾生；如果度無量人受五戒，不如度一個人得初果；度無量人證三果，不如度一個人證阿羅漢；度無量人證阿羅漢，不如度一個人發菩提心入菩薩道，而被度的這位菩薩卻是還沒有開悟般若的人呢！只是發心入菩薩道而已，正是因爲種性尊貴。菩薩的種性非常尊貴，不爲自己得安樂，但爲眾生得離苦，菩薩都是一心爲眾生。你想：度一個人發菩提心，已經是這麼樣功德廣大了，你如果能夠爲人講四句偈而讓有緣人證得「此經」，他將來三大無量數劫修菩薩道時，又可以利益多少人？度得這個有緣人，你可以獲得的福德大不大？當然福德是無量無邊！而且這個無量無邊的福德，是屬於無爲法相應的福德，有這樣的無爲法來攝持這個有爲法的福德，你這個福德就兼有功德並且永遠不會遺失。

接續上週的《金剛經宗通》以前，我要先說一句話：「大家辛苦了！」禪三道場總算落成安座，在工程委員會的主持下，一步一步進行下來，大家都很努力配合，捐款的捐款，作工的作工。更有人非常令人感動，凡是同修會有工作，他就到處趕場，從來不錯過修福的機會，工程期間都住在未完工的台北講堂中，晚上睡在地板上；台北作完了趕去作禪三道場，作了一部分又去台中講堂工作；台中作好了又趕回禪三道場來作，作完了又趕去台南講堂作；台南講堂作完了，現在台中佛龕送進去了，又趕去完成後續的工作；

然後五月台南講堂佛龕裝進去了，又有後續的工作要去作，就這樣子全程趕到底，令人敬佩。還有，大家很努力，常常去禪三道場作義工，才終於讓我們在這個星期天可以進行佛像安座大典，接著在週五的第一梯次禪三才能夠如期在自己的道場中舉行。我們禪三道場落成的佛像安座法會也是秩序井然，雖然讓大家花了很多時間準備；但因爲這種事情同修會以前沒有作過，所以也會再作檢討改進。不過整個法會的義工們，以及規劃的人都非常辛苦；最輕鬆的大概是我，我只是出一張嘴主持法會，大家卻是作到累癱了，所以在這裡還是要表示我對大家的敬意。

接著繼續《金剛經宗通》第十一品〈無爲福勝分〉，今天要再演述理說的第二個部分，請看補充資料：

《六祖大師法寶壇經》卷一：**【惠能即會祖意，三鼓入室，祖以袈裟遮圍，不令人見，爲說《金剛經》；至應無所住而生其心，惠能言下大悟「一切萬法不離自性」。遂啓祖言：「何期自性本自清淨，何期自性本不生滅，何期自性本自具足，何期自性本無動搖，何期自性能生萬法。」】**

這一段文字其實是在說明，爲什麼無爲法的福德殊勝？是因爲它有五種的自性。六祖惠能大師的證悟，是以前達摩祖師已經有識記，這識記正是印證在他身上；但是他的證悟，說白了，其實就是五祖弘忍大師對他明講，爲他明說《金剛經》裡面「應無所住而生其心」的密意。這一句話，只要學人正是當機者，其實一句話講了也就懂了；可是對一般人卻是不可以明講的，明講的方法是 佛陀所禁止的。所以我們前面講這句話的時候，講了一大堆，那是以烘雲托月的方式來講。可是六祖說的金剛心如來藏這五個自性，其實可以用一句話把如來藏的所在點出來；點出來了，六祖馬上就知道如來藏有這五種自性。

在《六祖壇經》裡說他言下大悟，他所悟的是一切萬法不離自性，因爲他發覺：「這個金剛心如來藏，是一切萬法的本源。」顯然他已經瞭解萬法都從祂而生，所以他才會說一切萬法不離這個金剛心的自性，所以他向五祖大師稟白說：「我沒有想到說，這個金剛心的自性是本來自己已經是清淨的，不是修行以後才變成清淨的。」這表示說，所悟的清淨心必須是本來就清淨的，不是把染污的覺知心自己去修行轉變成清淨心。這意思就很清楚告訴我們了：「禪宗的開悟不是在轉變原來染污的覺知心成爲清淨的覺知心，而是要一方面把自己清淨，然後用清淨的自己去尋找本來就清淨的如來藏，那是另一個第八識心。」要這樣才是眞正的明心，所以這跟六祖大師悟前的想法是不一樣的。六祖在悟前也是跟一般人的想法一樣，落入緣起性空之中而不知道是應該悟得金剛心如來藏，才會有悟前的「本來無一物，何處惹塵埃」的偈語，請張別駕代他寫出來。等到悟了才知道是有另一個對六塵一切境界都無所住而時時運作的心，那時觀察這個金剛心時才懂得說：「原來祂是本來就清淨的，不是把覺知心修行清淨以後變成金剛不壞心。」因爲沒有料到是本來就清淨的，所以說是「何期」；就是沒有期待、沒有想到說：「這個心的自性是本來自己就清淨，不必別人修行來幫祂清淨。」

然後六祖又說：「何期自性本不生滅。」原本以爲是覺知心的自己可以修行而變成常住法，住於不生滅中；沒想到要悟的是覺知心以外的另一個金剛心，而祂是本來就無生的、本來就不生滅的，不像覺知心是有生也有滅的，這也是六祖悟前沒有料到的。然後六祖又說：「沒有料到說，這個金剛心祂所該有的自性，都是本來就自己已經具足了，不是修行以後再把祂添加上去，不是修行以後再增加的，而是祂本來已經具足種種的自性。」這也是跟六祖悟前的想法不一樣。

第四個自性，六祖說：「**眞的沒有想到說，這個金剛心的自性是從來都不動搖的。**」意識覺知心修行而變成離念靈知心，依舊是時時刻刻在動搖的。本來以爲自己這一世要開悟是不可能的，但是讀到正覺的書以後，心裡說：「**開悟是有可能的。**」然後好心好意跟師長、親朋好友推薦了，沒想到親朋好友或師長們當頭一盆冷水：「**你別夢想了，開悟是大菩薩們的事！**」因此心裡又覺得好像不可能開悟了，求悟的心就動搖了。可是回頭再讀到另一本正覺的書，又有信心了：「**開悟還是可能的。**」所以離念靈知心會動來動去呀！覺知心離念靈知是常常會動搖的，可是金剛心如來藏是從來都沒有動搖過，不論你怎麼恐嚇祂、誘惑祂、逼迫祂，乃至威脅要殺害祂，祂也不會有動搖；而這個本無動搖的自性，不是修行以後才出生的，這也是六祖大師悟前沒有想到的，所以才說「**何期**」。

第五個自性，六祖沒想到說：「**這個金剛心有這樣的一個自性，祂能夠出生萬法。**」眞的沒想到，本來都以爲說自己的五陰就是父母生的，沒想到是自己的如來藏金剛心所生的，沒想到父母只是個助緣。眞的沒想到，所以才會說「何期自性能生萬法」，沒有期待這樣的一個狀況會被自己證實，沒有想到會有這樣的眞實情境能夠證實說：金剛心是能生萬法的。

你看，六祖惠能才這麼一悟，就講出這五種悟前「何期」的自性。而這五種自性，在三界中有沒有哪一個法可以具足這五個自性呢？當你開悟以後，找來找去，永遠都找不到。因爲祂有這五種不可思議的自性，所以證得這個金剛心的無爲性、無漏性，卻又能在無漏無爲中生起無漏有爲法。「此經」如來藏是無漏性的，可是無漏性中不但顯示了無爲性，又同時出生無漏性的有爲法。

所以，無知的人自己發明了新佛法說：「**我比你蕭平實的法更好，你不過是悟得阿賴耶識，我們證得的眞如是純無爲，你悟的阿賴耶識還有有爲法，所以不究竟。**」然後又引述《六祖壇經》的話來講。卻不料引述出來的話，已經打了他自己好幾巴掌，他都還不知道；因爲當他引出六祖這五個自性而講出來時，等於是請來六祖打他五個巴掌。且不談前面四個自性，只講後面一個自性就好，「**何期自性能生萬法**」，請問：能生萬法的自性，到底是有爲還是無爲？（大眾答：有為。）對嘛！諸位很有智慧，既然能生萬法，祂就是有爲性的。如果不是有爲性的，怎能出生蘊處界呢？所謂的純無爲的佛地眞如，能出生有爲性的法嗎？既然能出生有爲性的法，表示祂含藏著有爲性的種子，所以成佛時不能只有純無爲的佛地眞如，還得有無垢識具足能夠出生無漏有爲法的功德才行，否則怎能有諸佛的五蘊示現在人間？第八識金剛心既能出生有爲性的三界萬法，有這種能生的自性，表示祂也是有爲性。祂雖然是有爲性所以能出生萬法，但祂自己卻是無漏性，所以祂具足無漏性的有爲法才能夠出生萬法。能出生萬法，自己卻是無漏性的，就是無爲，從來不在有漏性之中起心動念，從來不與有漏性相應。

六祖初悟之時就體悟到這五種自性，所以說了五個「何期」。正因爲有這樣的五種自性，所以證得這個心的人，福德非常的廣大。這就是說，證得這個金剛心的人「福德多」，是因爲這五種自性的緣故；而這五種自性能夠無所住而生其心，才能夠圓滿世間出世間一切法；能圓滿成就世間及出世間一切法，才能叫作圓成實性。如果祂只能顯示無爲性，是純無爲的心，那就沒有任何被祂所生的眾生可以證得祂了，祂就無法圓滿成就世間萬法了。光有出世間法，佛法又如何證、如何修、如何成佛？所以一定是要兼具世間出世間法，都能圓滿具足的成就，這樣才能夠說祂是圓滿成就諸法的眞實性，簡稱爲圓成實性。因此，證得這個心以後不懷疑、不退轉，能夠依這個心而時時生其心，不會住在無餘涅槃中灰身泯智，這樣才是金剛般若波羅蜜的眞實義。換句話說，這個心是金剛心，證得這個心才能夠出現般若實相智慧；有了般若實相智慧，才能夠有波羅蜜多（到彼岸）的解脫功德受用。

所以講白一點，其實《金剛經》的經名就已經指明了：《金剛經》不是說一切法空，而是在講金剛心不生不死、性如金剛；金剛心能使人獲得般若智慧，發起到達解脫彼岸的功德，所以《金剛經》不是**性空唯名**的戲論。因爲若是性空而只有名相，不論所指的**名**的法相是指受想行識或佛法名詞，那不都是戲論嗎？如果性空唯名可以是佛法，那麼一些唱戲的、說書的講得天花亂墜，包括乞丐拿兩片竹板或鐵板來說書，博取一食之資，也應該可以叫作佛法了，因爲那也是性空唯名。同一邏輯，哲學也應該可以叫作佛法囉？因爲哲學也是一個想像推理的東西，不可實證，性空而只有名相，同樣是性空唯名，那也該叫作佛法了！那麼哲學也應該叫般若，就不必勞駕佛來人間辛苦宣講般若諸經了。可是這道理不通呀！因爲性空而只有名相，那就是戲論。既然是戲論，跟解脫三界生死有什麼相干？跟證知法界實相有什麼相干？所以對於般若的眞實義，一定要先把前提定義好，那就是講金剛心的般若實相智慧，能使人到達本來無生無死的解脫彼岸，而不只是聲聞法的方便解脫生死，這樣的一部經才可以叫作《金剛般若波羅蜜經》。在經名之中，就已經點出它的眞實義了！可是竟然還有佛門僧人把它說成是性空唯名，我只能說他可能年輕時感冒發燒很嚴重，已經燒壞腦袋了！眞的只能這樣講呀！否則，專講法界萬法根源、不生不滅的實相般若，應該是本住法、常住法、金剛性、圓成實性，怎麼可能是性空而唯有名相呢？

諸位都沒有燒壞腦袋，所以才能夠進到正覺同修會來，能夠相信有一個金剛心如來藏可以實證。既然能夠證得這個心，而這個心有六祖說的這五種自性，因此能夠使人生起智慧解脫生死，也能夠使人瞭解法界實相而生起了智慧，當然這樣的實證者，他的功德絕對不是二乘聖人所能比擬。那你們想一想，阿羅漢尚且是人天應供，而親證這個金剛心的人，智慧不是阿羅漢所能測量，你說這個人的福德是不是超越於阿羅漢？所以這個證悟金剛心的人如果出家了，不管是童子、童女身的出家，或者聲聞相的出家，都同樣值得人天供養。那你說，他這樣實證這個無爲法金剛心以後，他的功德、福德是不是很殊勝？這樣一講，〈無爲福勝分〉的道理就懂了。

再來看第三種的理說。凡是想要爲人說「無爲福勝」的道理，或者想要爲人說《金剛經》的功德，應當要自己先悟入這個金剛心，要能現前觀察祂有這五種自性，才能夠爲人講，否則講出來的法義都是言不及義，都會造成三世佛怨。可是想要求悟這個金剛心，不是那麼容易的事，因爲佛世那麼多的不迴心阿羅漢，佛都沒有把這個金剛心教給他們；除了迴小向大的阿羅漢們以外，其他的阿羅漢，佛都不教給他們。而值得 佛把金剛心傳授給他們的阿羅漢，必須是已經轉變心態成爲菩薩，才能在 佛陀以教外別傳施以機鋒時證得。所以從這裡可以知道：福德不具足的，佛陀不會把這個心傳授給他的。

所以，世尊講了很多的般若經典、唯識經典，許多不迴心阿羅漢們都聽不懂，後來只能結集成爲專講聲聞解脫道的阿含部諸經，只有已經迴小向大的阿羅漢們才能親證。可是仍然有許多人不相信，所以 佛只好跟大迦葉來演一場戲，祂才會故意把大梵天供養的那一朵青蓮華拿起來給大家看，都不講話，大迦葉當然知道　佛在作什麼。其實　佛在作什麼，那眞是掛羊頭賣狗肉，表面上看來是要大家看那一朵青蓮華，其實祂不是要大家看青蓮華，是要讓大家看祂的紫磨金身。大迦葉一看就知道了，他就微笑了，就表示說：「我知道佛陀您在作什麼了。」這就像我們在禪三晚上的普說一樣，護三菩薩們都知道我在作什麼，只有參禪的學員們還在那邊苦思、苦苦端詳。這其實只是在演戲，證明說：「我釋迦牟尼講的這個法，不是沒有人親證，現前有大迦葉親證了。」所以祂故意講說：「我有實相無相、涅槃妙心，傳給大迦葉。」其實哪有傳給他？大迦葉是本來自己就有的，他聽　佛說法以後悟了，知道金剛心的所在了，所以他知道：「佛陀掛著青蓮華羊頭，在賣如來藏狗肉。」他知道，所以才會當眾微笑。世尊就是藉此方法，來激起更多阿羅漢們迴小向大，改修菩薩道，不會想要在死時入涅槃，就能改爲重新生起一分思惑，藉以滋潤未來世重新再受生的種子，世世行菩薩道直到成佛。那麼你們想一想，當時其他很多的不迴心阿羅漢都還不知道，而你是從凡夫菩薩位就要直接證得這個阿羅漢得不到的法，需不需要修集很多福德來配合？當然一定要先修集有量福德。當然要修的是一個可以限量的福德，不會跟你要求入地所需的福德，更不會要求進入佛地所需的無量福德，只要求一個有量的福德，所以六祖也這麼說：**【修行遭難不退，遇苦能忍，福德深厚，方授此法。如根性不堪林量，不得須求此法。違立不德者，不得妄付壇經、告諸同道者令諸密意。】**

這就是說，想要證得這個法，必須要經過一再的刁難而不會退失，這是第一個條件。古時候禪宗祖師們還眞的再三刁難，有的人想要進入禪師門下，大多被趕出去，根本就不管他的死活；連圍牆山門下都不讓他站，儘管下起雪來了，照樣用冰水潑他、趕他。如果眞的趕不走，挨到天亮了，還站在那邊抖，繼續在那邊等著禪師見他，禪師就是不見他：「**要得我的法，沒那麼簡單！**」然後再趕，還用棍子打，他也不走，才終於收留他，收了他以後也不許增加寺裡的花費，大家要共同分擔他所需的生活物資。古來禪寺裡面都是很節儉的，如果以我們現在大溪的禪三道場來講，那眞是夠豪華了！如果我們也像外面大小山頭那樣建得金碧輝煌，那就該打了。所以有一天禪師出門，這位剛被收留的參禪法師覺得大家吃得很糟，趁著禪師出門不在時，就弄了一些油、麵粉，作些好吃的。沒想到剛剛煮好，禪師竟然提早回來了；這一抓到他多花費了一些資糧，就把他的僧服扒了，戒牒也燒了，剝奪了他的出家身分，再把他趕出寺去。趕出寺門以後，他還是不走，禪師說：「我門欄下，你也不許站，站著不走就要繳租金。」這法師當時身無分文，當然繳不起租金，不得不到村落裡去安住。到村落去時，他就化緣，在那邊生活著，還是不肯走，想要依止證悟底禪師；於是晚上就住在人家的屋簷下過夜。

有一天，禪師出寺去到村落中，遇見了，問他說：「你還在這裡？」「我就只等師父收我，師父若不收我，我就不走，我會一直等下去。」禪師看見這個情形，終於肯收留他，可是卻又告訴他：「你每天住在人家屋簷下，得要付人家租金，不能欠人家。」所以他就把自己的衣服賣了，還那個人家屋簷下居住的租金，然後才跟著禪師回到寺裡面去，後來終於眞的開悟了。你看，人家求道這麼辛苦，一定要遭難不退才有辦法悟；這是中國禪宗歷史記載的史實，也是依六祖大師的開示而這樣作的。古時候禪師手頭像我這麼寬鬆的，你找不到幾個。

刁難是很多人無法接受的，稍微刁難個一、兩次，就賭氣說：「我不要再來了！」走了！喔！他脾氣很大，就沒有悟緣了。可是如果能夠一直跟下去，總是有機會去禪三的，一定會有機會；只是去打三的時間比較早或比較晚，只有這個差別。因爲我們總不能夠說，人家各方面條件都很好的，把他擺到後面去，把一個條件最差的優先錄取，天下沒這個道理。但我們總是會留一些機會，讓某些人還是有機會可以參加；雖然他們的條件比較差一點，時間就只是拖長一點，一樣也可以去參加禪三。時間拖長一點，他的福德等條件也會比較具足，比較容易悟。這是談禪宗典籍裡說的「遭難不退」。

「遇苦能忍」，在叢林裡面（只有中國禪宗才能叫作叢林，其他淨土宗等宗派，建立在高山上，也都不能叫作叢林），在叢林裡面還要「遇苦能忍」。有時候禪師還會故意跟你磨練，你別看六祖後來出世弘法那麼風光，當年他去到五祖大師那裡，五祖還故意把他派到磨坊裡面去。因爲他個子瘦小，體重不夠，要踩那個舂米的棍子，他踩不起來。那根舂米的棍子，是藉槓桿原理，在大木棍的下方以圓筒石支撐著；腳踩的這邊短，舂米的那端很長，下方裝著直的木頭向下舂稻穀，稻穀就放在直木下方的石臼裡面；六祖得要從這邊踩下去，那一頭就翹高起來；然後放了腳，那邊木頭就落下去舂米。因爲六祖個子太小了，體重很輕，沒辦法把另一邊的木頭踩高，無法舂米。那該怎麼辦？總不能夠向五祖訴苦說：「我身體太瘦小、太輕，舂不了米，請您換個輕鬆的工作給我作。」想求無上法，不能這樣呀！所以他就在腰間綁個石頭增加重量，才能把舂米的木頭踩高，才能舂米。但這樣一來，他的腿會很痠；但他還是忍著苦繼續作，從早上作到晚上也還在作，就這樣連著八個月，眞是「遇苦能忍」。

這樣的事，有幾個人作得下來？不說會外的學人，單說你們就好了，假使你們出家了，爲了求法，你們有幾個人自認爲能夠作得下來？六祖每天這樣舂米，在晚上也還在舂米；經過八個月以後，五祖看在眼裡，知道這個人「遇苦能忍」，確定這個人不會被脅迫或收買就洩露密意，因此認爲達摩大師的讖記應該應在六祖身上，確定沒有錯了！五祖認爲六祖能夠這樣子作，眞是爲了正法而這樣作；整整八個月，白天也作，晚上也作，所以他的福德才算足夠了。五祖不因爲六祖已被讖記就直接把法給他，還是要磨他，看他心性如何，有沒有符合祖師的讖記；同時也是讓他多修集福德，因爲在正法中作事，那個福德非常大。這樣作了八個月，才在半夜裡偷偷地把法傳給他。

你們想想看，連六祖都要再經過這八個月的苦工；我們如果往世作得不夠，這世就要繼續再作增補。假使你說：「我鐵定知道我往世作得很多。」那當然可以不用繼續這樣作了，可是這樣的人實在不多。我往世雖然作了很多，可是我這一世在悟前也很努力去作，每週至少三天在人家道場裡面作義工，現金及其他的護持也不只是六位數的。我悟前在人家不可能開悟的道場中，也是這樣作；後來看看這樣繼續下去還是不可能開悟，才改爲自己去參究，才自己破參悟入。所以禪宗這個「遇苦能忍」的說法，不要把它輕輕放過。

禪宗祖師提出了三點：「遭難不退，遇苦能忍」，還要「福德深厚」。他就這樣交代他的徒弟們：「法不能隨便傳，想要得法的人必須要具備這三個條件，才能夠傳給他這個妙法。」可是他那個法還只是明心，還不包括眼見佛性，還不包括悟後起修的一切種智。你們要瞭解這一點，他光是傳授明心，就要求學人必須要具備這三個條件。但我們這裡可不只是明心，還包括眼見佛性，還包括悟後起修的一切種智課程。祖師交代說：「假使根性不堪林量，」量就是量度，「如果學人不堪於像廣大樹林的標準來衡量的話，就不可以來求證這個明心而看見成佛之性的妙法。」有很多人眞的是不自量力，從會外一來就指名道姓說：「我要見蕭平實老師！」我問：「他見我要作什麼？」同修們轉告他的請求說：「請蕭老師幫我開悟，要當場爲我印證。」這叫作不自量力，都沒有先衡量自己的福德及慧力，夠不夠來堪任這個證悟的大事。所以祖師說：「如根性不堪林量，不得須求此法。如果違背我所建立，或者他本身的德行不夠，連《六祖壇經》也不可以輕易交付給他。」只是《六祖壇經》的交付，還不是傳授明心這個法，就已規定如此嚴格了。所以當年《六祖壇經》也不隨便抄給人家的，因此，更不可以把這個《六祖壇經》裡的密意告訴同道者。也就是說，不可以明講，不可以作人情，所以法不可妄傳。

我剛出來弘法時，濫作了許多人情，結果反遭其害——前後三批人不信而謗正法。後來發覺不作人情還是比較好，作人情反而會害到對方；因此，我對家人也不作人情。後來也才發覺，其實我往世早就發願說，不把佛法作人情，今世還是得要這樣作。但我檢討自己當初爲什麼會濫作人情，發覺原來都是濫慈悲在作怪，見不得人家掉眼淚。以前，看人家禪三參不出來而掉眼淚，他們那邊掉眼淚，我背後也跟著掉眼淚，我這個心會與大家互相感應。可是後來我發覺這樣濫慈悲下去，一定會壞了正法；不行！把心打橫了，吃了秤鉈鐵了心，調整心態好幾年以後才不再濫慈悲了。因爲我知道：我若不忍心他悟不了，強行幫助他的結果，反而是害了他，將來智慧生不出來，也可能會毀謗正法，造下謗法的大惡業。那我何必害人呢！

所以說，我們《金剛經宗通》講了這麼多，還是不可以明講，只能夠烘雲托月。就像畫國畫一般，那月亮是白色的，紙也是白色的，你總不能夠畫一個圈圈就說那是月亮，這樣畫起來的月亮就叫作四不像。於是我們就學國畫大師一樣，把旁邊抹黑了，中間圓形而無色的月亮就浮出來了。我就是不斷地把其他東西染黑了，在中間就顯出這個月亮來。這樣烘雲托月下來，至於諸位有沒有看見，我就不理會它，等禪三精進共修時再說，雖然我講「此經」時不能不有一些機鋒，但是終究不可以明講。你們有些人私底下都怪我沒有明講，可是其實我們這些證悟的老師們、同修們都說：「**導師您都講得太明白了，其實都已經明講了，會不會違背世尊的教誡？**」所以有人說我譬如「李太白」而把我叫作「蕭太白」。當然，對於還沒有破參的同修們而言，就只好管我叫作「蕭太黑」了。

其實，參禪者都是在一念之間悟了就變成「李太白」，每一念都悟錯了，就叫作「蕭太黑」，就是這樣子。當你們禪三破參的時候，再回想看《金剛經宗通》的講解過程中，我是不是已經明講了？其實已經處處明講了。但是為了保護大家，在悟緣還沒有成熟之前不要悟入，免得退轉導致謗法，所以我才要這麼辛苦。我講這個《金剛經宗通》是有史以來最辛苦的一件事，因為《金剛經》本來就講得很明白，再解釋下去就成為明講密意了；我沒辦法，只好收集很多的資料來烘雲托月，使大家容易理解，又不會使悟緣未熟的人聽經時輕易悟得。我講經、說論二十年以來，沒有收集過這麼多資料來講的。為了收集這些資料，整整花掉我兩個月的時間，用兩個工作月整整六十天去收集；好在現在有電腦，比較方便，否則很可能要準備一、兩年時間。所以原本講起來是很輕鬆很容易講的經典，卻反而要講得很辛苦，因為不許明講的緣故，得要烘雲托月，準備資料就會很辛苦。因為《金剛經》的本文中，其實已經是明講密意的；已經明講的經，我還要把它講得讓諸位更能聽懂，卻又不會洩漏密意，所以很難講，很辛苦。我講經沒有這麼辛苦過，從我講第一部經典《楞伽經》開始到現在，沒有講過這麼辛苦難講的，原因就是準備工作很辛苦。

這樣在理上大家聽得更明白了，再來講理說的第四個部分。爲什麼古時有人學佛、學羅漢而能得道？可是現在大部分的人學羅漢不成羅漢，學佛也不能實證，都因爲福德不足所致。很多人號稱學佛，其實他們都不是學佛，他們都是在學羅漢，因爲他們所學的佛法都只是羅漢法，不是佛法。譬如那些南傳佛法的修行人，又譬如印順學派的那些人，他們其實都是只學羅漢；因爲他們學的是解脫道，不是佛菩提道。他們錯把修學羅漢道當作修學佛道也就罷了，竟把羅漢道的內涵也誤會了，落入常見、斷見外道法中，於是學羅漢的結果依舊不能成羅漢，連初果都成就不了，所以連印順法師自己都落入意識中，未斷我見；近代幾百年來南傳佛法中的大師們，也全都一樣未斷意識我見。

爲什麼會這樣？都是因爲福德的修集還不夠，因此沒有具足善知識的緣。假使有大福德，一定會具足值遇眞善知識的好緣，就不會有這個問題。叢林中自古以來有一句話：「寧在大廟睡覺，不在小廟辦道。」什麼叫作大廟呢？是因爲那裡有法。那麼大的山頭，信眾廣大，出家法師數百人，竟然還被稱爲小廟，是因爲那裡沒有法可證。你在沒有法的廟裡面精進修行，如何能夠辦道成功？每天夜裡不倒單，白天出坡工作、讀經閱論，非常辛苦，但一生到死終無所成。可是輕輕快快地住在有法的大廟裡面，把執事作好了，沒事情作就睡覺；當他睡覺時不小心聽到善知識的一句話，也就開悟了。

禪宗叢林裡會有這句話流傳，不是沒有原因的；所以你只要跟對了善知識，別管廟體的大小，只管住持是否眞的善知識，不斷地去熏習他所開示的法。這一些正知正見，即使你累積了二十年、三十年都沒關係，等到這些知見足夠了，要你不悟也難。所以，只要有足夠的福德能親近眞正的善知識，不管他怎麼罵，怎麼打你，怎麼刁難你，都不管它，反正你就是跟定了。假使有一個人每年報禪三，我都把他刷掉；連著刷二十年，可就創記錄了！到現在爲止，還沒有誰報名禪三共修連著二十年被刷掉的；因爲同修會成立至今也不過才十年，加上同修會成立之前的那十年，就算連報二十年都不錄取，只要繼續熏習，有一天自己也會有因緣開悟；只要肯努力修集福德、修除性障，再加上因爲有這個善知識的緣，你的知見具足建立，每次共修都來參加（這也有少分福德，什麼福德？莊嚴道場。這也是福德，不要輕視這個福德，你在一般道場裡面去莊嚴也有極少分的福德，何況是了義正法的道場，當然福德比那一些要大很多倍），加上正知正見的熏習，到年老時不悟才怪。所以有福德的話，與善知識的緣就好，證悟也就快；但這個道理，不單單是我這麼說，我們來看看永明延壽怎麼說：

《宗鏡錄》卷二十三：**【譬如大寶藏，衆寶皆具足；上福德人見，直捉得明月寶珠；薄福德者，只見銅鐵之類。非是藏中無寶，亦非主藏者不與。】**這就講得很白了！就好像一個大寶藏，裡面有很多的寶貝，福德具足的人一見，馬上就可以得到；福德不夠的人看來看去都把它當作是銅鐵，然後再來怨怪說：「這是什麼大寶藏？根本就沒什麼寶藏，都是破銅爛鐵。」這其實不是主管那些寶藏的神祇不給他，是他自己無福去得。這是眞的事情，譬如人家有福德的人，並且也很內行；也許有一天去爬山，看見一顆不起眼的石頭，他喜歡了，請人把它搬回家，說要擺在庭園裡施設；其實不是這樣，是因爲他知道裡面有寶，他一看就知道這裡面可能有很大顆的翡翠，一定有很漂亮的黃水晶或寶石等，他看得出來，他又有福德就遇見了（編案：古時王法大多未規定無主的寶藏是國王的，世俗人也不受菩薩戒）。有的人很內行，也到處去看，他知道什麼樣的石頭是寶石，可是他始終沒有因緣遇見；可是有福德的人偶爾出門一趟，他就瞧見了。所以，如來藏這個明月寶珠、這個摩尼寶，也就是這個樣子，有福德就能得，沒有福德就不能得。

能進入正覺同修會裡來，大多數人往世已經作過不少福德了，大概都是還差一點點；否則當你聽到如來藏三個字，耳朵都覺得快被刺破了，還能夠進得正覺來？進不來的。所以能進來會裡，再加修一些福德，便能夠成就道業。可是福德有很多種，布施財物所得的福德，接引眷屬所得的福德，過去世與善知識結緣的福德，以及自己在如來藏法中心得決定的福德，以及一心不亂的參禪功夫福德，往世所修集的佛法上的福德，修除性障的心性調柔福德，這些都是福德。我們的禪三審核時看什麼？就看這一些。禪三報名時的審核，其實是具足六度的審核；所以要被錄取去參加禪三也不容易，布施、持戒、忍辱、精進、禪定、般若；你們沒看到後面的表嗎？那就是六度的審核，所以具足了福德，就能夠得到最後一度般若的證悟。前面五度屬於福德的修行，後面一度在悟前就是看你的知見正確不正確，親教師教授的有沒有聽進去，能不能夠信受而付諸實行；若能聽得進去，也有努力在實行，就是眞正的加行位菩薩。否則，就是還沒有加行位的實修，就是沒有證悟的福德。

福德的另一種，就是心得決定，發起定心。有些人是信受了以後，然而還沒有心得決定。如果心得決定，前面五度的福德也夠了，也在實修加行，就會被錄取去禪三。但是被錄取去禪三的人，全都具足這六度嗎？也不一定。因爲我們廣開善門，每個梯次都會有湊人頭而被錄取的人，所以不要以爲被錄取了，鐵定會明心了，那可不一定。所以菩薩的法，世尊不輕易教給不迴心的聲聞阿羅漢，只教給已迴心而永遠不入涅槃的阿羅漢們，因爲他們已經迴心大乘永遠行菩薩道而成爲眞正的菩薩了。或者說世世行菩薩道以來，已經廣修福德的凡夫菩薩，世尊就只教給這些人。連 佛陀都這樣嚴格實行了，我們難道可以違背嗎？當然不行嘛！所以前五度的福德夠了，後一度的知見熏習也沒有錯了，我們認爲可以了，才可能幫助你來證悟，因此在禪三期間就可以破參了。這個證悟的道理，在《集一切福德三昧經》卷三中，也有這麼開示：

【佛言：「……文殊師利！所言忍者，名緣一切諸法無盡。所言忍者，名之爲正。文殊師利！忍之所緣，非與世法而共俱行，非凡夫法，非學法、非無學法，非緣覺法，非菩薩法，非佛法，而共俱行。不與一切諸法俱行，名

爲得忍；捨於一切諸法相著，名之爲忍。是忍亦不在於眼色、耳聲、鼻香、舌味、身觸、意法數中，無盡不盡，名之爲忍。是忍亦復不離是界，是名爲忍。」說是忍時，有五百菩薩本先佛所種諸善根，得無生忍，作如是言：「此集一切福德三昧，能令我等住於所住，亦令我等滿無量法。」】

這一段是在《集一切福德三昧經》中的開示，這是 文殊師利配合 佛來演一場戲，爲眾生說法。佛說：「文殊師利啊！我所說的忍，這個忍是緣於一切諸法無盡，這才是大乘的忍。」二乘的忍是要緣於一切諸法滅盡，他們的無生是將滅止生；阿羅漢的無生是用一個「滅盡」，來停止自己未來世再出生一切法，就是要用苦集滅道來滅掉自己的蘊處界，讓自己永遠不再有未來世的蘊處界——不受後有；是把自己消失掉，就是用「滅」來停止再出生。可是菩薩所證的是「緣一切諸法無盡」，要這樣子得無生忍。從文字表面看來，二者是顛倒的、相反的；菩薩是緣於一切諸法不斷地生滅、永無窮盡，緣於這樣的境界不斷地生滅而繼續安住下來。

也就是說，這一切法可以不斷地生滅，永無窮盡，但是有一個本來不生的法常住不壞；並不是把許多的三界名色諸法滅了以後不再出生，而是在許多三界名色諸法不斷生滅的過程當中，本來就是不生亦不滅的；這就是菩薩的所證，所以「名」之爲「緣一切諸法無盡」。這是本來不生，是證得一個本住法、常住法；一切諸法都緣於這個本來不生的法，所以無妨不斷地生滅而無窮無盡，但是這個本住法仍然是無生。這是本來無生，不是像二乘法將滅止生，這樣才是菩薩忍；這個忍與二乘忍是不同的，這才是成佛之道裡的法忍，所說的這種忍才能叫作正忍。二乘的忍不正，因爲他們是灰身泯智，不能成就實相不生不滅的究竟境界。這樣瞭解了，才會分清楚大乘的無生忍與二乘的無生忍有什麼差別，才能在大乘法中眞正的修習成佛之道。

佛陀又說：「菩薩無生忍的所緣，不是與世間法同時運行的。」二乘聖人的無生忍所緣的是跟世間法同時在進行的，就是緣於蘊處界法。菩薩所忍的無生是忍於什麼呢？菩薩的無生忍於法界的實相，與法界實相同時運行，不是跟世間法蘊處界同時運行的；也就是說菩薩這個忍是緣於世間法之上的那個如來藏，不是緣於世間法蘊處界。所以這個菩薩法的忍雖然是緣於一切諸法無盡，卻不是凡夫輪迴之法。這個法不是聲聞解脫道中的有學之法，也不是他們的無學之法；有學是三果以下，無學是阿羅漢。可是菩薩這個無生忍，所緣的是如來藏的本來無生，不是解脫道中的初果到四果的滅盡蘊處界以後不受後有的滅盡而無生。

這個如來藏不是凡夫法，不是有學之法，也不是阿羅漢的法，也不是緣覺的法，但也不能夠說祂就是菩薩法，爲什麼呢？因爲你證得的大乘無生忍，這個忍所緣的如來藏心境界中並沒有菩薩可言，沒有緣覺、沒有眾生、沒有聖人，非菩薩法、非緣覺法，也不是諸佛的法，因爲菩薩忍所緣的這個金剛心的自住境界中，是離六塵及分別的。可是菩薩忍所緣的這個如來藏金剛心，卻是跟這一些法同時存在，而且一直在運作、在運行。可是菩薩眞正證悟所得的忍，是不與一切諸法俱行的；能夠這樣安忍，才叫作眞實的菩薩忍。聲聞緣覺所證的忍，是與一切諸法俱行的蘊處界；菩薩所證的忍，是不與一切法俱行的如來藏；這樣的忍才是般若所說的忍，才是菩薩所證的忍。

有的人不能安忍於第八識的本來無生，所以退失，退回到凡夫所緣所忍的離念靈知，落入意識境界中，同於常見外道，就不是菩薩忍，那種忍只能叫作凡夫忍。忍就是接受，凡夫能接受什麼呢？接受五蘊我眞實、十八界我眞實、離念靈知意識眞實，只是對於三界我的眞實能忍；卻不知道三界我都是生滅無常而不眞實，因此誤以爲離念靈知可以去到下一世：萬一被砍頭，二十年後還是一條好漢，還是同一個離念靈知。他不曉得的是，假使幹了惡事，被人家砍頭了，不只是碗大一個疤而已，下輩子可要下墮當狗熊去。假使惡業大一點，那是要落入餓鬼道、地獄道去的；所以凡夫們之所能忍，只是蘊處界中的法。聲聞所能忍的，是蘊處界的滅盡；菩薩之所能忍，卻是蘊處界不必滅盡而有一個不生不滅的，名爲涅槃實際的第八識本住心——常住不滅的萬法根源；所以儘管生死痛苦無量也沒關係，生死快樂無量也沒關係，就是要依這個不生死的法而安忍；忍於這個本住的無生死法，世世受生而利樂無數眾生，然後成就佛道，這才是菩薩忍。

正因爲這樣，才能夠「**捨於一切諸法相著**」，於一切諸法的法相已不會再執著，因爲是依如來藏而安住。從如來藏中不斷的「而生其心」，來一步一步利樂有情邁向佛地，這樣才是眞正的菩薩忍。這個忍，不在眼對色塵、耳對聲塵，乃至意根、意識對法塵等等能夠算得出來的十八界法之中生忍，是對實相界生起法忍，而能繼續讓一世又一世的十八界法無窮無盡地生滅，都不必滅盡十八界法，世世自度度他而邁向成佛之道，這樣才叫作般若的忍、菩薩之忍。而這種忍所緣的法以及所得的忍，可以不離欲界、不離色界、不離無色界，這樣才叫作菩薩的法忍。

佛陀演說這種菩薩忍的時候，有五百位菩薩因爲在過去很多佛那邊種過善根，所以聽聞這個菩薩法時就成爲阿羅漢而獲得無生忍了，就成爲通教的阿羅漢了，又同時成爲別教裡的見道菩薩了。想想看：這樣的忍不正是我們修菩薩道的人所應該要證的嗎？或者說，我們也應該要先得二乘忍——先得二乘聖人將滅止生的無生忍，然後再證大乘的菩薩忍。所以學佛應該是這樣學，即使每一世在人間利樂有情、住持佛法是那麼地辛苦，當我們把了義正法送給眾生時，還要遭受見取見眾生的侮辱與蹧蹋；可是菩薩無妨在心境上快快樂樂地利樂眾生而繼續被眾生蹧蹋，卻依舊繼續快快樂樂地邁向佛地。

很多人學佛學到很痛苦，這是正常的事。你可以去問問看：有哪些人是眞正在學佛而學得很快樂的？沒有！只有在佛法外門（表相佛法）轉來轉去的人，才會說他學佛學得很快樂；就好像慈濟那些人，他們都只是在外門轉，根本不曾觸及三乘菩提能否實證的問題，所以他們一直都很快樂，都不會痛苦。可是眞正在學佛的人，他們會很痛苦；因爲到底佛法應該如何修、如何證？而自己現在是在哪個階段？現在的階段中又應該修持什麼、應該作些什麼？他們都不知道，心裡渺渺茫茫，不管去到哪裡，各個道場都是不斷地請求說：「你們要趕快捐錢護持三寶，只要捐錢護持三寶作功德，你們未來世就可以開悟了。」可是捐了大筆錢財以後該怎麼悟？似乎也都不知道。那些說法的師父們自己都不知道，座下捐錢學法的信徒們當然更迷糊了，所以眞正在學佛的人，大都很痛苦。

可是，我不願意讓大家痛苦，我認爲大家學佛時應該學得很快樂，而且要越來越快樂。如果你越學越快樂，表示你的學佛是走上正路了；因爲這表示你已經可以從法教中來判定自己現在正在哪個階段，可以很清楚地自己界定出來；而善知識也會讓你很清楚瞭解，只要你跟他學，你不必多問什麼，你自己漸漸就可以知道。然後你也會知道接著要作什麼，應該作什麼，哪裡有欠缺，就努力去作，你就會知道自己什麼時候有希望見道，機會大概有多少。然後終於在大乘法中見道了，你也可以知道現在接著該怎麼樣進修，像這樣學佛，是有目標、有方向也有把握，才會學得快樂。

眞想學佛而學得渺渺茫茫地，不知從何下手才能實證，才會痛苦。會學得渺渺茫茫而產生痛苦的原因，就是因為福德欠缺；各方面的福德不夠，當然親近善知識的福德就不夠了。如果各方面的福德都夠了，一定會有人告訴你：「某一位善知識如何、如何……。」你就會嘗試去瞭解看看，而不會一聽到時就迷信，或者才剛一聽到時就說：「那只是個居士，居士懂什麼佛法？我能跟他學到什麼？」可是他們都沒有想到，回到寺院裡面早課晚課禮佛誦經時，都看到 文殊、普賢兩尊大菩薩同樣留著長頭髮、戴著天冠、手掛臂釧、身穿天衣，到底他們示現什麼相？那些崇拜聲聞僧衣的法師們都不知道，都沒有警覺。然後又繞到前面，看到 地藏王菩薩的聖像也去禮拜，也沒有發覺他是剃光頭，跟另外的菩薩竟然不一樣，他們也都沒有發覺，就只是禮拜。

而且，請出《維摩詰經》來讀過了，也沒有想到維摩詰是個居士。再請出《華嚴經》詳細讀過了，並且還讀遍三個版本，把《四十華嚴、六十華嚴、八十華嚴》都讀了，也沒發覺善財大士參訪的五十三位善知識之中，究竟有幾位是出家人？有幾位是在家人？也都不知道！當然就只會從表相上面來判斷善知識，因此他們每天學佛都是學得很痛苦，都沒有一個入手處。他們每天把晚課作完了，過堂後作種種事情，最後人家安板準備就寢了，他還在大殿上禮佛求佛：「觀世音菩薩！拜託您啦！幫我找一位善知識啦！」等到菩薩特地安排善知識，把善知識送上門來時，他卻說：「哼！這個居士懂什麼！」可是他抱著《維摩詰所說經》一直讀，竟不知道 維摩詰是居士。所以說，眾生學佛時眞的障礙很多，大多數人是自己障礙自己，所以他們學佛會學得很痛苦。他們會有這些痛苦的原因，就是因爲應該修集的各種福德都還不夠；所以當善知識的緣即將成熟的時候，他反而自己把它斬掉，這就是 佛陀特地要講有爲福跟無爲福的原因。有爲福、無爲福都兼顧了，全部照顧到了，値遇善知識的緣就熟了。

所以，世尊開示完了，那一些菩薩們就稟告說：「這一部《集一切福德三昧經》，能夠使我們五百人都住於所應住的智慧境界中，在這個智慧境界中永不退轉，並且能夠讓我們可以滿足無量無邊的法義。」所以大乘法中很強調福德，原因就在這裡。福德範圍很廣，包括對正法心得決定的能力也是福，禪定的證境也是福，性障的修除也是福，布施三寶也是福，懂得尊重善知識也是福，能抉擇究竟正法與表相正法的分際也牽涉福德。福德的範圍很廣泛，所以只要這一些都具足了，最後一度的般若自然就會成功實證。所以當菩薩們這樣稟告時，世尊就讚歎常精進菩薩摩訶薩：「善哉！善哉！善男子！善說諸行所應住想。善男子！若菩薩摩訶薩欲逮得此集一切福德三昧者，應常懃修一切福德，不應捨離一切福德。」

可是有些人說：「我生來就是窮，所以我很難修福德。」遇到這種人，我都會跟他講：「你不要一直老說自己窮，你一直不停地講窮，都把自己給講窮了！你應該這樣想而這樣講：我雖然沒什麼錢財，可是我很有福德，因爲我能夠聽聞正法不會退轉。」因爲這也是福德。然後還有很多福德可以修，也不必一定要靠金錢，作義工也是修福德；特別是在正法中作義工，那福德是很大的。所以這一次禪三報名，凡是在禪三道場很努力作義工的，作到我感動了，怎能不錄取他？當然嘛！因爲他的福德大，他在了義正法裡面作義工，那個福德是很大的，我絕對不能夠忽視他的；所以這一次優先錄取這一些同修，萬一你沒錄取，那就等下回，我們這一回一定要優先錄取他們。

另外，福德還有一個很好的修法：第一種是謹言慎行，第二種是隨喜讚歎。有一句俗話說：「沒有賠錢就算是賺到了。」假使一張嘴老是亂講話，講得不如實而且是有後遺症的（特別是在正法中亂講話），無形中就把自己的福德不斷地削減了；他很努力去捐錢、作義工，修了很多的福德，另一方面卻是一張嘴不斷地把福德砍掉；砍到後來變成沒有多少福德，義工與護持正法的福德夠了，另一方面的福德卻大大減少了。所以說，謹言慎行也是一個大福德。爲什麼會有大福德？因爲謹言慎行就會使團體清淨，正法道場就沒有是非出現，這當然也是一種福德。這種福德，諸位可能都沒有注意到，注意到的人很少；但這個福德很容易修，有時卻也不容易修，因爲有的人習性就是一張嘴「哇啦哇啦」到處亂講。

另外一種福德叫作「隨喜讚歎」。譬如某甲菩薩努力來作義工，有的人心裡面酸溜溜地，開口就說：「哎呀！我就是沒時間啦！不像你那麼好命啦！我都沒辦法啦！」酸溜溜地說出口，就削減了自己的福德。爲什麼不改一個方式說：「你眞的有福報，有時間不必去賺錢，可以來作義工，功德無量！」你在說別人功德無量的時候，你也就增加自己的福德了，這叫作隨喜讚歎的福德。然而那幾位老哥、老姊不是這樣想，心裡總是酸溜溜地；講出話來，讓人家聽了多不爽快；於是在本來福德已經很少的情況下，自己再削減掉一大半。所以千萬不要講自己沒有福德，因爲越講就越沒有福德。要改口說自己很有福德，向對方隨喜讚歎完了以後，就說：「我眞有福氣，能跟你當同修。」因此自己的福氣又增加了，這有什麼不好？應該這樣子才對。

譬如有的人都沒有辦法供佛，因爲眞的缺錢，那他可以用什麼來供佛？用嘴巴讚佛。用嘴巴公開讚佛，他的福德就增長了；所以有的菩薩此世沒有錢財，他就每天不斷地讚佛，這樣也能使福德增長。所以隨喜讚歎是一個修福德很重要的方法，千萬不要像某些沒有智慧的人，人家今天捐來一萬塊錢，他就酸溜溜地說：「哎呦！我都不像你那麼有錢啦！我捐不起啦！我不如你啦！」講話酸溜溜地，不但沒有隨喜的福德，還削減了自己的福德。如果看見人家捐錢，立刻讚歎：「你眞是功德無量！我有你這樣的人當同修，眞是有福報。」人家捐錢，他也同樣可以獲得福德。隨喜讚歎也有福德，這個道理在《菩薩優婆塞戒經》裡早就講過了。

又如看見別人證悟了，講話不可以酸酸地，要歡喜說：「我雖然這一次沒有悟，但是你能夠悟了，我眞的高興；有你這樣的同修鼓勵，我遲早也會悟的，我眞有福報。」應該這樣才對！這樣修行，自己的性障越來越少，福德越來越增加，這也是修福德。所以謹言慎行也是修福德，隨喜讚歎也是修福德。沒有智慧的人看見別人捐錢捐多了，自己作不到，心裡面就酸酸的，那就不對了！那就會削減自己的福德。這一些是隨時隨地、隨手可修的福德，諸位也要懂得怎麼樣去修它。有了福德，你就有集一切福德三昧了。這個三昧就看你要不要得，你今天聽了，能夠付諸於實行，你就有這個三昧。一切時地善修福德以後，不捨離一切福德，當然接著就要看加行位中怎麼證悟了，所以我們看看宗門裡面怎麼說：

【黃蘗禪師說：「如來所說皆爲化人，如將黃葉爲金、止小兒啼，決定不實。若有實得，非我宗門下客，且與爾本體有甚交涉？故經云：『實無少法可得，名爲阿耨菩提。』若也會得此意，方知佛道、魔道俱錯：本來清淨皎皎地，無方圓、無大小、無長短等相，無漏無爲、無迷無悟，『了了見、無一物，亦無人、亦無佛，大千沙界海中漚，一切聖賢如電拂。』一切不如心，眞實法身從古至今與佛、祖一般，何處欠少一毫毛？」（《黃蘗山斷際禪師傳心法要》卷一）】

這就是在作一個正知見的開示：「如來所說的一切法，都是爲化人而說的，不是爲眞人說的。」什麼叫化人？哪裡去找化人？到處都是化人！你們也是化人，我也是化人，包括當年 佛陀示現的那個 釋迦牟尼佛的色身也是化人，是由如來藏所變化而出。佛法只爲化人說，不爲眞人說；趙州禪師說：「眞佛內裡坐。」坐在你們五蘊裡面的那個才是眞人，然而 佛陀不爲眞人說法，一切所說的佛法都是爲你們這些化人而說。爲化人而說的法，當然不是眞實法，當然是方便法；可是爲化人所說的佛法，卻是在陳述眞實法，眞實法就是你身中那個眞人；爲大家說了那麼多佛法的目的，是爲了讓你去找到你身中的眞人。雖然如此，也還是跟黃葉止啼一樣。小孩子一直哭，智者就拿幾片黃葉捏在手裡，說要送給小孩子：「這些黃金葉子你拿去，可以賣很多錢，可以買很多糖果。」然後就說：「你要不要？你如果要，你就別哭了。」好，不哭了，就給他；給他的時候，手掌一打開，才知道是黃葉，可是他的哭聲已經停了，因爲他以爲那是眞的黃金。

同樣的道理，對學佛的人也要半哄半騙才能實證。有許多人學佛時一直哭：「我都找不到眞人，我都悟不了般若。」一直哭。猶如有人騙你說會找到一塊又一塊黃金，其實並沒有獲得黃金，黃金本來就在你家裡，只是你沒找到；所以如來藏是你本來就已經有的，又不是另外拿一個來給你。等到你參禪證得了以後，才知道說：「我開悟後哪有得到如來藏？這是本來我自家裡的東西，本來就存在。」不是從外而得的，所以說如將黃葉止小兒啼；雖然是你自家裡底東西，但若不經過這一番寒徹骨的鍛鍊，你就得不到。所以如果有禪師宣稱眞的有一個法可以給你，那個絕對不是宗門下客；宗門下的參禪客所得的法是無所得的，因爲那是你本來就有的，只是幫你自己找出來而已；因此，是你本來就有那個東西，禪師並沒有給你什麼，這才是眞正宗門下的參禪客所要的。

所以《金剛經》裡面說：「其實沒有一點點的法，你可以得到，因爲你得到的全都是你自心中本有的，這樣才叫作得無上菩提。」如果能夠眞正會得這個意思，才知道佛道與魔道都錯了。因爲，佛道所講的也都是語言文字，你修學佛道所要的，是你本來自己就有的如來藏心，並沒有從外而得；走錯了路，走入魔道去，其實也是一樣，魔道所要的也是一個常住法，只是他們不知道眞的常住法而弄錯了，落入識陰境界而起貪著。天魔波旬最喜歡教導人家學佛，他教人家學佛的時候就教你：「你只要無念，無念就是開悟，離念靈知就是眞心，就在離念之中專心享樂。」他就是這樣教的。不要以為天魔會一天到晚來告訴你：「佛教錯了，不該學。」他不會這樣，他也會來告訴你：「你應該學佛，若是不學佛，會流轉生死。你要怎麼樣才能不流轉生死呢？你得要無念、離念。」有時候，魔派來人間的使者會這樣說：「如果你想要證如來藏，那其實是外道神我。你不要學禪宗證如來藏，那個法不對啦！」天魔都是這樣教化人，那就是魔道。

黃蘗禪師又說：「你自己本來的法，祂一直都是清淨的，又沒有染汙過，你何必要把祂修清淨？」常常有人這樣說：「你要把染汙心修清淨。」所以禪師就罵這種人：「好肉剜瘡！」人家的肌肉本來好好地，也沒有生瘡，他偏說：「你這裡生瘡，你要把它挖掉。」好端端底肉，就把它挖出一個洞來，反而是受傷了，這叫作好肉剜瘡。同樣的道理，人家如來藏本來就已經是清淨的，何必要你把祂修清淨？那你不是要先把祂染汙了，然後再來修清淨嗎？所以黃蘗禪師說祂本來就清淨。皎皎地，就是說祂是很清楚分明地顯現在那裡。也許有人說：「你蕭老師都騙人，如果本來就很清楚地在那裡，我為什麼老是找不到？」可是等你悟了，你才知道：祂從來沒有跟你捉迷藏，祂一直都在你眼前；如果無明所障，就永遠找不到祂。可是因爲祂是清淨性，祂也不會邀功邀寵，祂不會一天到晚跟你講：「某某人啊！我在這裡，你趕快找我。」祂從來不會這樣，祂根本沒有想要讓你找祂，可是祂從來也沒有離開過你，也沒有躲藏過你，都分明示現在你眼前，所以黃蘗禪師說祂「皎皎地」，就表示祂很清楚地顯現在那裡。

可是這個金剛心「無人亦無佛」，因爲祂從來都不分別，所以在祂心中從來無人亦無佛。你若是要教祂去分別說：「這個是方形的，這個是圓形的。」祂不會。你要是爲祂解說：「這位是大人物，這位只是小人物。」祂也不會。祂也不會分別長短好壞等。而祂本來就是無漏無爲、無迷無悟，迷與悟都是你覺知心意識家裡的事，祂的境界中從來沒有迷也沒有悟可說。以前你迷了，現在來正覺悟了，是你意識覺知心有迷有悟；可是祂還是老樣子，從來不變。你迷了，祂無所謂迷；你悟了，祂也不跟你悟；因爲你悟的是悟祂，不是由自己來悟得自己。那些愚癡的大法師、大居士們，都是要用自己來悟得自己。如果是自己悟自己，根本不用學禪；自己覺知心本來就知道了，還要悟個什麼？那就好像一個愚癡人，到處去找自己，每天從早到晚都說要尋找自我。父母罵他：「你這個傻瓜！你就是你自己了，爲什麼還要辛苦尋找『我在哪裡？我在哪裡？』」現代佛門的修行人就是這樣愚癡呀！

可是，人家都不知道他到底要找什麼，結果他弄到後來才說：「我要找的就是離念靈知。」其實離念靈知就是自己，就是識陰自我；正在尋找的就是自己，又何必找？這個意識心自己正在尋找時，自己本來就在，可是眠熟時就斷滅了，找到這個生滅的自己，能出生實相智慧嗎？末法時代的參禪人就是像這樣的愚癡！所以你既然想要明心，當然不是要明白覺知心自己，一定是因爲知道自己虛妄，才要開悟明心去找自己的另一個不生滅眞心；因此參禪人要尋找的，當然是另一個第八識心。而覺知心意識自己以前是迷，現在開悟了，所悟的第八識眞實心，才是你開悟要找的標的心，而你自己不是證悟之標的。可是你證悟了祂，你找到祂，說你開悟了，祂卻不跟你講什麼悟與不悟的事，因爲祂是你證悟之標的，你自己卻只是想要證悟祂的意識——覺知心。你意識覺知心證悟了祂，你就有了般若實相的智慧，卻與祂無關；所以祂無迷亦無悟，我們蘊處界有情才會有迷也有悟。

如果能夠了了地看見了祂，就知道其實沒有一個法是常住的，只有祂才是常住不壞的法性。從祂的立場來看：沒有人也沒有佛可說。然後，你假使從祂的立場來看三千大千世界：一個三千大千世界，就好像是大海中的一個小水泡而已。因爲你的這個第八識，無始以來在十方世界來來去去，有哪一個三千大千世界沒去過？祂早都去過了！如果祂能夠觀察的話，從祂的立場來觀察，十方虛空無量無邊的三千大千世界，從那樣廣大的眼光來看，這一個三千大千世界，不是像大海中的一個小水泡嗎？事實正是這樣呀！這時心量就應該很廣大，不要老是在小節上面斤斤計較，一天到晚都在想：「某甲師兄都不喜歡跟我講話，某乙師兄一天到晚瞧不起我。」你管這些幹嘛？

找到如來藏以後，應該這樣去看三千大千世界：三千大千世界只是大海中的一個小水泡。我們五陰住的地方只是這個三千大千世界中的一個幾乎看不見的小小的一個點——地球，然後我們只是住在地球裡面的一個幾乎看不見的小小一點—台灣—裡面的台北市的小身體，又何必在那裡小鼻子、小眼睛呢！要把心量放大去看佛道的進程，以及未來無量世中成佛的過程中要經歷多少的三千大千世界。能夠這樣去看，那你心量就廣大了，世間錢財還看在眼裡嗎？世間眷屬還看在眼裡嗎？那就一心爲法，不就可以迅速的往上升進了嗎？

然後，從這個如來藏心來看一切的聖賢，說二千五百年前釋迦牟尼佛出現在人間，結果呢？你如果依如來藏無始劫以來無窮無盡的生命來看，釋迦牟尼佛在人間示現以及入滅只不過八十幾年，一會兒就過去了。你如果能夠看見以前跟在釋迦牟尼佛身邊修學佛法，再來看看這一世，那不是一晃就過去了嗎？然後再來看過去佛，有的佛八萬四千歲，可是如今安在？是不是要像〈念奴嬌—赤壁懷古〉講的：「遙想公瑾當年，小喬初嫁了，雄姿英發。羽扇綸巾，談笑間，強虜灰飛煙滅。」你看，三國時小喬的丈夫周瑜，當時眞是志得意滿，如今又安在？再看看以前達賴五世把我們大家打的打、殺的殺，把我們滅掉了，可是如今達賴五世安在？何時才能回到人間？而我們還在這裡弘法共修呀！所以學佛眞的要快快樂樂地學，而且要看得很長遠、看得很廣闊，千萬不要看短短一世的某一個小枝節；所以在世間法上去計較也就不必要了，爲了弘法該作的事就去作，該應對的就去應對，但是不必去計較什麼。像小心眼的世俗人說：「你給我記住！」他想要把你的無心之過記一輩子，只會使自己的日子變得更難過，而我們都不需要這樣。

所以，你如果從如來藏的無量劫永無窮盡的壽命來看一切賢聖，在三界中不斷地出現又過去、出現又過去，不就是猶如電光拂過一樣短嗎？好像那閃電很強烈的電光，可是它撐不過一秒、兩秒，隨即消失了；人的一生從劫數來看，就像那麼短一樣。假使你們哪一天修到二地、三地的時候，你們會發覺：過往的無量劫，原來也是那麼一剎那就過去了。從這裡去思索、現觀，去比對如來藏無盡壽命的時候，你的心量一定會變大。我舉出黃蘗禪師這個宗說，解釋過後，到底有沒有講到宗門意旨？還沒有。那麼我們且再回到這段經文來說這個〈無爲福勝分〉。本段經文中說：「**若善男子、善女人，於此經中，乃至受持四句偈等，爲他人說，而此福德勝前福德。**」這在告訴我們，在這一部經裡面（**這一部經是哪一部經？是如來藏！**）在這個如來藏中受持四句偈，這也就是說，能夠圓滿具足講完這一部經，或者沒辦法講那麼多，只講四句偈來爲他人演說「此經」如來藏妙理，這個福德勝過以遍滿恆河沙數三千大千世界的珍寶來布施。既然如此，我當然應該爲諸位解說「此經」；可是，到底什麼是此經？（平實導師此時……說：）這就是此經！

〈尊重正教分〉第十二

【「復次，須菩提！隨說是經，乃至四句偈等，當知此處，一切世間天、人、阿修羅皆應供養，如佛塔廟，何況有人盡能受持、讀誦？須菩提！當知是人成就最上第一希有之法。若是經典所在之處，則為有佛，若尊重弟子。」】

講記：「除此以外，須菩提啊！隨著任何人在解說這個如來藏經典時，乃至僅僅解說一首四句偈的時候，應當知道講『此經』的這個處所，一切世間不論天主天人、人類、阿修羅等眾生都應該供養，把這個處所當作諸佛的塔廟一樣護持供養，何況是有人全部都能受持、讀誦？須菩提！應當知道這個人已經成就最上第一希有之法。如果是有『這部經典』所在的處所，這就是有佛住世，也應該如同尊重佛的聖弟子一樣。」

〈尊重正教分〉，是告訴你：「對如來藏妙法，絕對要尊重。」因為《金剛經》講的金剛不壞心正是如來藏，第八識如來藏妙法才是如來的正教。如果對如來藏不尊重，別說是成佛之道，連羅漢道都修不成；也別說是羅漢道，他連人天善道都修不成。因爲如果不尊重正教，那就是不尊重如來藏，因爲《金剛經》中講的「此經」就是第八識如來藏心，而金剛心「此經」就是發起實相般若的源頭；如果不肯尊重「此經」，修集再多的世間福德，對於成佛之道都沒有助益。因爲，不尊重此經的緣故，就會踐踏「此經」，就會毀謗說：「**如來藏是外道的神我、外道的梵我，弘揚如來藏的人就是邪魔，是外道。**」成爲無根毀謗如來藏「此經」，結果修了很多護持表相三寶的福德以後，未來世還是要得到惡報。

如果有一個人用非常多、非常多的錢財去布施有情，可是大力毀謗如來藏，那麼他死後會去當閻羅王。閻羅王能統領地獄眾生作威作福，是因爲他在前世布施非常多的錢財給眾生和表相三寶；可是他在地獄中，每一個日夜的固定時間到了，就要受苦—熔銅灌口—每一個白天與黑夜要各受三遍苦，全身上下焦爛；可是他因爲生前有修集大福德，於是就在地獄裡面當閻羅王。這全都是因爲在人間時大力毀謗如來藏妙法，他就要每天日夜三時各受一次這種極苦。有的畜生被人養作寵物，生活無缺，主人也很疼愛牠，過得很快樂，就是不能當人；全都是因爲往世學佛時努力修集福德，卻常常毀謗如來藏妙法。如果福德修得不夠大，又謗如來藏妙法；甚至於根本沒有修福德，就跟人家胡言亂語妄謗「此經」金剛心，將來可怎麼辦？那只好去地獄裡當起每天唱苦旦的角色，每天只好哭哭啼啼，怨諸佛菩薩不來救他，可是他的業報就是如此，都是自己前世所造的，還能怨誰呢？

所以〈尊重正教分〉這一分眞的很重要，而「尊重正教」中最重要的就是尊重「此經」。前面經文中 世尊也說「此經」即是金剛心，就是第八識如來藏。千萬不要用常見外道法意識心來取代如來藏，也千萬別把第八識如來藏當作外道神我或梵我等第六意識去誹謗；聽到別人誹謗如來藏的言語時，你連一點點的隨喜、附和都不要。如果人家故意毀謗如來藏，愚癡人去隨喜說：「你講得眞好！」那麼他隨喜毀謗「此經」的「成已罪」已經成就了。如果他更愚癡無智，心裡還想要效法人家毀謗如來藏，誤以為是護持正法的義行，那麼他親自毀謗正教的「根本罪」便成就了；為了具足否定「此經」如來藏正教，所以他回家以後就籌劃要如何否定「此經」如來藏心，還寫了綱要，那就是毀謗正教的「方便罪」又成立了；他如果接著親自為人家講，或者貼在網路上廣為流通，已經具體而全面地否定出來了，那他親自毀謗正教的「成已罪」又成立了。由於他有毀謗正教的居心，根本罪成立；施設各種方便而寫出綱要，從各方面寫出很多內容，方便罪也成立；又講出去或貼上網了，成已罪也成立了；否定正教的這三罪都成立了，那就是無間地獄、阿鼻地獄罪了，這已不是下墮一般的地獄了。

對於諸經中隱覆密意而說的正教，如果還沒有親證而沒有確實理解，千萬別作任何評論；連隨喜人家的評論都別作，免得不小心幾句話便成爲隨喜毀謗罪。所以「尊重正教」非常重要，因爲「尊重正教」會產生兩個結果：第一、不墮三惡道，第二、將來能有證悟的因緣。光是一個「尊重正教」，就可以離開惡報，並且得以向上增進，「尊重正教」的重要性就在這裡。想想看，一入一出之間，二者相差多少？你口袋裡有五塊錢，你施捨了兩塊錢給對方，雙方就相差四塊錢了。本來雙方同樣是五塊錢，你去掉兩塊錢給對方，不是與對方相差兩塊錢，而是相差四塊錢；因爲他入你出，雙方就差很多了。大家要把這個道理告訴你所認識的人，讓所有學佛人都能「尊重正教」，自他都能得利，那也是你修集福德的良方。

昨天禪三第一梯次結束，有位師兄說：「導師！您還眞耐操。」這一次開始安排監香老師幫忙小參，我也還是撥了時間繼續跟大家小參，讓大家證悟的機會多一點；因爲這次大部分都是回鍋的，有的已經是第五次參加禪三了。這一梯次，大多數人的心性是比較單純一點，同時也就稍微遲鈍一點，所以我就儘量給他們機會。就好像一對父母親，如果老大、老二很聰明，父母親對他就不必用很多心思來教導；這個老么如果老是笨笨的，父母親就得要多用點心思教導他。這不是偏心，反而是以平等的心態來看待，猶如人間的父母親總是說：「手背手心都是肉。」因此我對某些人給與比較多的關懷，其實不是偏心；因爲有的人根本就不用我幫忙，我不必爲他們操心，他們就可以依照禪三各項考驗的進程過得很好；有的人心性很好，就是遲鈍一些，我就眞的需要爲他們多操一點心。不過，累歸累，還是很開心。我現在從禪三道場回家是比以前辦禪三的地方遠一點，因爲現在是在大溪祖師堂辦。以前解三後我回家很快，一下子就到了，現在要將近一個鐘頭才能回到家。但也沒關係，回家睡上十二個鐘頭就沒事了。所以接著要去台中演講前，行政組問我說要怎麼去？似乎想要代我訂飛機票，我說：「不用！我開車去。」反正定力持著，精神還是可以在；講完後，回到家裡把定力捨了，一覺睡到天亮也可以呀！所以不必勞動他們還去訂飛機票。

閒話表過，回到《金剛經宗通》，經文第八頁〈尊重正教分〉第十二。我們上週講過第十二品的品題，接下來要講這一段經文「事說」的部分。佛在〈無爲福勝分〉說完以後，接著演說這一品〈尊重正教分〉：「須菩提啊！隨說是經，」也就是不管是在什麼地方，只要有人演說這一部經，「乃至只說這部經中的一首四句偈，就應該要知道講『此經』的這個地方，一切世間的天、人、阿修羅都應當供養，如同這個地方已經建造了佛塔，或者建造了佛廟佛寺一般。何況有的人能夠全部受持這部經、全部讀誦這一部經。須菩提啊！應當要知道這個人已經成就至高無上第一希有的妙法。如果這部經典所在的地方，就表示這個地方已經有佛住世，也應當像是尊重聖弟子一樣來看待『這部經典』所在之處。」

依照這段經文的表面看來，應當每一個三寶弟子，都得把這部經典供在家裡；因爲這部經典供在家裡時，就等於是已經建造出一座佛寺、佛塔了。如果你能夠再進一步讀誦與受持「此經」，一切天、人更應當供養你了。諸位想一想，如 世尊所說的這樣，「此經」到底好不好？所以我初學佛的時候，由於胎昧的緣故，那時還不懂佛法，當然更不知道這部《金剛經》的眞正意涵；那時不知是一個什麼因緣，有人印製了小小本的摺頁《金剛經》，外面還有個塑膠套裝起來跟大眾結緣。我看這《金剛經》的經本印成這麼小，很方便攜帶，眞的太棒了！我就把它安放在車上，後來一部車換過一部車。我每一部車最少都要開五年，第一輛開五年，第二輛開六年，第三輛開十二年，這一輛車子也開了兩年（編案：此是 2007/4/24 時說），不算新車了。從第一部車子，我就放著這部小小冊的《金剛經》，現在到底是受用幾年了，我也不知道，沒去算過。從我還沒有正式學佛就放在車上，一直到現在，一部車換過一部車，就移放到新車上，現在還在我車上。可是安放好了以後，我都沒有去發覺車上有這部經典；都是換車的時候，整理東西時才發覺我有這部經典在車上。就好像悟後轉依而繼續修道時，不再把如來藏心當作寶貝而時時觀照祂。現在因爲講到這一段，我才又想起來。這樣看來，這部經還眞是太好了。

可是以上這樣子講解，其實只是文字表面上的意思，《金剛經》這一段經文的眞正義理卻不是這樣的。但是一般人只能瞭解文字上的表義，所以他們就印出來作成小小的摺頁本，大家方便隨身帶著，就說那樣即是受持《金剛經》。但是今天講到這一段，諸位必須要理解這段經文中的眞實理是什麼，然後再從宗門中瞭解這一段經文的密意又是什麼，都應當有所瞭解；否則的話，一定會像一般的大法師、大居士一樣，把《金剛經》當作是在講一切法緣起性空。這裡說，如果這部經典所在之處，就是表示那個地方已經有佛住世。你如果瞭解這部經典所在之處就是有佛，那你尊重這部經典，就要像尊重諸佛座下的聖弟子一樣，也要像尊重你的弟子一樣。你才剛一聽，心想：「這好奇怪呵！這跟尊師重道不符呀！明明佛門裡面是比世間法中更加的尊師重道，爲什麼反而要來尊重弟子？」這裡面當然是有蹊蹺，等我們講完了這一段，諸位就曉得了。

現在先來解說「隨說是經」這四個字。爲什麼叫作「隨說」，又說「是經」？我們不是從文字表面來講，而要從理上來說。要怎麼說呢？也就是說，應該隨時隨地都在演說這一部經。請問諸位：你們有沒有看過誰是每天像Seven-Eleven商店一樣，二十四小時都在營業的？有沒有誰看過哪位善知識每天二十四小時都在演說這部經的？是常年不斷地演說著。有沒有？（眾答：沒有。）是沒有嘛！可是佛陀「隨說是經」這四個字，其實正是這個意思呵！要每天二十四個小時、每天十二個時辰都在演說這一部經，隨時隨地說，沒有中斷過，佛講的確實是這個意思。可是一般大法師們都依文解義說：「只要隨時隨地有人說，就應該去護持。」其實不是，佛陀講的是隨時隨地都在說，自始至終都沒有中斷過。如果有人能夠隨時隨地沒有中斷而一直在講這一部經，乃至講它的四句偈，那他演述「此經」的處所，一切人天都應該前來供養。四句偈在講什麼？最有名的是「如夢幻泡影」這一首四句偈，這是大家耳熟能詳的。但是「此經」中何嘗只有四句偈？你如果眞的開悟了，也悟得深，那你要編幾首四句偈都可以，同樣也是「此經」裡的四句偈。這意思就是說，其實這一部經是指經文中世尊所說的「此經」，不是在講紙張印上文字的這一部《金剛經》；所說的是各人身中的這一部如來藏經，是說你們身上各自都有的專講金剛心的這一部如來藏經。這一部經隨時在爲任何人說法，也在爲你自己說法，每天二十四小時不曾中斷過。

俗諺說「家家有本難唸的經」，我卻說「人人有本難唸的經」，因爲看不見此經在哪裡。有很多人去禪三的時候還悟不了，但因爲聽聞了許多宗門裡的正知見，也被指導了宗門裡的機鋒，回到家裡睡到天明的時候，朦朦朧朧之間還帶著睏意起床了，到洗手間去刷牙的時候才突然看見「此經」——原來這部經在廁所裡面！就這樣開悟的啊！這是眞人實事，而且是我們會裡面的同修。悟前都是在文字上看見這一部經，後來終於在理上眞的看見這部經了。悟後爲人演說「此經」時可長可短，你如果要一直講下去，這部經其實是函蓋阿含道，函蓋般若中觀道，也函蓋一切種智十地之道，那你說：這部經能講得完嗎？講不完啦！可是如果要講快一點，也可以很快，就看你怎麼說。所以梁武帝請傅大士上座講《金剛經》，傅大士上座坐定了，撫尺一拍，隨即下座了，講經已畢；他這樣就把《金剛經》講完了。如果像這樣子講，哪一天我也這樣，上得座來，把撫尺一拍，就下座了！你們一定會有很多人心想：「這樣講經，嘎我裝肖的！（台語）」對不起！內地來的同修大約聽不懂，我就翻譯一下：「把我們當作瘋子了！」所以《金剛經》確實難懂，古來多少人註解《金剛經》，到底有幾部是可讀的？寥寥無幾。而且不可讀的、不該讀的、註解錯的，還被收入大藏經中，數量不在少數，因此就誤導了很多人。

現在回來說明這個四句偈。四句偈，如果你悟後要編造的話，隨便編都可以通。如果你說：「我文學涵養不好，叫我怎麼臨時編？」那不然，我教你一個最簡單的絕招，總共四句：「第一就是第一，第二不是第一，第三即是第二，第四不是第三。」隨便你怎麼編都可以，而且你編出來的道理在眞實義上都正確。要不然，你如果稍微懂一點公案，你也可以這麼講第一句、第二句、第三句到第四句，你就這樣講：「第一是胡餅，第二是狗屎，第三是花藥，第四喝豆漿。」這也可以呀！也對呀！這也是《金剛經》的四句偈；問題只在於當面的人，他能不能領受。如果當機者能夠跳脫於你的言句之外，就能領受到眞實義了，他從此也可以講《金剛經》，而且不會是依文解義。只要眞的悟了中國禪宗教外別傳的眞義，這個四句偈其實就很好講；但是若要如理演述而且具足整體意涵，其實也不容易講，那就看個人的修爲了。

你如果眞的通達了，《金剛經》非常容易講，隨便編派都對，因爲你講出來的都是正確的；但是如果悟錯了，那得要絞盡腦汁寫一些很優雅的文詞出來，還要記住很多的文句，因爲那些都是祖師寫的，自己要死記下來，可是講出來的結果對不對呢？可都是依文解義的了。若是從一個證悟者的所見，他可能聽講到中途時，跟你丟下四個粗魯的字，轉身就走了；他丟下的四字是「狗屁不通」。當他大聲丟下這四個字時，假使當場有個具眼者，那個人如果眞的有眼，可得要好好禮拜他；因爲他說的狗屁並不是狗屁，不通也不是不通，而是當下演示了「此經」。可是爲何會如此？那就是因爲悟與不悟之間有天地之別。所以四句偈其實不難講，因爲凡是悟得眞的人，自己也都可以編造，編出來的也都可以通。可是如果還沒有破參，這四句偈還眞不好講，因爲只能依文解義，又要講得很典雅、講得很深奧，讓大家都聽不懂，他就成功了；如果講得粗魯，人家也能依文解義聽出他說的道理，那就不成功了。可是禪師家都不跟你談什麼文雅，也不跟你談典故，所以禪門裡面可以說狗屎遍處，去到哪裡禪師都跟你答狗屎。雲門禪師不是很文雅嗎？等他講出話來，卻跟你說狗屎乾或者乾屎橛，那到底是什麼道理？

所以，《金剛經》的四句偈，眞悟了以後很容易講；除非想要面面俱到而講出整體的「此經」，才會難講。只是古今座主沒有一個人是眞通《金剛經》的，眞通的人都在禪宗裡面；所以其他宗派裡面，能找到開悟的人很少。不在禪宗門內而有眞悟底人，就是玄奘師資這一脈，可是玄奘這一脈兩傳、三傳後就因爲法教太深而變質了，是因爲後繼無人。玄奘的證德太高，到了第三代，就開始有些法教錯誤了，然後沒有實證底傳人繼承，也就沒有實質法教傳承下來，所以後來還是只有禪宗一脈綿延不絕直到現在。

聽到這裡，諸位也許想：「我們正覺是禪宗嗎？」我告訴你：正覺不只是禪宗，因爲禪宗最多就只是三關，三關過了就沒事了。可是正覺同修會裡並不是這樣，禪宗三關都通過了，最多就是讓你可以入無餘涅槃；但在正覺裡是不許有人入涅槃的，還得要生生世世常在人間，不是爲了享受，不是爲了讓人禮拜供養的，而是要繼續廣利眾生。因爲正覺的法是佛菩提道，不是阿羅漢們的聲聞緣覺道，所以通達了「此經」妙法以後，還有很多要學習進修的，要進修全面的佛法，不是只有禪宗的內涵，所以我們不屬於禪宗。但是禪宗所有的，我們全部都有，百分之百具足，但我們卻有許多法教是禪宗所沒有的。如果眞要說我們正覺是什麼宗？我們可以跟人家爭一爭，就說我們叫作眞佛宗，因爲我們有全面性的佛法，具足三乘菩提。盧勝彥根本沒有資格自稱眞佛宗，依他們的本質只能叫作假佛宗。爲什麼呢？因爲他走的是西藏密宗的路，他既沒有斷我見，更沒有證得實相法界金剛心如來藏，連佛法的入門都還沒有，哪有資格談眞佛宗。不過我還是不想用眞佛宗這三個字，因爲建立宗派眞的沒有意義，我們要傳的法是佛菩提道中的全面法教，不是只有佛法中的某一個部分，而是全面性的；所以我們講《金剛經》時，跟一般的大師講的《金剛經》絕對不一樣。

現在這個四句偈，我想諸位聽我這樣解說了，一定會覺得很奇怪：怎麼這個四句偈，讓你講起來好像有點輕浮？如果要講客氣話說：「**您講的四句偈都不端莊。**」但是《金剛經》中所說的，是三賢位菩薩的行門，是三賢位菩薩的智慧；而三賢位菩薩進入不退位的入門，只是禪宗開悟明心的法。禪宗裡的禪師，看來都好像很粗魯的樣子，找不到幾個文雅的人，像趙州從諗禪師那麼文雅的人，眞的不多啦！可是爲什麼禪宗能夠一直流傳下來？因爲禪宗傳的是眞實法，可以使人眞正進入大乘佛菩提的眞見道位中。經過禪宗這一悟以後，讀經典就是不一樣，就好像回到家裡的寶庫中去翻箱倒櫃一樣，熟悉得不得了。

所以「此經」的四句偈，你們不用期待這個老蕭會講好聽的給你聽。我的四句偈很粗魯、很低俗，跟菜市場裡覓食的阿貓、阿狗講的一樣；因爲菜市場裡的阿貓、阿狗每天也都在說《金剛經》，從來不曾中斷過。你要是不信的話，等你破參了，你去瞧一瞧，不論是環南市場或者內湖市場，什麼市場都好，每位阿貓、阿狗都在講《金剛經》，更別說那些賣菜、賣肉的老闆們。你要是不信，走一遭看看，也許有位很粗魯的大姊拿起刀來一剁，大聲說：「**三斤五百塊錢！**」等你悟了，你看她有沒有在講《金剛經》？她有講！眞的有講，所以在當時的市場裡：「**當知此處，一切世間天、人、阿修羅皆應供養，如佛塔廟，**」因爲當時菜市場裡所有菜販、肉販都正在講《金剛經》，那裡確實也有《金剛經》住持著。

經文中的「四句偈」四字後面又加上個「等」字，這「等」是在講什麼？「等」就是附屬於《金剛經》如來藏的所有四句偈、重頌與長行，都叫作「等」。如果有人想要就法論法，那就用阿含裡的聖教來講好了——「**趣『法、次法』**」；眞實的法你應該學，可是爲了證得這個眞實法，在證法之前所需要的次法，譬如說施論、戒論、生天之論，你心裡能不能眞的信入？眞能信入，才表示你對三界及修行的因果有信受，這樣才算有了基本的次法。如果不信因果而說他能斷我見，天下沒這回事！布施的因果，生欲界、色界、無色界天的因果，持戒的因果，他全都不信，你怎能期待他可能斷我見？又怎能期待他進一步來證實相？所以這個「等」，其實就包括許多「次法」了！

換句話說，你想要證得這個《金剛經》，要證得這一部經——此經，必須具備什麼條件，你都先得要有。當你趣向《金剛經》這個法，或趣向聲聞解脫道的法時，它所必須的次法，你也要有意願同時修學。「趣『法、次法』」那個趣就是興趣的趣，換句話說，你對法有興趣去進入，對次要的法也必須有興趣去進入修學，這就是「四句偈等」裡的「等」的意思。所以如果要證得這個《金剛經》，想要在你家裡時時看見有這部《金剛經》，而不是文字寫的《金剛經》，那麼關於實證「此經」之前應該具備的次法，你也得同時修學。言歸正傳，假使有人隨時隨地都在講《金剛經》，乃至講《金剛經》的四句偈以及次要的法都有，你就應該知道：這個地方是一切世間，包括天上的天人、天主，一切世間的人乃至阿修羅們，都應該前來供養，如同這個地方有 佛陀住世，也如同有諸佛塔廟存在一樣。只有誰不必來供養呢？請問諸位：誰不必來供養這個地方？只有三惡道有情不必來供養，因爲他們全都沒有因緣。

可是，假使另外有一個人「盡能受持、讀誦」，就是對於「此經」全部都能受持、讀誦，那就跟前面講的不一樣了！前面講的屬於理即佛、名字即佛、觀行即佛、相似即佛，這是從凡夫位到眞見道位；即使是到了眞見道位，也只是才剛剛開悟明心，才剛剛進入相似即佛位而已。現在 世尊說是「盡能受持、讀誦」，表示某人已經現前看見這一部經了，而且已經通達了，才是「盡能受持、讀誦」。必須明心而且通達以後，才能夠把這部《金剛經》全部都能受持跟讀誦。假使你破參明心了，雖然還沒有通達，當你到菜市場去看賣肉的阿牛、賣菜的阿花，他們都有這部經在身上，不斷地在跟你說著佛法；可是他們自己都無法讀誦，而你可以從他們身上讀誦出來。你自己也已經受持這部經了，而他們卻都沒辦法受持自己身上的「此經」。也就是說他們全都沒有明心而不懂《金剛經》，也不知道他們自己正在為人說法。所以當你開悟明心而且通達了，當然已經能夠全部受持、全部讀誦「此經」了，也就是已經入地了，這時一切天主、天人、一切世間人、一切阿修羅，當然都應該供養你。也許你們有人心想：「您講話未免太誇大了吧？」我有沒有誇大呢？我告訴你：一點兒都沒有。佛說，度一萬個人受持五戒，不如度一個人證初果；度百萬人證初果，不如度一個人證二果；乃至度十百千億人成阿羅漢，不如度一個人發菩提心、發菩薩心。都還沒有開悟明心呢！只是發起菩提心而已，只是發願世世行菩薩道不入無餘涅槃；那麼如果有人開悟而且通達所以入地了，諸天及阿修羅們爲什麼不該供養他呢！

有一個典故，不曉得諸位還記不記得？有一位具足六通的大阿羅漢，在路上走著；後面跟著一個徒弟，那徒弟發願：「我一定要行菩薩道，生生世世都當菩薩，要度眾生成佛。」這阿羅漢有他心通，知道了徒弟的誓願，就趕快轉身把他徒弟身上的行囊揹過來，他也不說明理由。繼續走著、走著，後來這徒弟心裡面想：「我跟著阿羅漢師父走了老半天，腳這麼痠，師父還在走，都還沒有說要休息。啊！走路就這麼辛苦了，要行菩薩道？而且生生世世都不能停，我看就算了，我還是跟我師父走同一條聲聞道就好。」這阿羅漢又知道了，立刻又把行囊還給徒弟揹。如果那個徒弟是不退轉菩薩，他的聲聞心的阿羅漢師父絕對不敢把行囊給他揹。

身爲菩薩，即使還只是個凡夫，都遠超過三明六通大阿羅漢。那你想，成爲明心的七住菩薩而不再退轉了，這個人，連阿羅漢都不敢跟他對談成佛之道，因為他演說的可是法界的實相，阿羅漢是聽不懂的。那你想：一切人、天都應該要供養阿羅漢，因為阿羅漢叫作應供嘛！可是菩薩們一旦破參明心了，知道實相法界的內涵，遠比凡夫菩薩更有智慧，也超過聲聞阿羅漢們的智慧，那你說，一切天、人、阿修羅該不該供養？當然更應該。因為這個人不論走到哪裡，他身上的《金剛經》都在說法，而且他也能在嘴上依現觀「此經」而為人說眞實法；有時若是遇到有緣人，他不用嘴巴說法也能幫人開悟。那你說，這個菩薩的所在之處，是不是如佛塔廟所在之處一樣？

所以說他如果更進許多步，能夠全部受持這部經，也能全部讀誦這部經，從理上「盡能受持、讀誦」而通達了，難道一切世間天、人、阿修羅不該供養他嗎？當然該嘛！所以佛向須菩提說：「你應當要知道，能夠全部受持、讀誦此經的人，他已經成就至高無上的第一希有之法。」因為這個人可以現見阿羅漢是從《金剛經》中生出來的，辟支佛及佛世的緣覺們，也都是從《金剛經》中生出來的，所有菩薩們也都從《金剛經》中生出來，諸佛當然也是從《金剛經》中生出來。把四聖法界之所從來處看過了，然後再觀看六凡法界，一切三界六道眾生也都是從《金剛經》來；能夠這樣如實觀察，通達「此經」以後自己親自證實，當然他得的是最上第一希有之法，值得一切人、天、阿修羅們供養他。那麼到底你身上這部經在哪裡？有沒有人想要知道？有啊？好！就讓你們跟著我讀這一部經，現在請一句又一句隨著我讀呵（大眾與平實導師一起朗聲讀經）：「**隨說是經，乃至四句偈等，當知此處，一切世間天、人、阿修羅皆應供養，如佛塔廟。**」你們跟著我讀完了，我可要請問諸位：有沒有如佛塔廟？有！我相信昨天禪三破參回來的同修們，一定跟著我讀得很高興，才會特別大聲。還沒破參明心的人，若是想要跟他們一樣讀得很高興，要趕快報名禪三！

所以，這個法眞的是最上第一希有之法，佛陀不輕易傳這個法；當年多少大阿羅漢，也有多少慧解脫阿羅漢，只要是不肯迴心大乘留惑潤生，不肯再受生於人間世世行菩薩道的聖者，都沒有得到 佛陀傳授這個法，就讓他們捨壽入涅槃去，可見這個法非同等閑。既然不等閑到連阿羅漢都得不到，佛陀卻肯傳給凡夫菩薩們，讓他們成爲證悟底菩薩，原因何在？我想，諸位求悟這個法之時，應當對此先有了知。也就是說，只有具備菩薩種性的人，才有資格得這個法；所以阿羅漢既然不願意迴向菩薩道，不願意再生起一分思惑來滋潤後世出生的種子，不肯再來人間受生利樂眾生，佛就不傳給他這個法，寧願幫助有菩薩性的凡夫證得這個法。由此證明「此經」的實證，當然是不容易，當然是最上第一希有之法才會如此。

可是這個法很難理解，凡夫大師們從經文的字面上來理解時，都會覺得必須要曲解了以後才能為人解說，譬如接下來三句：「若是經典所在之處，則為有佛，若尊重弟子。」依文解義時，這要怎麼解釋？解釋不通的。可是眞悟底禪師家，善能解釋這三句話；所以我們還是要從理上來說明：只要有這一部經的所在，就是有諸佛如來的塔廟。有一天，有個禪師跟弟子說：「你為何這麼笨？一天到晚揹著佛殿到處跑。」這徒弟想不通：「為什麼說我揹著佛殿到處跑？明明佛殿在那裡，我現在正在菜園子裡，我正在出坡呀！」眞的想不通。有一天忍不住了，去問師父。師父說：「你喚哪個作佛殿？」問那徒弟說：「你把哪個叫作佛殿？」

一般人總是以為說，那個蓋得金碧輝煌裡面供著佛菩薩聖像的寶殿，那就是佛殿。其實不是，你們每一個人這個五蘊山跑來跑去，全都是佛殿，所以老趙州說：「金佛不度鑪，木佛不度火，泥佛不度水。」我們要加上一句說：「玉佛不度鑪。」老趙州最後說：「眞佛內裡坐。」雲門禪師，有時候人家問說：「如何是佛法大意？」他用拄杖指著燈籠說：「還見麼？」有時候禪師說：「你爲什麼一天到晚要撞入燈籠裡面去？」人家聽不懂就問：「如何是燈籠？」禪師就斥說：「喫茶去！」其實都是同樣的道理。你只要這個通了，那個就通了。台灣有一句話—修道的老人家常常講—特別是他們聽了一些道理以後就說：「一理通，萬理徹。」說你若是把這一個理弄通了，萬理都跟著通徹了！這講的是什麼？講的就是這個《金剛經》。每一個人身上都有一部《金剛經》，只是這個《金剛經》都在你身中，只要有《金剛經》的所在，就是有佛的塔廟。請問：「當你身中的《金剛經》不論你去到哪裡，祂都在呀！那麼你身體所在的地方不就是有佛塔佛廟了嗎？」有時候遇到一件不如意的事，心裡面很生氣：「哼！有機會，我一定把他殺掉。」你五陰裡面的眞佛可是都明白，你瞞不了祂呵！只是你還沒有下定決心要去作而已。可是不管有沒有下定決心，祂都知道，趙州說的眞沒錯：「眞佛內裡坐。」

所以，禪門有個很有名的典故，丹霞禪師有一天因爲天寒，他需要木頭烤火取暖，找來找去，看看似乎沒有木頭；忽然間：「啊！那裡有。」在哪裡？在佛案上，就拿下來把它燒了。他燒的是什麼？是佛像——木佛。住持後來看見了就說：「你怎麼把我的佛給燒了？你到底是爲什麼？」他說：「我要燒取舍利。」那個住持說：「木頭作的又不是眞佛，哪來的舍利？」他說：「那你爲什麼要怪我燒佛？」意思是說：那又不是眞的佛，當然沒有舍利，沒有舍利就不是眞佛，那你幹嘛怪我燒佛？你都知道我一定燒不出舍利，當然我燒的不是佛。

又有一天突然尿急了，丹霞天然禪師故意不到外面去尿，在大殿上就尿起來了，住持又罵起來：「你怎麼在大殿上尿起來了？這裡有佛呀！你爲什麼不到無佛處去尿尿？」他就回答說：「請你告訴我，什麼地方沒有佛？」他其實只是爲了度那個住持，才需要這樣神頭鬼臉。因爲在他來看，到處都有佛，不論他走到哪裡去都有佛。當阿姆斯壯搭乘太空船到了月球，月球上就有佛了，什麼地方沒有佛？我告訴你，你找不到一個地方沒有佛，因爲「眞佛內裡坐」，因爲眞佛就在你的五蘊山裡面，眞佛就住在你這個塔廟裡面。有一天，當你把自己這個塔廟搬到海邊，海邊那個五蘊塔廟裡就有佛。那你說：「這樣好了，我潛水到海底一萬呎去好了。」去到海底一萬呎時，其實是把你自己這個塔廟搬到海底一萬呎，那時你這個五陰塔廟裡面當然還是有佛，哪裡沒有佛？所以沒有一個地方無佛。

只要有這個塔廟在，你就不可以放肆。不要以爲說，在背後說人家閒話，別人都不知道。你若是在別人背後向天說出來，那些鬼神聽到耳裡面可都是猶如雷響。那個聲音，很快就轉傳到諸天去了，就說：「這蕭平實怎麼度了這麼一個弟子呢？到處在造謠罵蕭平實，這蕭平實可眞是呆瓜！度來這種弟子，還想要幫他開悟。」也許你想：「那我不要講出來，只在心裡罵，總可以嘛！」可以呀！只在心裡面默默地罵，但我告訴你：你塔廟中的如來都幫你記得清清楚楚。這時候有什麼樣的毀謗賢聖罪呢？已經有根本罪了，只差沒有方便罪跟成已罪而已，根本罪還是有的。所以到處都有《金剛經》，到處都有佛，作人作事眞的要小心；因爲你從來沒有離開過你自己的如來藏，你一直活在你的如來藏眞佛裡面。這個眞佛，你是瞞不了祂的，所以眞的要小心，不要以爲說壞話時都沒有人知道。眞的沒有人知道，可是有眞佛會知道，所以才叫作「眞佛內裡坐」。

這個塔廟，只要有眾生的所在就有塔廟，因爲有眾生的所在就表示有眞佛存在。這位眞佛在五陰內裡坐，從來不露相。江湖話說：「眞人不露相。」因爲不露相，所以叫作眞人，確實如此。所以當你悟後轉依了這個眞人以後，你都不露相。不論去到哪裡，也許你出外辦事，外面沒有佛寺齋堂讓你過堂，你就找一家素食店用齋；旁邊也許正好有人講佛法，講得嘰哩呱啦神采飛揚，你要不要出面去指正他？都不必要，因爲你根本沒辦法爲他講解這麼深妙的法義，他們一定聽不懂的。所以昨天他們破參，我問他們說：「你們來打三總共四天三夜到現在，我給你金剛寶印了；那你想，你這次來禪三，得到這樣的智慧，當你遇到外面那些學佛人，你有沒有辦法開口說明？」他們說：「無從開口，不知道要從何講起，因爲知見實在差太多了。」所以雖然眞人已經證得了，成爲眞正的眞人了，只好繼續不露相。

可是一般人的眞人，在我的面前卻是完全露相的；所以每一個人的眞人都跟我是至交，可以相交感；乃至遇見螞蟻菩薩，我也可以跟牠的眞人相交感，可是牠無法跟我相交感。這就是說，其實塔廟無處不在，眞佛無處不在，而且眞佛永遠是「隨緣赴感靡不周」。即使哪一天你遇見了蜈蚣菩薩，從你證悟的智慧來看，不論這蜈蚣菩薩需要怎麼樣，牠的眞佛也都是「隨緣赴感靡不周」，絕對會滿蜈蚣菩薩的願。也許你以爲說：「你蕭平實說得太玄了吧！」我告訴你：「**都不玄，等你悟了，才會知道，你今天聽我這句話，你是大大地誤會了。**」所以《華嚴經》中許多經文，其實都在說理，不是在說事相；可是很多人誤會了都還不知道，等你悟了才會知道什麼是「隨緣應物」；那都是現成的，都是證悟者的現量，可是有多少人知道呢？都不曉得。

既然理上講這麼多了，應該可以從宗門上再來講一講了吧！要不然，講得口沫橫飛，終究只是說到理，不曾涉及宗門，又如何能是「宗通」呢。請看補充資料，宗門上怎麼說：

《景德傳燈錄》卷五：【**慧忠國師以化緣將畢，涅槃時至，乃辭代宗。代宗曰：「師滅度後，弟子將何所記？」師曰：「告檀越，造取一所無縫塔。」曰：「就師請取塔樣。」師良久，曰：「會麼？」曰：「不會。」師曰：「貧道去後，有侍者應眞，卻知此事。」大歷十年十二月九日右脅長往。……代宗後詔應眞入內，舉問前語，眞良久，曰：「聖上會麼？」曰：「不會。」眞述偈曰：**

湘之南，潭之北，中有黃金充一國；

無影樹下合同船，琉璃殿上無知識。】

慧忠國師因爲即將要捨報了，度化眾生的緣將要結束了，他就向唐代宗告辭，唐代宗就說：「師父！你滅度以後，我要怎麼樣對你奉安以及記述塔銘呢？」慧忠國師就說：「告檀越，」就是說：「我告訴施主你，」檀越就是施主，因爲他供養慧忠國師，所以他是施主。「我告訴施主你啊！請爲我造一個無縫塔。」請問諸位，你們在世間看人家造塔，有沒有看過哪一所塔是沒有縫的？他偏要叫唐代宗造一個無縫塔，唐代宗當然懂得他在講什麼，就說：「那我就在師父你身上請取一個塔樣，你給我一個無縫塔的樣子，我來造。」這就好像有人說：「你善於釘各種木器，請問你會不會釘虛空？」那個人也一樣：「請你把虛空摺起來，我就釘給你。」你既然要我造無縫塔，便請你給我無縫塔的塔樣；於是慧忠國師就看著他，不講話。「良久」就是很久。但是我在這邊不能「良久」，我在這邊如果「良久」，也許有人會想：「你坐在那邊都不必說法，我們跟你護持，你這樣就賺走我的護持？」可是慧忠國師良久，一句話也無，顯示無縫塔出來，且要看一看代宗會不會。可是良久以後，代宗不會，慧忠國師就故意問：「會麼？」諸位看到公案中說這個「會麼？」好像很典雅，其實不典雅，這是一千多年前中原的河洛話，是生活中的平常話。河洛話在五胡亂華以後因為移民到了南方來，現在的閩南語就是古時候河南、洛陽那邊的話，現在台灣人還稱之為「河洛話」。

慧忠國師問：「會麼？」唐代宗說：「不會。」既然不會，慧忠又不能明傳。雖然對方是皇帝，也不能明傳給他，禪師就是這麼有骨氣；你如果願意當弟子，遵照禪宗的規矩來，可以給你機會；可是若要禪師明講，門兒都沒有！所以慧忠國師也不跟他明講，只告訴他應該有的知見，應該怎麼參禪；若想要明講呢，抱歉！不能給。代宗若是能悟，是他的福報；可是眼前確實是悟不了，慧忠也沒奈何，所以就告訴他：「貧道去了以後，還有一位侍者在，他的名字叫作應真，他卻知道這個無縫塔的塔樣。」不久以後慧忠國師就捨壽了。他走了以後，唐代宗辦完他的後事，就傳詔，把應真禪師傳入宮內，舉起他跟慧忠國師的對話，沒想到慧忠的徒弟應真也是給他這一套「良久」，連一句話都沒有。人家禪師至少也大喝一聲或者打一棒，或者給一個什麼奇奇怪怪的動作；但是應真禪師都沒有，也是良久，然後再問：「聖上會不會？」代宗還是說：「不會。」依舊不會，那該怎麼辦？只好入泥入水，就跟他天南地北扯一通，說「湘之南」（湘是哪裡？湖南），說湖之南，潭之北，也就是說湘南、潭北交界的某處有黃金遍滿一國。又說「無影樹下」，說有一棵樹是沒有影子的，不管太陽、月亮怎麼照，就是沒影子；在這個沒有影子的樹下，您是應該跟祂同船的，然而在眼前這個琉璃殿上卻沒有善知識。

那意思是什麼？是說：你唐代宗別老待在皇宮中，你就到湘南潭北去走一走吧！那裡有黃金遍滿了一國。你也許想：「我都讀過中國歷史，湖南哪有整國的黃金？」我告訴你：「湖南如果沒有，你可以到河北、江西去找找看。」你說：「自古以來，歷史上沒有記載說，哪一個國家是遍滿黃金。」我說：「眞的有，湖南也有，湖北、江西也有，眞的都有。」也許有人今晚聽我這麼講，他也許下個月、也許明年，眞的湖南去走遍了，河北、江西也去走遍了，到處找，然後回來大聲嚷嚷說：「沒有呀！沒有找到哪個地方眞的『黃金充一國』。」等你回來台灣時，來質問我，我告訴你：「日月潭的南方也有一國充滿了黃金，你去找找看。」如果潭南找不著，又來到正覺講堂，再問我，我就告訴你：「正覺講堂裡面也有一國遍滿黃金。」爲什麼如此？

因爲只要你所在之處，就有黃金遍滿一國了；因爲那個國度不是俗人能到，那個國度說白一點，豈止遍滿黃金？遍滿全天下的黃金來換，我也不跟你換。可是這個「黃金充一國」，到哪裡去找？要在無影樹下去找。等你找著了，你可以、也應該跟祂坐同一條船，不論是太湖、鄱陽湖、洞庭湖，也許你學佛以前喜歡吃大閘蟹，你還可以再去看看那些大閘蟹：牠是不是也一樣「中有黃金充一國」？到這個時候，你來到皇宮面前，可以去北京看看紫禁城；你就站在紫禁城外，看看那紫禁城裡面有沒有善知識？眞的沒有，原來善知識是你自己。

你可別說：「你這個蕭平實，儘講一些不合情理的話矇我。」告訴你：「我就是矇你。」「矇到什麼時候？」「矇到你破參爲止。」等到你破參了，你就知道：原來我自始至終都沒有矇你，所以：「所謂矇你，即非矇你，是名矇你。」這就是《金剛經》的公式。正當別人在矇你的時候，他其實沒有矇你；不只我蕭平實，諸方沒有悟或者悟錯的大法師們也都如此；當他們悟錯了，說法時正在矇你的時候其實也沒有矇你，因爲他的眞佛一直都在爲你說法。所以我這一句公式，你套到哪裡都通，將來你見了哪一位悟錯的大法師，你就說：「所謂師父你朦我，即非師父你朦我，這叫作師父你朦我。」到那個時節，才是眞懂我說「朦你」的言外之意；那些悟錯的大法師不曉得是該罵你好、還是感謝你好，因爲你都沒有罵到他。你眞的沒有罵到他，因爲你的結論顯然是他沒有朦你，那到底他是該哭還是該笑呢？所以當你跟他講了這一句話以後，他眞正是哭笑不得，很尷尬呵！不過事實上你說他朦你也可以，你說他沒有朦你也可以，可是他不懂而你懂了，這就是法界的實相。

這樣慧忠國師到底有沒有爲唐代宗講《金剛經》？不但他講了，他的徒弟應眞禪師也講了；乃至連唐代宗自己也講了，自己卻還不知道。這才是阿羅漢所不知道的實相智慧，所以說佛法眞的厲害，不是阿羅漢所能知道的；三明六通的大阿羅漢來到應眞禪師面前，一樣沒有開口的餘地。慧忠捨報一千多年後的現在，在正覺講堂，阿羅漢還是沒有開口的餘地；已經破參的人都可以爲我證明，我這句話不是打誑語。其實，我們如果到了等覺菩薩面前也沒有開口的餘地，等覺菩薩到了 佛陀面前也沒有開口的餘地，可是世間人往往說：「我看釋迦牟尼佛不過也如此，祂還不是跟我一樣要吃飯、要睡覺。」密宗那些喇嘛們眼裡的釋迦世尊不就是如此？可是眞的有一樣嗎？

大不一樣！所以，這個法確實是「最上第一希有之法」，沒有成佛以前都不知道，沒有悟以前也都不知道；所以佛看眾生如佛，眾生看佛如同眾生；但是解脫境界不同，智慧境界不同。等你悟了以後，你遇到那些悟錯的大法師，還眞的難開口，因爲你沒有辦法讓他明白。接著我們再來看看宗門裡對「此經」這個佛法是怎麼講：

《宗門拈古彙集》卷一：**【世尊偕阿難行次，見一古佛塔，世尊便作禮。阿難問：「此是甚麼人塔？」世尊曰：「過去諸佛塔。」阿難曰：「過去諸佛是甚麼人弟子？」世尊曰：「是吾弟子。」阿難曰：「應當如是。」】**

我們先來解釋文字表面的意思。有一天，世尊由阿難尊者陪同，要去一個地方。在路上走的時候看見一個古佛塔，世尊就禮拜那個古佛塔，阿難便問：「這個是什麼人的塔呢？」世尊說：「這是過去諸佛的塔。」過去諸佛，請問過去諸佛舍利會都放在同一個地方嗎？世尊卻說是「過去諸佛塔」。阿難尊者故意問：「過去諸佛是什麼人的弟子？」世尊說：「過去諸佛是我的弟子。」阿難尊者說：「應該是這樣才對啦！」這公案可奇怪了！且不說《法華經》怎麼說，過去諸佛比 世尊更早成佛，竟然會是 釋迦牟尼佛的弟子；

阿難尊者當然也知道不是言語中說的這樣，他就回答說「應當如是」。看了這個公案，你才知道世尊眞的慣會搞怪。爲什麼要這樣搞怪？當然都是因爲大慈大悲，否則人天至尊何必這樣搞怪呢！可是世尊的目的在哪裡？爲了世諦流布，讓眾生知道有宗門密意可以實證，知道證了以後才能通達三乘經典。明明過去諸佛已經過去了，世尊往世也是從過去諸佛學法，爲什麼卻反過來說過去諸佛是祂的弟子？而過去諸佛明明不是在同一個地點同時成佛、同時入滅而供在同一個佛塔中，爲什麼說那個佛塔是過去諸佛的佛塔？所以世尊眞的會搞怪，阿難卻知道世尊的目的在哪裡，故意提出來問，所以留下這一段公案世諦流布。

可是你如果來問我蕭平實：「過去諸佛是什麼人弟子？」哪一天也許我告訴你說：「正是你的弟子呀！」也許你又想了好幾天，弄不清楚到底什麼意思，你就來問我：「這到底是什麼道理呀？請問過去諸佛到底是誰？」我說：「你難道不是過去諸佛嗎？你什麼時候不是佛？」如果有哪一天，你遇到了這種境界，跟在佛陀後面，佛就故意隨便禮拜一個塔，你問：「那是什麼人的塔？」佛陀跟你說：「那是過去諸佛的塔。」你就如法炮製請問世尊：

「過去諸佛是什麼人的弟子？」世尊也說：「是我的弟子。」將來如果有人跟你問起說：「那這個公案到底是什麼意思？」你怎麼辦？很簡單嘛！你就像我這樣拈起海青說：「原來古佛都在這裡面。」不就解決了？確實呀！古佛都在這裡面，你如果問我：「爲什麼古佛都在這裡面？」我就告訴你：「難道諸佛都不穿袈裟嗎？」以後悟了可不要罵我此時不懷好意。到這個時節，當你知道我什麼地方不懷好意的時候，你就知道弟子在哪裡了，就對我的不懷好意感激涕零了。說到這裡，我們要回到經文來：「若是經典所在之處，則爲有佛，若尊重弟子。」這時候，你就知道這句經文的意思了。

如果這樣聽了還不過癮，還不知道蕭平實在講什麼，我們再來看一段宗說。《景德傳燈錄》卷十二：【霍山景通禪師　有行者問：「如何是佛法大意？」師乃禮拜。行者曰：「和尚爲什麼禮俗人？」師曰：「汝不見道『尊重弟子』？」】

霍山景通禪師，有一天有一個在家相的出家修行人（這是住到寺院裡面準備出家了，可是他還沒有正式剃度出家，就叫作行者，頭上還沒有落髮），他來請問：「如何是佛法大意？」這霍山禪師竟然禮拜他，竟然向這個行者禮拜；這行者覺得很奇怪：「這霍山和尚明明是證悟了出來弘法，很多人都景仰他，我這個世俗人還沒有悟，來請問佛法大意，沒想到這證悟的聖僧竟然跟我禮拜。」所以他很驚訝，就問：「和尚！您爲什麼禮拜我這個俗人呢？」霍山禪師說：「你沒有看見《金剛經》裡面說嗎？要『尊重弟子』呀！」

請問：霍山禪師這是什麼道理？明明這個行者來當霍山的弟子正好恰當，因爲他還沒有悟，才要上來請問佛法大意。佛法大意是什麼？就是眞心如來藏，就是這一部《金剛經》，證得此經就懂得佛法的大概了，可是霍山禪師聽了卻跟他禮拜。如果是個伶俐根人，這時候早就會了；可是一般人如果解釋這個公案，一定在那邊解釋：「因爲這個弟子來跟他請法，所以霍山禪師才有法布施的機會，當然要尊重這個弟子嘛！」（大眾笑⋯⋯）諸位聽了一直大笑，可是眞的有人這樣解釋。也有的人這樣解釋：「因爲這個弟子上來請法，這個就是他身中的眞佛在說法，所以霍山禪師當然應該禮拜他。」有沒有道理？有呀！有道理。可是 克勤大師一定會罵他說：「且喜勿交涉。」他若來到我面前這麼講，就要吃棒，因爲這叫言不及義。如果有人來問我，我便簡單地說：「有事弟子服其勞。」你說：「那是儒家講的東西，你拿來佛法裡面講什麼？」我告訴你：「難道儒家的東西，我不能用嗎？難道儒家就沒有佛法嗎？有呀！只是儒家自己不懂而已。在我看來儒家、道家都有佛法，一貫道也有佛法，只是他們儒家、道家、一貫道不懂佛法而已。」

也許你覺得好奇，又來問：「請問一神教有沒有佛法？」我還是說有，只是阿拉、耶和華不懂而已。阿拉跟耶和華一生都在弘揚佛法，因為他們各自的第八識真佛都在熾然說法，可是他們自己卻不知道佛法，都在講那些外道法。你如果想要知道，你就先要弄清楚：弟子到底是講誰？所以你要去問禪師，禪師就會反問你：「汝喚誰作弟子？」這個公案怪吧？怪！可是你若是真正入了門，就不覺得奇怪。其實弟子就是此經，弟子就是《金剛經》，這部《金剛經》所在的地方，就是有佛塔、就有佛寺，當然要禮拜。

如果有個真人能為世人說「此經」，或者有人能夠為人解說「此經」的種種四句偈，當然一切世間天、人、阿修羅都要供養此人，因為「祂」就是佛。那你有一天，也許哪一天耶和華想一想：「這某某人跟我很有緣，聽說他去正覺學法實證了以後，如今為什麼還不回到我的一神教裡頭來？」當他來找你時，你就隨便拿一片餅乾、什麼東西供養他。他也許奇怪：「你不是進入佛教了，為什麼還供養我？」你說：「因為我要供養你的弟子。」他說：

「我又沒有弟子。」你就問他：「汝喚什麼作弟子？」耶和華只好搔搔腦袋想：「我這個以前的信徒，學佛學到現在是腦袋燒壞了。」眞的燒壞了嗎？沒有！可是這裡面有什麼蹊蹺？你既然號稱是學佛而不是學羅漢，這個你可得要懂；你如果不懂，就永遠在外門轉；你如果一旦懂了，才是佛法中人，否則最多只是羅漢道中人，或者只是一個佛門凡夫。再來看下一則宗說：

《佛果圜悟禪師碧巖錄》卷五：**【「投子、趙州，諸方皆美之，得逸群之辯；二老雖承嗣不同，看他機鋒相投一船。投子一日爲趙州置茶筵相待，自過蒸餅與趙州，州不管；投子令行者過胡餅與趙州，州禮行者三拜。且道：他意是如何？」】**

這是 克勤大師講的《碧巖錄》中的公案。諸位這回去大溪，看見我們禪三道場大殿上刻的 克勤祖師像，覺得很奇怪吧？那個像雖然還不很正確，相似度大概只有百分之九十三，但是我已經很滿意了！我還會慢慢再端詳，看看哪一天能夠更清楚說明什麼地方不像，還可以修改，等那時再來修改。他的法相很奇怪（編案：後來因爲有一位師姊曾夢見過大慧宗杲與克勤大師正在說話的場景，就請她與平實導師共同討論不像之處，於是重新雕了一尊，比以前更相似）。現在回來解說 克勤大師這個說法，他說：投子大同禪師跟趙州從諗禪師，他們是同一個時代的人物，諸方大師都很讚歎他們，說他們法義上的辯論確實是超絕的；是很飄逸而超越其餘禪師，不像一般群類之說。飄逸超群，是說他們所說的理，不同於一般禪師的說法。

又說：這兩位老人家所繼承的法脈雖然不同，可是他們言語作略上的機鋒是那麼地投合，如同是同一艘船載來的同一批貨品一樣。這意思是說什麼呢？是說如果同樣都是證悟者，他們說的法一定是相同，不會有所不同的，因爲所悟的是同一個東西。悟得什麼東西？「你眞不是東西！」就是這個東西啦！這個不是東西的東西，放諸十方諸佛世界而皆準。在娑婆世界悟的是這個，去到極樂世界見了 阿彌陀佛，你問祂所悟的是不是這個？還是這個。如果你悟了以後說：「我不想去極樂世界了，因爲去極樂，那是長劫，萬一錯過了彌勒佛，可就划不來。如今我不想去了，我去琉璃世界觀光一下就回來。」好！當你見了 琉璃光如來，你問祂是不是這個？結果還是一樣。這個東西，眞的不是東西啦！雖然投子與趙州二人所承嗣的法脈是不一樣的，但如果同樣是證悟者，所悟內容一定都一樣；所以他們兩位老人家說出來的東西，就好像同一艘船載來的同一批貨品，都是互相投合而沒有差別啦！所以叫作「相投一船」。

有一天趙州禪師去拜訪投子大同，投子大同準備了茶湯相待；喝茶當然還要有點心，因此就準備了蒸餅。當這個蒸餅蒸好了，行者送上來，投子禪師就拿了一塊蒸餅過與趙州；可是當他遞過去時，老趙州不接餅，也不理他；投子當然知道他要搞怪幫助自己座下的行者，於是就放下餅，教行者把蒸好的胡餅拿過去給趙州，沒想到趙州卻反而禮拜這行者三拜。克勤大師就拈來問諸方：「諸方老宿們既然都示現開悟了，你們倒是說說看，他老趙州的意思是什麼？」可是我告訴你：「這趙州禪師還眞的尊重弟子。」什麼是「弟子」？「弟子」其實就是這一部經。

請問大家：「只如『此經』應當如何受持？」來！請你們跟著我一起受持（平實導師開始唸起經文來，於是大眾跟著導師唸）：「若是經典所在之處，則為有佛，若尊重弟子。」謝謝大眾如是尊重弟子！所以你們這樣尊重弟子，就是眞正受持「此經」。確實你們每天都在讀誦此經，乃至一切販夫走卒、螞蟻、蜈蚣，每天也都在讀誦此經；因此一切人、天、阿修羅都應供養，所以你們每日三齋不可以荒廢，要好好尊重而且供養這位弟子。

這樣聽懂了沒？看見那個「弟子」了沒？因爲 佛告誡說不可以明講，所以我只好這樣講。那個明月是白的，宣紙也是白的，既不許用線條明著畫出來，我要怎麼樣把它畫出來讓大家看見呢？我就把旁邊染黑了，它就漸漸顯示出來了。我現在就像烘雲托月一樣，我已經把明月旁邊都烏漆墨黑了，你們看見了沒有——這明月？你們破參的人就知道我多麼老婆！還沒有破參以前總是會覺得說：「您眞會講笑話！這《金剛經》講得還眞是幽默。」其實我不是講幽默，你破參了才會知道這不是幽默，而是很嚴肅的。

如果有人能夠全部受持這部經，能夠眞的讀誦這部經，這個人眞的應該要受供養。你又說：「我也不知道誰能全部受持這部經，我要怎麼樣供養他？」我問你：「難道你每天沒有供養他嗎？你每天都在供養他，你眞的有照《金剛經》講的在作，所以你眞正是佛弟子。」你如果眞的破參了，請問：「這樣聽，過不過癮？」（有人答：過癮！）像這樣聽《金剛經》，眞的要像張無盡讚歎我師父一樣：「豈易得聞！」這樣才能叫作《金剛經宗通》。曾鳳儀那個《金剛經宗通》應該叫作《金剛經不通》，因爲他都只在文字表相上面著眼。

〈如法受持分〉第十三

【爾時須菩提白佛言：「世尊！當何名此經？我等云何奉持？」佛告須菩提：「是經名為《金剛般若波羅蜜》，以是名字，汝當奉持。所以者何？須菩提！佛說般若波羅蜜，則非般若波羅蜜。須菩提！於意云何？如來有所說法不？」須菩提白佛言：「世尊！如來無所說。」「須菩提！於意云何？三千大千世界所有微塵，是為多不？」須菩提言：「甚多！世尊！」「須菩提！諸微塵，如來說非微塵，是名微塵。如來說世界非世界，是名世界。」】

講記：爾時須菩提向 佛陀稟白說：「世尊！應當用什麼名字來稱呼這一部經？我們這些弟子們應該要如何來奉持這一部經？」佛陀告訴須菩提說：「這一部經名為《金剛般若波羅蜜》，以這個名字，你們應當要奉持。為什麼這樣說呢？須菩提啊！佛說般若波羅蜜，就不是般若波羅蜜。須菩提啊！你的意下如何呢？如來有所說法嗎？」須菩提稟白佛陀說：「世尊！如來沒有所說。」佛又說：「須菩提啊！你的意下如何呢？三千大千世界所有的微塵，是不是非常的多呢？」須菩提說：「非常非常多呀！世尊！」「須菩提！那麼多的無量無數的微塵，如來說不是微塵，這才能稱爲微塵。如來說世界不是世界，才是世界。」

講過「尊重正教」，爲什麼又要說「如法受持」？因爲這部《金剛經》，自古以來能夠如法受持的人不多；而這個事實，佛陀早已預見了，所以祂必須要教導大家如法受持。受持《金剛經》的人非常多，這部《金剛經》也幾乎可以說是家喻戶曉。但是如何才是如法受持？這是非常重要的題目；一切修學佛菩提的人都必須面對這個題目，不能逃避，除非他要修學羅漢道。凡是修學佛菩提道的人，都必須面對這個題目；現在不面對，來世也要面對；這個大劫中不面對，下個大劫中也要面對，遲早都得要面對。乃至耶和華、阿拉，未來無量世以後也要面對；他們可能是幾萬大劫，或者幾萬無量數劫之後還是要面對；因爲佛道才是最究竟的境界，一切有情最後都必須要走向佛道，所以遲早都得面對。那麼你們這一世既然已經走入佛道，而不是走入羅漢道，那就必須現在面對這個題目：對於《金剛經》必須如法受持。

《金剛經》講的就是實相，實相的法界就是第八識如來藏；想要修學佛法而進入內門，無可避免的必須如法受持「此經」。一般人所謂的如法受持，只是在表相上如法受持，何況末法時代大多數的大乘佛教法師與學人並沒有如法受持；連表相的如法都不能成立，想要從理上、從眞實義中如法受持，當然就更困難了。但是你如果來到正覺，不但表相上要如法受持，而且要在眞實義中也如法受持，所以如法受持其實是一個大題目。但是要如法受持，就必須先瞭解什麼才是如法；事相上的如法並不容易受持，宗義上的如法受持就更困難了。

在事相上，大乘教是怎麼樣運作的？佛陀在世時，文殊菩薩是怎麼示現的？其餘諸地的菩薩又是如何示現的？諸位都可以看看。文殊菩薩有沒有剃掉頭髮呢？不但沒有，他長髮飄飄還戴著寶冠。不談文殊好了，因爲有人毀謗說：「那是後來創造了大乘佛教以後才編造出來的。」那我們就來談談阿含諸經中所記載的。《阿含經》中記載有個童女，她行童女行；她出家弘法了，可是不剃掉頭髮，也不受聲聞比丘尼戒，只受菩薩戒；但她是道地的出家菩薩，卻穿著世俗女人的衣服，留著長頭髮，率領著五百比丘遊行人間，這是不是大乘佛教？如果是聲聞教，怎麼可能任由一個童女率領五百比丘遊行人間？而且這是 世尊入滅前就已存在的事實，才會被四十餘位聲聞羅漢們在第一次結集的五百結集中，載入四大部《阿含經》中。

在聲聞教中，比丘們不得接受比丘尼的領導，更何況是一個在家相的童女？而那位領導五百比丘遊行人間四處弘法的童女，名字叫作迦葉。童女迦葉，我們現在沒有畫像根據。當年我都覺得奇怪說，結集四阿含的迦葉尊者，他們在結集四阿含一千多部經典時，爲什麼不把童女迦葉的畫像留下來？可是後來想一想：也對！他根本不可能幫我們留下畫像。因爲他不願見到那個畫像留下來傳到後代。那位童女也許穿著沙龍，而且偏袒右肩；當然不會燙頭髮，因爲那時候沒有燙頭髮的技術；有可能是綁著髮髻或者長髮飄飄，也許弄個繩子綁一綁，像現代人留著馬尾巴。總之，她是童女而不是比丘尼，而那些跟隨她的比丘們當然也不可能是聲聞法中的比丘，一定是出家相的菩薩僧，不是聲聞僧。

所以 世尊時代在大乘佛法中的出家菩薩僧，有比丘，有比丘尼；有童子，也有童女。文殊師利菩薩是童子，普賢菩薩也是童子，同樣是菩薩僧。爲什麼能夠這樣？因爲大乘法不是依止於聲聞戒來定位身分，在大乘法中是依法上的證量來定位的。所以，假使有一位菩薩現聲聞出家相，但他走的是大乘的路，行的是菩薩道，即使已經證得十地了，他見了在家居士 維摩詰時，還是必須要頂禮 維摩詰大士的。雖然 維摩詰居士穿著華服、留著頭髮、戴著寶冠，具足俗人之相；但卻無妨於他的妙覺位證德，他的證量功德遠在這位十地的聲聞相出家菩薩之上。

所以大乘佛教的道場必定不同於聲聞教的道場，我們期待可以依這樣的理念，在將來正覺寺蓋好以後有出家的四眾而不只是二眾；也就是說，要有示現在家形像的男女二眾，但仍然是出家的菩薩僧；也要有示現聲聞相的男女二眾出家菩薩，就是示現爲比丘、比丘尼形像。但是示現在家相的出家菩薩僧，都不受聲聞戒，只受菩薩戒。所以現在大乘佛教中的戒法已經被大法師們解說錯了：只有南傳佛法中的出家人，求證解脫分段生死而想要出三界的小乘聲聞人，才可以說菩薩戒是別解脫戒；因爲大乘法中的菩薩們都是修習成佛之道，要依千佛大戒也就是菩薩戒來依止、受持，所以大乘法中的一切菩薩們，都必須認定菩薩戒才是正解脫戒；在成佛的過程中，也許有幾世增受聲聞戒，那聲聞戒都只是一世受持，也不能使菩薩們因爲聲聞戒而成佛，反而應該認定聲聞比丘戒、比丘尼戒是別解脫戒。應該如是解釋，才是如法受持佛法、戒法。所以如果有哪一個道場說菩薩戒是別解脫戒，那麼他們就是聲聞教，不是大乘教的道場；縱使他們身上披著大乘法中的菩薩衣，也受了菩薩戒，但他們的本質還是聲聞人。諸位要瞭解這一點，戒法上應該這樣受持，才叫作如法受持。

可是宗義上面要如何如法受持呢？假使是以解脫道作爲成佛之道，那其實是「非法受持」，因爲解脫道只能使人成爲阿羅漢而不能使人成佛，連成爲大乘法中的見道菩薩都不可能。可是如果自認爲是修學佛菩提，自認爲修的是成佛之道，就必須要「如法受持」大乘法裡的宗義，而佛菩提道的宗義就是一切種智、就是金剛般若。三賢位中以金剛般若爲主修，十地位中以一切種智爲主修；但是一切種智講的是一切種子的智慧，什麼是一切種智？八識心王一切種子的智慧，就是一切種智。但是這個智慧都從金剛心來，金剛心如來藏含藏著八識心王的一切種子，是十地之道所應修證的無生法忍。可是十地之前所修的三賢位般若的總相智、別相智，是修學十地道一切種智的基礎；而修學般若實相智慧的基礎，是實證金剛心如來藏。如果沒有證得金剛心如來藏，而說他懂得金剛法，說他懂得實相般若，都是自欺欺人之談。

第二梯次禪三結束了，禪三最辛苦的其實應該是監香老師與護三的菩薩們，再來是學員們，我算是最輕鬆的，因爲我只是耍嘴皮；我什麼事都不用作，晃來晃去耍嘴皮。不過照例，每一次禪三都有人非常受用，也會有人沒有悟，往往也有人悟後一點受用都沒有，這幾乎是每一次禪三的通例。我們也常常說，最好是不要去探聽密意。不幸的是，總是有人可能生來性急，一直都要去探聽密意。在悟緣未熟以前，先知道了密意，我們當然可以幫你補足知見，但是後來眞正能得到一念相應見道功德的人並不多。雖然說，我總有辦法幫人家達到一念相應的功德，但是緣如果還沒有熟，我最多就是幫你把知見補足，讓你得到應有的見地，也會給你金剛寶印。但是一念相應的時節還沒到來，我還是會保留著，留到緣熟才讓你得到一念相應的功德。

明心的解悟，並不是絕對不可補救的；解悟後的一念相應功德的獲得，我還是有辦法的，但不是每一個人我都會幫他彌補。因爲在他自己的緣還沒有熟的狀況下，一念相應了也是沒用的；所以要看對方是什麼人，這個是我的絕招，不能隨便賣弄的。但是這一類人，既已先知道密意然後去打禪三，我們當然也是幫忙，希望他能把明心時應有的見地可以具足，但是解脫的功德受用終究是還無法得到，就只好等以後某一個時節因緣成熟了再說吧。只要緣熟了，我就讓他去禪三跟我共住，然後在禪三的共住四天中，他當然只能作護三的工作；但我會抽出一天的時間來，讓他像個神經病一樣體驗；但是這一天下來，他一定會一念相應。而這個絕招不能隨便傳，這要等到緣熟了再說。

不過我希望沒有一念相應解脫正受的人，不要一天到晚說：「**我被印證了，可是我沒有功德受用。**」我要說的是，這句話不該由自己嘴裡說給別人聽，而是應該說給自己聽，根本就不該說給別人聽；因爲不聽話而特地去打探密意，這是咎由自取，不能怨別人。甚至於故意把密意告訴他的人，他都不能怨；因爲如果他不是一直有很強烈的意願去打探，對方也不會把密意告訴他；所以這是他自己的問題，不能去責怪把密意告訴他的人。如果有誰拿到我給的金剛寶印，還繼續到處去說他沒有功德受用，我也有可能把他增上班的學籍撤銷掉。爲什麼這樣呢？是因爲他的體驗不夠，所以無法如實轉依所知道的「此經」金剛心，不具有大乘見道的功德。

這一次禪三裡，有很多人是事先知道密意的，將近二十人之多；但是我們勘驗結果，都知道那是打聽來的；不但我這樣說，我們監香老師們也是這樣說的，有一致認定的共識。但是其中有一位，是因為他後來也知道是自己不對，是自己的過失，所以第二天跟我懺悔以後，說要拋棄掉，自己重新再來，也願意下回禪三再來。所以我也沒有幫助他，就把他放著；這不是任由他自生自滅，而是讓他下一次來的時候，會有更好的受用。下次來的時候，我當然會給他絕招，讓他可以一念相應，但也許他不必我幫忙。另外還有一位，我是很努力幫忙，可是悟緣還沒有成熟；後來他也是自己願意重新再來，我想這樣應該是比較好的，但這一位是不知道密意的人。有一位是事先已經知道密意，可是急著要拿到金剛寶印，我也給了他；我犧牲了我的休息時間，整整為他講解了一個鐘頭，可惜他還是沒有功德受用，但是不可以因此一直在講說沒有功德受用，因為這會妨礙將來的一念相應功德。

有時候自己發了願，願當然是很大；不過不必因為所發的願無法在短期內實現，而感覺到有壓力，然後見了人就說：「我沒有功德受用。」藉此來免除壓力。給自己這個壓力是不必要的，因為不管你發了什麼願，我都不在意；我在意的只是你有沒有那個心，菩薩種性有沒有發起。如果菩薩種性發起了，願眞的發了，目前沒有能力作，那也沒有關係；我從來不去追蹤以前誰發了願，後來有沒有完成？從我出世弘法到現在，沒有去追蹤過任何人所發的願有沒有實現，因爲我認爲那是發願者自己跟 世尊或菩薩之間的事，與我無關。所以有人去 佛前發了願，然後要來跟我說，我說：「**我不必聽，但是我願意幫你忙，而我不想知道你發什麼願。**」因爲對我來說，我並不期待誰捐贈大把的金錢或土地，我沒有期待過，因爲我們同修會自從成立以來一直都沒有缺錢用，我也不想蓋大寺院。

假使要說缺錢，只能說幾乎缺錢；曾有過這麼一次，就是以前在中山北路地下室，決定要買這個九樓講堂的時候。那時這個講堂開價四千三百萬元，我們那時候同修會的存款只有一千三百萬元。我當時因此跟業主磨菇了很久，磨菇了差不多有半年之久；他一直堅持不降價，後來終於談到三千八百萬元；我們終於決定要買，我就決定要向銀行貸款。當時理事會中有些理事，蠻擔心要承擔連帶保證責任；我的說法是：「**如果對這個有擔心的話，可以退出理事會。**」也眞的有幾個人退出理事會。後來談好要去簽約了，約業主跟我們見了面、要簽買賣契約了，他突然又說要四千三百萬元；然後他不斷地說股票市場如今怎麼上漲，我說：「那是某些少數人在賺錢，絕大多數的股民都賠錢，」那時候的股票市場眞是這樣，「所以你拿這個作理由來漲價，我們不能接受。」談了兩個鐘頭都在談這個，他說股票市場多麼好，我說大部分人都賠錢。兩個鐘頭後，那位 broker 跟他進去房間裡談，出來後還是說要四千三百萬元，還是四千三。本來談好了三千八，他變成了要四千三。我就說：「那這樣啦！就是三千三，我就買了。」我記得好像跟他出價三千三或是三千四，這時我連三千八都不想買了。對方當然不答應，那就拉倒，我們就當場走人。後來又磨了一些時候，對方終於才答應，好像是簽三千七百五或者三千八，我已經忘了。我那個時候是準備要貸款，有些理事怕負連帶保證責任就辭職了；但是同修們聽說簽了約，大家很踴躍捐款，我也大力捐了一筆錢；結果不但不用貸款，裝修以後好像還剩了二、三百萬元。所以我們同修會沒有缺過錢，到現在爲止，只有那一次是幾乎缺錢，我大著膽子就去買了，但終於也是沒缺錢。我們同修會一直都是靠會員們、學員們，五百元、一千元這樣捐助，我們就這樣走過來，可是我們需要用的錢始終沒有缺過，因爲我們不曾想過要蓋大道場。

我也當面向那位同修說明：「**我們並不期待你的錢，我們也沒有缺錢過。所以這兩件事情，也就是你的承諾跟我們幫你開悟的事情，要分開，別混在一起，二者之間並沒有關聯。你發什麼願都與我無關，我只管幫助你。所以不可以因爲有壓力，或者因爲錢不在自己手上無法作主，然後就常常掛在嘴邊說：『我明心了，但沒有功德受用。』**」因爲這是在毀壞正法，是大惡業，不可以這樣作。等到緣熟的時候，也許不必我幫助，就能一念相應，那也不一定。緣還沒有熟的時候，我這個絕招是不會用的。也許緣熟了，根本不必我，佛菩薩自然會幫忙；不論是誰的道業，佛菩薩總是看在眼裡。所以我這一點還是要跟大家說明一下：**我們同修會雖然沒什麼錢，但也從來不缺錢，任何人都不必給自己壓力**。我們就靠大眾五百、一千元這樣聚沙成塔，我們也能把正法的小塔建起來；所以我從來沒有期待什麼人捐個幾千萬元、幾億元的。從來都沒有！我沒有期待過，因爲我們沒什麼野心。

老實說，諸位捐的錢越多，我就越辛苦，因爲今年我已經被你們捐的錢推著跑了。這錢不能讓政府去課稅，如果讓政府課了稅，我就是虧負了三寶，這個業我擔不起。所以本來預計是後年才會買的新竹講堂，我們今年就要買，提前兩年就要買。錢多了，我不作也不行；被你們推著，我就不得不作，所以新竹現在正在看房子。本來預計是過五年才會設的桃園共修處，我們明年也準備買了，後年就成立（編案：新竹講堂當時仍未買成，因為老是東不成、西不就，有時價錢說好了，但賣方是六識論的法師，聽到是正覺要買，簽約時就臨時漲價四百萬元，依舊沒買成，卻先買了高雄、台中、桃園等新講堂，因為地點與價格都很合理。直到 2011 年夏天，終於買了現在東光路的大樓，成為現在的新竹講堂）。都是被你們捐的錢把我推著前進，我只好更辛苦地作。以前每三天我都可以跟我的同修去後山爬山，每次爬三個鐘頭，現在連這個機會也沒了。以前每週可以去游泳一次，現在也都沒了；現在就是為正法、為眾生一直工作，就像老牛一樣。

我的意思是說，我們同修會不會有什麼大工程的計劃，也沒有缺錢的壓力。請你不要記掛著說：**錢不在你手裡，你無法作主，所以短期內沒辦法實現那個願**。於是就為自己找個免除壓力的說法：「**我這個明心沒有功德受用。**」因為你是先知道密意才去打禪三的，自己要承受這個果報。而這句話也不能常常講，跟我講過就算了；如果不斷地到處去講，等到有護法菩薩見責時，事情可就難以善了。因爲百分之九十八的人，明心後都有很大的功德受用；凡是還沒有功德受用，都是極少數人先去探聽密意而導致的。有的人也許因爲人情的緣故，不得不終於洩漏了密意給某人，但這其實是害人。如果想要保護對方，就必須把心打橫，也要告訴對方：「明說了是害你。」這事情，我還是要跟所有已經明心的同修們，或者已經有觸證但尚未去參加禪三的同修們，再次吩咐：「請大家不要害人！」

因爲我這一世沒有師承，我的師承是一千年前的師承，更早是二千五百多年前；但這一世悟後，是 世尊爲我印證，也召見說明我這一世某些重大事相的前因今果，並且把那些事的來龍去脈就像錄影帶一樣（那不只身歷聲，而且是身歷其境親自去體驗），體驗完了，再告訴我那個因果。因此可以說我在人間是沒有師承的，我的師承是一千年前的 克勤大師，這一世是 世尊召見說明。所以，我剛開始因爲沒有人告誡我「不該明說」，也還沒有讀到經中告誡「不許明說」的經文，所以我剛開始那三、四年弘法時，在第一到第三次禪三時，都是最後參不出來的人，就叫來爲他們一起明講。可是那些人如今安在？說白一點，那些人是因為我這一世的意識沒有度眾的經驗，為他們明講而把他們害了，應該是這樣講才對。自從知道這一點，我就不敢再害人了。所以我如果特別幫忙他，讓他可以悟入的話；我一定是經過觀察，認為他的慧力與因緣是可以的，雖然他的智慧還差個兩、三分，這兩、三分可以在悟後起修的課程中，來為他彌補。但是對一般的大眾，我都寧可不要去作太多的幫忙。

說到這一點，說 世尊召見的事，我還是要跟諸位講一下。在大殿裡面千萬不要去拿椅子來坐，因為我今生自己破參後，世尊召見的時候，我也只能坐小凳子。在 佛面前，依我的無生法忍證境，都還只能坐小凳子。明明旁邊有很多張有靠背的椅子，佛卻特地指定那個小凳子讓我坐。我後來明白那些椅子是給誰坐的，是八地以上菩薩才能坐。知道嗎？要入了八地以後，在 佛前才有那個椅子坐。可是現在你們有些人去打三時，雖然說身體有問題，但是在大殿裡面坐著那個小凳子，以凡夫之身在 佛面前坐小凳子，一定會遮障自己，不可能會有入處的。我錄取你去，你就會有機會，但是在大殿的佛像前大膽坐著小椅子，一定會遮障你自己。

在　佛面前，除了演說正法以外，我不會拿個椅子在那邊坐，寧可拿個坐墊坐在地上。你們會發覺我在講堂裡面，除了說法或者開會員大會，由於那個會議的型式就是這樣，必須坐椅子，否則我不會在大殿中拿椅子來坐，這一點諸位也要注意。這一次禪三有三位打三的菩薩們用凳子在那邊坐，這是不如法的。不過禪三期間我沒有怪他們，因爲以前我對這一點並沒有教導過，諸位也不懂。因此，以後在大殿中若有椅子，你要不要坐呢？你自己衡量一下。因爲我到現在也只能坐小凳子，當年召見時如此，我自己知道現在仍然如此；那些有靠背的大椅子，我如今還沒有資格坐，那你們自己要打量一下。這個就順便附帶跟大家作個說明。

還有，就是第一次參加禪三的人，我通常都不會動手引導，除非我認爲你很有資格可以在第一次就悟入。我所認爲的資格就是說，我觀察到你的菩薩種性很具足，只是慧力差一點點；我如果幫忙，你可以不必來第二次，能提前爲正法多作事，但這永遠都是極少數人。所以第一次去，通常我不會給你什麼幫忙。第一次去，如果自己能衝過去，那是一把好手；但事先知道密意而能被印證的，就不能算好手。所以大部分的人，我認爲是第二次破參會比較好，所以第一次沒破參都不用氣餒。

這回第二梯次禪三時，好像我對女眾的照顧比較少，所以女眾破參的人很少；但是沒關係，有時候也許下回吧！我多照顧女眾一點，這一次對女眾照顧得比較少。因爲精力總是有限，雖然說我只是要嘴皮，只是講話，可是從一大早講到晚上，普說完了還要繼續小參再講，講到晚間十一點；有一天還講到十二點，比較傷氣。不過還好，昨晚睡十二個鐘頭，差不多可以了。因爲靠定力持著，熬個四天三夜還是可以。這是禪三中的一個過程跟經驗，也順便把以前沒有教過大家的規矩跟大家講一下。希望以後不會有人在大殿上，拿個小凳子在座位上坐來遮障自己，那麼應該破參會比較容易。

講了這麼多，算是「趣『法、次法』」中的次法，因爲我對大家的教授，大部分都在法上，很少談到次法；可能會使某些人忽略了這個部分，因此在次法上面沒有興趣。沒有興趣於次法的修學，就會導致法的修學產生了障礙，但是這種障礙自己不會感覺到。所以今天講這一些，不但給諸位聽，將來把《金剛經宗通》整理爲書本的時候，這一段還會保留在書中，教導後人。所以不但要「趣向法」，也一樣要「趣向次法」；也就是說，對於實證正法的事情，其實是要藉由次法來圓滿實證的條件；這樣把對於次法修學的興趣建立起來，然後對於正法的實證才會有幫助。

當然這個說起來，我自己也有過失，因爲對於次法的部分，我很少講。以往很少講的原因，也是因爲有些人不想聽，有些人也會在私底下說：「**老師又在要求我們了！**」我這個人一向是「自反而縮」的人，有些人說了那些話以後，我就不太想再講次法。但是因爲這次的現象比較特殊一點，所以我就順便提出來講一講。希望大家對於實證正法所需要的條件，也就是那一些次法的修學，也應該同樣的加以重視，對於自己在正法的實證上面應該就會更容易。這是今天講一些次法的目的所在，雖然對極少數人來講，這些話是稍嫌麻辣了一些，但是也許刺激一下也是好的，能夠使次法具足圓滿，一念相應的時間也許能夠提早到來。我今天特別講了這些話，希望大家不會覺得厭煩，因爲我純粹是基於好意。

再回到《金剛經宗通》來，〈如法受持分〉我們上週講了品題，接著從經文本身的表義來說明：**【爾時須菩提白佛言：「世尊！當何名此經？我等云何奉持？」佛告須菩提：「是經名爲《金剛般若波羅蜜》，以是名字，汝當奉持。**

所以者何？須菩提！佛說般若波羅蜜，則非般若波羅蜜。須菩提！於意云何？如來有所說法不？」須菩提白佛言：「世尊！如來無所說。」「須菩提！於意云何？三千大千世界所有微塵，是爲多不？」須菩提言：「甚多！世尊！」「須菩提！諸微塵，如來說非微塵，是名微塵。如來說世界非世界，是名世界。」】

我想諸位讀了這段經文，可能會覺得好像是在繞口令；但是我想，你們已經打禪三回來的人應該都會很耳熟；因爲這就是《金剛經》的公式，我們禪三過堂的時候，常常用到這個公式。我們應該要瞭解，這個《金剛經》爲什麼會有這樣的公式？先請大家看看螢幕上「事說」第一，然後我們再回來從「理上」講這一品的經文。

不懂《金剛經》的人，最喜歡用《金剛經》的語句來責備別人；這種現象並不是現在世才有，其實是古時候就已經如此了。譬如說，曾鳳儀的《金剛經宗通》這本書，他在書中的〈金剛經宗通緣起〉裡面這麼說：

【鳳儀學慚專詣，識謝遍參。道味悦心，似有投於夙好；禪關娛老，或不昧於往因。適茲鬥諍之秋，橫出和同之見；謂「宗即教，熾然說、無間說，盡屬言詮」；謂「教即宗，如來禪、祖師禪，總須坐卻」。銷歸自己，拈華與

拈句何殊？了徹那邊，所見與所聞奚異？斯則「宗通即啓經之鑰」，而「說通亦入悟之門」也！障礙都融，眞如頓顯。……】

由曾鳳儀在他的書中這段緣起中所講的這段話，就可以證明他自己弄錯了，還要責備別人。這種事情不是明朝曾鳳儀才開始的，而是明朝之前就已經開始了。因爲他的文句是古時駢體文的說法，所以我這裡不免要稍微加以解釋一下：

他說：「我曾鳳儀修學佛法，雖然很慚愧，但我是專門從法上去深入而有所修證的。」「詣」就是造詣，是已經到達的意思，表示自己眞的有修證。「後來意識境界已經滅謝了，所以就不再去遍參了，」也就是說，自己已經遠離意識境界，覺知心在遍參這上面的意願就已經滅謝了。這意思就是說，他認爲已經眞的證悟徹底了。「並且以佛道的法味來取悅自心，看來好像是跟過去世的緣，是與過去世所愛好的事有關的。所以我曾鳳儀在禪門上面來娛樂自己，乃至到現在年老時都還能如是，這可能是因爲我過去每一世都修禪，所以不昧於往世之因。現在這個時候正好是禪門裡常常在互相鬥爭的時節，所以諸方鬥爭的時候，就不斷的有許多橫出的說法，講得不如理的說法；

有的人說一切都一樣，有的則說大家應該和衷共濟，不應該互相評論，所以就有人這麼說：『宗門其實就是教門，把教門裡面的說法，拿來講了一大篇，不停地一直講，其實都是語言文字上的事，與實證無關。』也有人說：『教門其實就是宗門，什麼如來禪、祖師禪，都需要把它放下來。』我曾鳳儀的看法則是說，假使能夠把一切都銷歸自己，全都銷融而回歸到自己以後，那麼拈華微笑跟拈句說明又有什麼差別呢？假使能夠了徹了那一邊，那麼這一邊的所見與所聞又有什麼不同呢？這就是說『宗通就是開啓佛經的鎖匙』，而『說通其實也是進入證悟的一個法門』！這樣一來，障礙全部都銷融了，眞如也就頓時顯現了。」

這樣從字面的意思解釋了，我們再來看看，當他在責備別人的時候，他是否也是自己所責備的那些人中的一分子？「鬥諍之秋」四個字，顯然已經說明明朝曾鳳儀那個年代，已經是眞悟者跟錯悟者一直在互相辯論的時候，跟現在並沒有差別。因爲眞悟者說的法跟錯悟者永遠不會一樣，當雙方所說不一樣的時候，錯悟者一定會出來毀謗，於是引起眞悟者不得不出來辨正法義了，從表面上看起來就是在互相鬥爭。我們現在也是如此，我們剛出來弘法的最早期那五年，從來不說任何一家的過失；我出來弘法時是一九八九年，同修會的成立則是晚了很多年。但是我們出來弘法，在最早那五年之中都不說別人有什麼過失，可是人家照樣要說我們是邪魔外道；所以在海峽兩岸的佛教界中，只要一談到邪魔外道，初機學人都知道有一個蕭平實。我們剛開始那五年，從來都不說別人錯，可是他們都在說我們錯。

後來我發覺，我想要繼續當好人是不可能了，最後只好乾脆提出來辨正。我第一次指名道姓的辨正對象是印順老法師，就是從《楞伽經詳解》第三輯開始；在這之前有過不指名道姓的辨正，但那已經是我弘法五年後的事了。所以正法想要跟錯悟的法和衷共濟是不可能的。因此鬥爭之事，雖然是事相上看來如此，但這個事相，其實從天竺的時候就已經如此；以前中國大陸也都如此，傳到今天的台灣仍然不免如此。如果要免除鬥爭的現象，只有一個辦法，我們歸投他們的離念靈知，就不會有鬥爭了；但如果我們繼續弘揚如來藏的法，就一定會有鬥爭，因為他們沒有證得如來藏，所以他們一定會毀謗我們的法錯了，這是無可奈何的。諸位來到正覺講堂，表示說你是願意當寂寞的少數人，但卻是證悟的眞正菩薩；可是你要知道，你在整體佛教界中一定是寂寞的。所以鬥爭之事不是現在才有，明朝時如此，而明朝之前也早就如此了；傳來中國如此，天竺之時也一樣是如此，所以才會有玄奘菩薩在天竺的時候寫的《制惡見論》。

曾鳳儀說「橫出和同之見」；「橫出」兩個字是用得很好，「和同之見」就是兩種說法。有的人怕人家作法義辨正，就說：「八萬四千法門，門門都好，大家何必互相評論，那你也不必說別人錯悟。」這個就是「和」。「同」就是說：「我們同樣都是佛弟子，何必在教界裡面自己來互相評論，爲什麼不去評論外教？」我出來弘法以來，也常常遇到這樣的指責，我跟他們答覆說：「不同的宗教間應該和平相處，外教如果不評論佛教，我就不評論他，因爲他已經承認他是外教，就不會把佛法給混淆了。我要作的事情是讓佛法回歸清純眞正的法義，我要作的事是讓外道的法從佛門中消失，使佛法回歸原來的正法內容。要把外道見趕出佛門，這才是我要作的。我的目的不在鬥爭，而是在幫助那些誤導眾生的大師們離開破法的重業，也救護廣大的學佛人可以免於被誤導的禍害，這是我的目的。」我既不求名聞也不求利養，何需要去得罪那些大名聲的大法師們，好端端地何必招惹他們來攻擊我？然而我不說他們悟錯了，他們竟都私底下不斷放話說正覺是邪魔外道。於是逼得我開始指名道姓辨正法義，並且越大的山頭，我越是要得罪他們；小法師與外教我倒是不想評論，除非他們主動惹上了我。有些小法師惹上了我，我也沒有評論，不想回應，反倒是我們的同修們會去評論他。所以，和與同的主張，其實都是橫出之見，在追求實相智慧的佛門看來，都不是如理作意的作法。但這種事情在明朝時就已經很普遍了，所以曾鳳儀才會寫出來。

那，我們再來看看曾鳳儀他自己的所墮，他說：「銷歸自己，拈華與拈句何殊？了徹那邊，所見與所聞奚異？」我們來看看他到底有沒有悟？「拈華與拈句沒有差別」，這句話是對的，但是「銷歸自己」，問題就大了！因為我見沒有斷，老是要作自己、要當自己呀！現代各大山頭那些大師們不是常常說「要找回自己，要作自己」嗎？這不正是落入意識跟意根嗎？未斷我見嘛！所以比較好一點的說：「離念靈知就是眞實我，將來入涅槃的時候，離念靈知就進入無餘涅槃中，清清楚楚、明明白白，了然分明而無一念。」那就是想要以意識進入無餘涅槃中；像這樣的銷歸自己，叫作常見外道、不斷我見，卻是現代的佛門大師常常開示的。等而下之，再加上一個，非常非常執著的遍計執性的意根，叫作「處處作主」，這都同樣是曾鳳儀說的「銷歸自己」。有大法師開示說：「要把所有其他身外的一切全部放下，要把握自己。」有沒有聽過、讀過？還寫在月刊裡面教人「要把握自己」；這跟曾鳳儀的「銷歸自己」，有沒有一樣？完全相同嘛！所以曾鳳儀也沒有資格來批判別人，他應該把自己也列在被批判的行列中；所以，悟錯的人到處評論別人悟錯了，這種事相是非常多的。接下來這三行，諸位看到補充資料中的「有人來函責云」等，這個部分，我們留在經文裡面再插進來講。

現在請大家回到經文，我們從理上來說這一段經文：【爾時須菩提白佛言：「世尊！當何名此經？我等云何奉持？」】我們來看看此經，在上一品中有講過「此經」，我想大家應該都還記得；現在須菩提講的此經跟上一段的「此經」，語意稍微不同；因為他問的是怎麼樣把「此經」命個名字、取個經名，所以說「何名此經？」可是上一品已經說明了，「此經」就是如來藏，因此你要把「此經」立個名字並不容易。這個如來藏金剛心應該要立個名字讓大家來受持，才不會忘了「此經」，所以須菩提故意提起來問。

一般而言，佛弟子詢問某一部經要稱為什麼經名，都是在結束時才向 佛陀請問：怎麼樣為此經立個名字，大家來記住別忘了。這部經卻不同，卻是在第十三品就提出來問了，這顯然「此經」的命名，不是為了經名而問的。所以這「此經」兩個字，絕對不是在講這一部經典，而是在講如來藏「此經」。所以說，每一個有情都揹著一部《金剛經》到處跑，都揹著一部《心經》到處跑，都是這樣。然後揹著自己的經去向別人問經，問來問去的結果都只問到錯悟的大師，人家告訴他的這部經其實都不是這部經，都是錯誤的。後來看到正覺的書以後，心想：「這個邪魔外道也寫書出來？」有一天起了個念頭：「好！我且先取來讀一讀，看你在寫什麼。等我看完了以後，我就寫文章來破你。」等到讀完了以後說：「哎喲！原來這才是正法。」因為想要破正覺同修會的法，所以起了一念好奇去讀，讀了以後才發覺挖到寶了、遇見寶了，從此就一頭栽進來。

有很多人是這樣進正覺同修會的，所以我以前剛出來弘法，剛印出兩、三本書的時候，我就曾經講過：「希望那些毀謗我們是邪魔外道的人，起了好奇心去讀我的書；也歡迎各大山頭吩咐弟子們去收集我的書，作環保回收。歡迎！」所以我們要越多的把它流通出去，讓他們去收；因為十個人之中，只要有一個人收回去以後，有一天好奇取來讀一讀說：「這封面印得還不錯，蠻有格調的。好嘛！我來看它裡面講些什麼，也許我能夠向各位師兄弟們提出證據，說明那眞是邪魔外道，千萬不要去學。否則我又不知道他所謂邪魔是邪在哪裡，所謂外道是落入什麼外道裡，我怎麼跟人家說明？」起了一念而好奇去讀，只要十個回收的人之中有一個人取來閱讀，我們就度得一個人了。願意去閱讀而想要寫文章來破我說法的人，就是我們要度的人。

這正是我們要度的人，因為這種人會去理解你在書裡講了些什麼，才能入道。那些迷信的人，只聽師父講：「這是邪魔外道寫的，不能讀。」他就不讀了，你就沒轍了。你的正法妙毒就沒有辦法滲透進他的五蘊身中，就沒有辦法殺死他的五蘊我見。我們就是要他起心動念想要破我們，然後去閱讀；細讀了以後，正法之毒就進入他心中了，他的五蘊我見就會漸漸被殺掉；當我們把他的五蘊殺光了，他就成為菩薩了。所以，什麼是「此經」？大部分的人是不知道的，都是揹著「此經」到處去問「此經」；然後人家把別的經告訴他，名字上寫的是佛經，可是翻開來讀，裡面寫的是什麼經？全都是常見外道經。不幸的是，這種外道經在佛門裡面是普遍存在的。所以這裡須菩提特地提出來問：可以用什麼名字來稱呼「此經」？「此經」就是每一個人五蘊中都有的如來藏，所以「此經」不是在講這些文字語言的這部經。

「**我等云何奉持？**」這「奉持」是個大道理，這個「奉持」千萬不要把它忽略過去；因爲，一般人都不會「奉持」，那些大山頭的堂頭和尚也是不會「奉持」的，所以他們的奉持都是虛妄奉持，不是如法如理的奉持。如果他們懂得如理如法奉持，就不會私下謠傳說蕭平實是外道、是邪魔，他們還不知道他們這句話成就的業有多麼重。他們都不瞭解，只是這麼一句話，那個業有多重。我在過去無量世前，只是毀謗了一個證得四禪的人，他也還沒有開悟，我也沒有大力毀謗，只是說一句閒話：「**他其實也沒有什麼了不起啦！**」只是這樣，捨壽就變老鼠去了，還好只當一世。我這一世在定境裡面看見自己竟然當老鼠；人類講話，我可都聽懂。眞的！老鼠聽懂人講話，牠一樣有八識心王，每一識都不缺。所以我因爲這個定境中的所見而在法上獲利，在法上有一個很大的跳躍。但是，我所見的這件往昔無量劫前的事情，何嘗不可以作爲此世修學次法上面的借鑑呢？往昔只是這樣一句話，因爲對方證得四禪時的威德就已經很大了，那是比欲界天的天主威德更大，比初禪天、比大梵天的威德更大，比二禪、三禪天的天主的威德更大，雖然他還沒有證悟，還只是凡夫；然而謗了他，就下墮畜生道裡。如果謗了一個實證如來藏而且又有禪定證量及解脫道證量底人，那個果報可想而知。每一次想到這件事情的時候，我都爲他們腳底冒汗；眞的冒汗，不敢想像他們未來世會怎樣；不過他們是完全不會警覺的，也不會相信我說的這些事情，所以我說了這些眞實故事，也都只是題外話。

那麼再回來說這個「奉持」，到底是要怎麼才叫作眞正的奉持？並不是每天拿著這部《金剛經》：「如是我聞……」不停地在那邊唱誦。在 佛前唱誦並不是最好的奉持方法，因爲那只是給自己保持著一個道心而已，爲自己增加了與《金剛經》的因緣而已。可是 佛並不需要聽凡夫眾生來誦經給祂聽，所以誦經而作表相奉持的目的是爲自己而不是爲 佛，是爲自己種下將來實證《金剛經》的因緣；所以，誦持是很好的，但那樣仍不是眞正的奉持，那只是凡夫的奉持法門。可是對於一個有志進入內門修菩薩行的人來講，「奉持」方法可就不一樣了，就是要在如來藏正法上去實證——親證「此經」。實證了以後，有能力一步一步更深入體驗，然後發起智慧，也同時獲得解脫的受用，才會知道自己應該要怎麼樣奉持這一部經。

自己眞的懂得奉持這部經以後，就知道：護念自己對如來藏的實證而不退轉，才是眞正的奉持此經。可是這樣奉持仍然還不夠，如果想要成就佛道，還得要爲人解說；爲人解說也是各種奉持中的一種，但是爲人解說的時候不該依文解義，因爲一定會引來三世佛怨。所以眞正的如法奉持，應該要把《金剛經》中的眞實義說明，要讓大家理解《金剛經》說的「此經」是指各人都有的那一部經，就是如來藏金剛心。如果可能，還要在如法如理的情況下（在法主的授意下），設法幫助有緣的人也能親證此經。親證了此經，就會有人幫忙你繼續奉持，這是更高層次而且更廣大的奉持，但是不許濫傳給無緣的人。所以「奉持」此經是應當如此奉持的，不只是拿著這部經文每天在佛像前作爲定課來課誦。

但是作爲定課來課誦，並不是不好，我們也是支持、認同的，因爲這也可以使這一部經典文字繼續在人間流傳不會滅失。這一部經的經文繼續流傳在人間，終究會有一天被乘願再來底菩薩遇見，遇見之後他會發覺：這部經講的，就是自己實證的那一部經。他又可以爲眾人解說，解說了以後就會有更多的人來奉持，這就是 佛陀宣講這一部經眞正的用意所在，這樣才是眞正的奉持《金剛經》。所以課誦的人保留著他的經本，使得這部經本可以繼續流傳在人間，也是有功德的；這功德還不小，所以我們並不因爲高層次的奉持，就否定低層次的奉持。但是我們卻必須把如法如理的高層次奉持告訴大家，並且幫助大家也能夠親自實證而奉持「此經」，這才是「奉持」的眞實義。

接著 佛告訴須菩提：「**是經名爲《金剛般若波羅蜜》，以是名字，汝當奉持。**」這句「是經」當然還是在講如來藏金剛心。這個如來藏雖然有種種的名稱，何妨再立名「金剛般若波羅蜜」？爲什麼立名爲「金剛」呢？因爲這部經講的是金剛心，這個心常住不壞，沒有一個辦法可以壞滅祂，也沒有哪一尊佛能夠滅壞祂，所以祂被 世尊叫作金剛。這個如來藏心，一切實證的人，都沒有一個人有能力來破壞祂，更不要說消滅祂。即使二〇〇三年楊先生那一批退轉的人出來主張說：「**這阿賴耶識是生滅法，你們正覺同修會再也不許說祂是眞如，也不許再自稱開悟明心。**」可是我們只問一句話：「**阿賴耶識心何時生？何時滅？**」他們都回答不來。後來我們附帶一句話：「**請**

你只要講出把祂滅掉的方法就行了，不必回答說祂是何時生的。」直到現在都沒有下文，因爲他們自己也無法滅掉祂。不但他們無法滅掉阿賴耶識這個心，諸佛也沒有辦法滅掉祂。把十方諸佛的威神力合爲一力，那個威力夠大了吧？你抓一隻螞蟻來說：「這隻螞蟻的阿賴耶識，請十方諸佛合爲一力把牠的阿賴耶識滅掉。」行不行？諸佛一定都說「不行」。你要是不信，可以去問佛。你說：「我又見不到佛，怎麼問？」我說：「你用筊杯去擲，也可以。」你去問問看，有哪一尊佛會告訴你說「那隻螞蟻的阿賴耶識有辦法滅」？不可能滅的，沒有誰有能力滅祂，因爲一切凡聖有情全都被祂所生，全都依祂而存在，只要一剎那離開祂就立即消失不存了，怎有能力回頭來滅祂？由於祂的這種不可滅的猶如金剛體性，所以才叫作金剛。金剛的意思就是說，祂堅固而不可壞；祂無形無色，可是沒有一法可以滅祂。意根還可以被滅，意識更容易滅，可是這個阿賴耶識心無可滅，所以祂被　世尊命名爲「金剛」。

爲什麼又要把祂命名爲「般若」？因爲證得這個金剛心的時候，你就有法身德；這時你可以現前照見一切諸法都從這個金剛心而出，所以祂是諸法之身；諸法都以祂爲身、依附於祂，因此當你證得這個如來藏金剛心的時候，你就有了法身德。法身德是什麼？就是知道法界的眞實相，出生了知道法界實相的智慧；知道諸法都依附於這個金剛心，證實這個金剛心就是諸法的實際身，所以你有了法身德。有了法身德，你就會有般若德。這「般若」兩個字，要先稍微說明一下。「般若」兩個字，其實是梵文音譯而翻譯過來的，因爲沒有適當的漢字可以翻譯，所以就音譯過來。因爲你如果把它翻譯爲智慧，人家很容易誤解；是因爲實證金剛心所生起的這種智慧，不只是世間法裡的智慧，也不是單單只有解脫道的智慧，所以你沒辦法以世間法中說的智慧二字翻譯。而且般若智慧的函蓋範圍也很廣，它包括世間法上的智慧，就是五蘊十八界的智慧，也包括二乘聖者的出世間解脫智慧，還包括大乘三賢位菩薩的智慧，也包括諸地菩薩的智慧，所以這個般若二字，眞的沒辦法用世間法中所用的智慧兩個字來翻譯，所以乾脆就音譯，翻譯爲「般若」。這個「般若」講的就是有關於解脫的智慧，以及有關於法界實相的智慧，是有關於諸法本際的智慧，所以它叫作般若。

世尊爲什麼用「般若」兩個字來命名這個如來藏？因爲這個如來藏，祂可以使人在親證了如來藏以後，瞭解解脫的道理；因爲證得祂以後就有了本來自性清淨涅槃，就有實相般若智慧，不是阿羅漢所知道的。如果你不是再來菩薩，你被人家引導親證金剛心如來藏以後，人家只要告訴你一句話：「阿羅漢入了涅槃，就是這個心。」你也可以當場了知阿羅漢所證解脫道中無餘涅槃裡面的無境界境界；所以，當你有了這樣的智慧，你也可以瞭解二乘解脫道的正理。接著還可以瞭解到法界的意涵，所謂法界就是諸法功能差別、諸法種子，叫作法界；因爲界就是種子，就是功能差別。所以「法界」是什麼呢？法界就是諸法的功能差別，就是諸法的種子。

有很多人去行善，或者去佛教寺院作義工以後，回到家裡就在佛像前說：「我以今天所作一切功德，迴向法界。」他迴向法界，結果是迴向什麼？是在迴向給諸法的實際，那究竟是在迴向給什麼呢？其實，他根本不知道他在迴向給什麼，只是跟著人家這樣迴向。但是諸位證得這個金剛心以後，你也可以說：「我迴向法界。」因爲你知道那是什麼意思了。你若迴向法界時，是迴向什麼呢？是迴向自己的一切諸法功能差別可以越來越勝妙，那麼你這樣迴向法界就對了，而且眞的可以如此。因此，由於知道一切諸法的功能差別，知道了一切諸法以什麼爲身，所以你有了法身德，就有了般若德，你的實相智慧就生起了；不但自己有這個智慧，也能爲人解說了，所以這個如來藏又叫般若，因爲這個法界實相的智慧就從金剛心如來藏來。你若沒有實證如來藏，就沒有這一些智慧，所以如來藏這部經又叫作般若。

爲什麼又叫作「波羅蜜」？波羅蜜翻譯過來，就是「到彼岸」，是到達無生無死的解脫彼岸。阿羅漢有沒有波羅蜜呢？其實沒有，因爲他們是滅掉自己以後稱爲到彼岸。但是問題來了，滅掉了自己以後而稱爲到彼岸，請問阿羅漢那時在哪裡？他們已經不存在了！當阿羅漢已經不在了，怎能說有到達離生死苦的解脫彼岸？雖然他們已經離開三界生死了，但他們五蘊都不存在了；既然不存在了就不能稱爲到彼岸，只是把自己的五蘊滅除了。菩薩卻不一樣，菩薩證得這個金剛心以後有了般若，可以現前觀察：我這個金剛心如此地分明，我現前看得很親切，祂是永遠無生亦無死的；當我把自己的五蘊十八界都滅掉以後，剩下的這個金剛心當然就稱爲無餘涅槃。那就可以觀察了，把自己五蘊十八界都擺在一邊，剩下那個金剛心單獨存在的時候是怎麼一個狀況，發覺自己其實活在如來藏無生無死的解脫彼岸中。

當他發覺說：「把五蘊十八界都滅除掉，剩下如來藏一個心單獨存在的時候，原來是絕對的寂靜，原來是沒有一切煩熱，也沒有一切三界我，更沒有一切我所，沒有一切法。這個境界，我自己現在就可以現前觀察，我也可以依於這樣的絕對寂靜境界，就這樣安住下來，不再求世間法上的利益了。」這個境界，你既然已能現前觀察，你已經到了這個境界中了，那就是眞的到彼岸了。當你五蘊自己還存在著，而無生無死的彼岸也跟你一起存在，那你就是波羅蜜，就是眞的到彼岸。這不像阿羅漢們滅盡五蘊十八界以後，自己不存在了，剩下他們的如來藏心無生無死的無境界境界，卻是與他們無關的了。因爲你證得如來藏以後，你可以這樣現前觀察，所以你自己的這一部經就可以叫作「波羅蜜」。

這回被我印證的這兩梯次禪三的開悟者，你們都自己現在當下就觀察看看是不是如此。誰也無法否認我現在所說的這個道理，因爲這已經是你們悟後所能親自觀察出來的現量境界了。所以這一部如來藏就可以叫作「波羅蜜」，就用金剛這個名字來奉持，就用般若這個名字來奉持，就用波羅蜜這個名字來奉持這一部經；所以《金剛般若波羅蜜經》就在你的五蘊身中，不在外面的虛空或什麼地方；身外的這一部文字寫出來的《金剛般若波羅蜜經》，只是作爲一個媒介；佛與須菩提兩個人互相問答建立這一部經，也只是一個媒介，用來幫助大眾瞭解自己身中的《金剛經》。懂得這個道理，也親自證實這個道理了，才是眞正的奉持。

世尊接著說：「所以者何？須菩提！佛說般若波羅蜜，則非般若波羅蜜。須菩提！於意云何？如來有所說法不？」這一小段：「佛說般若波羅蜜，則非般若波羅蜜。」這樣才是眞正的般若波羅蜜。佛所說的般若波羅蜜，大師們都把這一部經的語言文字，拿來當作是眞正的般若波羅蜜，落入文字般若的想像境界中。爲了破除大家對這一部經典文字表義的執著，所以佛說：「我所說的般若波羅蜜，不是般若波羅蜜。」教大家別在這部經中的文字上面去執著，因爲佛早就料到：說完這部經以後，一定會有人依文解義，就把這部經的文字語言表面意義當作是《金剛經》的眞實義。但這不是佛說此經的初衷，佛的本意是要大家瞭解：所說的《金剛般若波羅蜜經》的眞實義，並不是經中的語言文字表面所說的，而是在說明每一個人身上都有的這一部經。所以特地說明：佛所說的般若波羅蜜，並不是眞正的般若波羅蜜。

你們回想一下禪三裡面，吃完飯後吃水果；當時我叫你們吃水果，你塞進嘴裡，我問：「是什麼？」你們都說：「是水果。」所以到後來呢，我說：「不許再告訴我『是水果』。」因爲我叫你吃水果，不是要你體會水果，你爲什麼要迷己逐物呢？對呀！你們總是答我：「水果。」那是不對的，我要你體會的不是水果。可是當你們問我說：「那麼，老師！請您告訴我是什麼？」我卻告訴你：「水果。」我還是講水果。可是我講水果的時候，我不是在告訴你水果。你智慧若是夠了，正知見具足了，證悟底因緣時節到了，就能體會到我的弦外之音了！那時你就知道：「原來此『水果』，非彼『水果』，才是眞『水果』。」所以，這就像首山省念禪師，有一天跟徒眾們拈起竹篦來（竹篦知道嗎？弄成長長的竹片可以打人，以前打小孩都這樣打）；他就拈起竹篦來，問大家：「若喚作竹篦則觸，不喚作竹篦則背，汝喚作什麼？」大家都落在那個竹篦上，其實他要告訴大家的並不是竹篦；所以眾生都落在閑機境上面，總是悟不了。

因爲　世尊告誡不許明講般若的密意，所以古時禪師們都不會像我這樣老婆，叫你去找身中的如來藏，他們都是會弄一個東西來搞怪。有時候我就如法炮製，叫你吃水果，其實用意不在水果上，所以不可以答覆我說：「是水果。」所以我問你們：「是什麼？」有的人不說水果了，改說：「芭樂。」有的人則說：「番石榴。」同一個東西竟有兩個名稱，但都錯了，所以說那只是個閑機境。因爲 佛陀交代不許明說，我只好烘雲托月了；其實我拿芭樂給你的時候，不是要你體會芭樂，你眼睛就不要看在芭樂上面。當然你沒有破參前，也只好答覆說是芭樂或水果，但是我在告訴你芭樂或水果的時候，其實不是在告訴你芭樂或水果；我眞的有把如來藏告訴你，可是你要懂得怎麼聽；不懂得怎麼聽的人就只會聽到芭樂或水果，懂得怎麼聽的人，他聽到的就是如來藏；如來藏在哪裡，他就可以領會到。所以這個其實都是從《金剛經》來的，所以 佛說般若波羅蜜，就不是般若波羅蜜。

禪宗的許多作略其實都是從《金剛經》來的，但禪師不會告訴你：「我這些作略都是從《金剛經》來的。」因爲恐怕信心不夠的人又會懷疑說：「那麼，禪師！您這還是教下的東西。」其實教下跟宗門，有不一樣嗎？以前自在居士還講：「教下的東西跟宗門下的東西並不一樣，那是兩回事。」問題來了：那是不是說應該有兩個實相、兩種般若？如果宗門的所悟不是教下講的，釋迦牟尼佛就不應該悟了宗門再出來說法，祂應該在悟前講所有的三乘經典，因爲那都是教下的；或者在弘法過程中開悟以後，從另一方面純粹說宗門，悟後講的應該純粹是宗門下事而不應該有經典出現。可是 佛陀明明是在宗門悟後才出來講經的，是宗門通了以後才講出各種經典來，而經中講的內容是講祂宗門所悟的內容，然後人家記錄下來才稱爲教門。所以宗門教下本來是同一個東西，希望藉教下的演述而讓大眾建立正知正見，然後再以教外別傳來使弟子悟得宗門下事。可是因爲宗門下事很難悟，大家都沒有入手處，所以 佛陀又另外別開一門「教外別傳」，讓人們可以直接去證悟到那個金剛心，這都是 佛陀的慈悲。

然而後人亂講什麼「宗門跟教下是兩回事」，眞正是不懂宗門也不懂教下的愚癡凡夫。如果宗門跟教下是兩回事，然而實相又是只有一個，是絕待之法，那麼三乘經典是否應該燒掉了？因爲教下講的既與宗門開悟的內容無關，表示教下講的都沒有辦法使人證悟，那麼 世尊又何必花了四十九年辛苦講解經典呢？所以凡是主張宗門與教下無關的言語，都是謗佛、謗法。所以講話眞的不能隨便亂講，飯可以隨便亂吃，怎麼吃都沒關係，米飯、麥飯、糙米飯、糯米飯，隨便你怎麼吃；包括餿飯都可以吃，最多就是拉一場肚子而已；但是話絕對不能亂講，要是亂講了，誤導眾生，又是謗佛謗法，問題是很嚴重的。所以我說話的時候，一向很謹慎小心。你不要說：「我聽你講話，好像蠻風趣的，都不打草稿。」其實我每一句話說出來，都是很慎重的，風趣只是為了讓大家不會覺得枯燥、打瞌睡，是為大家好，不是為我自己。但是我每一句話講出來，一定是在法上或證量上都有根據的。我不能隨便亂講佛法，因為我已經在無量劫前嚐過那個果報的味道，亂講話是很嚴重的。所以「般若波羅蜜」這些文字並不是般若波羅蜜，眞正智慧到彼岸的法，其實就是宗門中所悟的東西；但是留下這些教門的目的是為了世諦流布，世諦流布以後大家就知道有個宗門裡應該實證的內涵。因此要告訴大眾說：「我所說的般若波羅蜜，就不是般若波羅蜜。」是要大家避免執言取義。

然後 佛問須菩提說：「如來有所說法嗎？」這是在講眞實如來，是在講法身佛第八識無垢識，因地時稱為阿賴耶識。法身佛從來沒有講過一個字、一句話，你怎麼能夠說祂有所說法？法身佛熾然說、不間斷說、常常說，這是從證悟者的智慧境界來看的現量境界。從證悟者來說，螞蟻也是一天到晚在說法，那些惡人也一天到晚在演說了義究竟佛法。那些惡人眞的一天到晚都在說《金剛經》，而且說得非常勝妙，保證比你們這些善人還說得勝妙。當他出去打人、殺人的時候，那時說法才眞的是勝妙；你如果有正知正見了，當你有因緣看到他殺人時那種窮兇極惡的模樣，不悟才怪！所以他那個時候所說底法是說得最漂亮的時候，可是他自己懂嗎？完全不懂。因此，禪師正因爲這個緣故，所以對他看中的徒弟就有不同底待遇；越是他看中的徒弟，進來請問佛法大意的時候，他打得越兇。打得越兇，不是因爲他好打人，而是說他希望在那種激烈的狀況中，讓徒弟容易看見《金剛經》。所以禪門裡面，有的禪師慣好罵人，有的禪師慣好打人，眞的可以套一句俗話說：「打是情，罵是愛。」（大眾笑…）這是眞的，在現象界中的許多俗話，等到你在禪門中證悟以後絕對都通用的，事實眞是這樣呀！

也許你們不信，我告訴你：在禪三精進共修裡面，我常常會問剛剛找到如來藏的同修（我常常會問他，當他通過第一題跟第二題考驗的時候），我常常會問他：「結果你活了這幾十年，都是別人吃麵、你喊燙，對不對？」都答覆我說：「對。」又像那位很會說相聲的吳兆南，他對初學者都會教的一段相聲是：「吃葡萄不吐葡萄皮，不吃葡萄倒吐葡萄皮。」我告訴你們：你若是眞開悟了，這句相聲也能通，因爲眞的是這樣呀！（大眾笑…）你們覺得這麼好笑呵！那個在吃葡萄的人，他眞的沒有吐過葡萄皮；可是這位沒有吃到葡萄的人，卻是眞的吐了葡萄皮。法界實相中，確實是如此。可是這兩個人，到底是一個還是兩個？我就不告訴你了。所以般若的勝妙，眞的是妙！妙到令你叫絕。因此，到後來，叫你形容說：「正覺的法到底好在哪裡？」你可能會說：「**我眞的無法形容，只能用一個字說——妙！**」因爲確實是如此，你能夠這樣通了，你就是眞的證悟了；若是對我所說的這些，你還是不能通，就不是眞的證悟。世間人的那些俗話拿到我這裡來，還眞的能通，眞的是無上至理。哪一天你要遇見了吳兆南，你就說：「**您講的這句相聲，眞是無上底佛法，您知道嗎？**」你就稱讚他。他一生教多少人學會這個繞口令，但他自己卻不能眞懂其中的無上大法。當他教人繞口令，當他在表演這個相聲繞口令的時候，其實他也正在說法，說法，說得非常棒，可是他自己卻錯過了。所以眞佛不說法，說法非眞佛。因此 佛說如來沒有說法，這個如來就在講眞實如來，不是應身如來，也不是化身如來。眞實如來其實無所說，可是對證悟者來講，眞實如來卻又是熾然說、不間斷說、無間等說，這才是眞說法。所以 佛陀特地提醒大家，這些語言文字都不是眞佛所說，不要把經中的文字當作是眞的《金剛經》。須菩提馬上就認同，因爲他已經悟了，迴小向大以後悟了，所以他說：「世尊！如來眞的無所說。」確實是無所說。

我們再回到補充資料那一段。這一段說，有人寫信來責備我說：「《金剛經》說『佛無說法』，佛尚且無說法，你蕭平實說那麼多，幹什麼？只要你心中無念、自己得解脱就好了，何必說別人的法義是對、是錯！」大意是這麼講的，他的原文原句，請你去翻閱《楞伽經詳解》第十輯；有一位比丘來信就是這麼講，所以我回他信說：「哪一天有因緣見到了，我再跟你說明，什麼叫作『佛無說法，佛有說法』。什麼叫作『佛有說法，即非說法，是名說法』，你何嘗知道。」所以，怎麼樣才能叫作眞正的說法？不是未證如來藏的人所能知道的；一定要親證如來藏了，你才會眞的懂得什麼是 世尊講的「說法」；所以，須菩提也說「如來無所說」。

可是現在問題來了，假使你說「如來無所說」，請問你：「《金剛經》是阿誰說的？」你總不能夠說「不是佛陀說的」吧？如果說《金剛經》不是 佛說，那顯然是謗經、謗佛。可是，如果因此就說「《金剛經》是佛說」，明明

經中 佛陀是說「如來無所說法」，那你又該怎麼回答？所以，得要證得如來藏以後，事理皆通、首尾兼顧，才能夠眞的懂「如來無所說」的眞義。

接下來，佛說：「須菩提！於意云何？三千大千世界所有微塵，是爲多不？」須菩提答覆說：「非常多呀！世尊！」佛就說：「須菩提！諸微塵，如來說非微塵，是名微塵。」假使有人來問：「如何是佛法大意？」佛陀也許答覆他說：「微塵。」也許有的人眞的沒智慧，他就眞的從地上弄一堆微塵在那邊看了又看。然而 如來講的微塵並不是在講微塵，你若懂得 如來說微塵的時候不是在講微塵，那才是眞懂 如來所說微塵的眞義。所以不能依文解義，然後就拿其中一句話來罵人。從我出來弘法以來，凡是罵我的人，你就可以直接斷定：他一定未斷我見，也沒有證如來藏。如果斷我見的人，他絕對不敢罵我，雖然他還沒有證如來藏。如果證如來藏的人，更不會罵我，因爲他知道我講的完全正確，並且我講的比他所知道的更勝妙，他還得要從我的書上去學習，才能更加深入佛法般若的細相中，他又怎敢罵我？

所以你們只要放眼佛教界，凡是罵我的人，你就知道那一定是個凡夫。凡是罵蕭平實的人，可以這樣畫上等號：凡夫。這是眞的。所以現在就多了一個定義：罵蕭平實的人即是凡夫。現在多了一個定義了，因爲這個定義是永遠都不會被推翻的。你證了如來藏，與我所證底一樣，怎會來罵我？那不是在否定自己的所悟嗎？豈不是明知正法卻還故意否定正法？除非他證了如來藏以後還否定如來藏，才會罵我；可是當他否定如來藏時，就表示他退轉於如來藏，退轉於《金剛經》了，那一樣是可以加上那個等號了：凡夫。事實上就是這樣嘛！一定是不信所悟的如來藏而掉回去離念靈知意識之中，我見復生而成爲凡夫。因爲除了如來藏阿賴耶識心體以外，沒有佛地眞如可證。對外宣稱證佛地眞如的人，竟然能罵蕭平實說：「你只證得阿賴耶識，那不對！還有更高層次的法叫作如來藏，叫作佛地眞如。」那他就是退轉於如來藏。因爲，除了阿賴耶識這個心以外，沒有別的法叫作如來藏，佛陀也早就明明白白說過：「阿梨耶識者，名如來藏，而與無明七識共俱。」佛陀早就講過了！而且，佛地眞如也是阿賴耶識心體，經過三大阿僧祇劫修行，斷除了阿賴耶識心體中三界愛的現行，斷除了心體中的煩惱障習氣種子，斷除了無始無明上煩惱以後，改名爲無垢識而顯示出來的眞如法性，才是佛地眞如；所以佛地眞如還是同一個第八識心體的所顯性，外於阿賴耶識心體，就沒有將來的佛地眞如可證了，怎麼還會否定阿賴耶識呢？

他們爲何會退轉？我想他們大概是從來都不讀我的書。如果讀過我的書，我在註解《楞伽經》的時候，已經把 佛講的這句話都註解過了，就會知道阿賴耶識是如來藏心，怎麼還會外於阿賴耶識，再創造另一個新的如來藏心呢？所以你們悟後，千萬要好好讀我的書呵！這樣進步才會快。我所講的經或者論，一定要好好地用心理解，智慧就會越來越深妙，才能夠很快的超越第一大阿僧祇劫；否則那第一大阿僧祇劫，可是結結實實的一大阿僧祇劫，就無法化長劫入短劫了。

接下來，諸位請看：「諸微塵，如來說非微塵，是名微塵。」這是不是《金剛經》的公式？這就是《金剛經》的定律。因此 世尊又說：「如來說世界非世界，是名世界。」爲什麼要這樣講？這意思就是在告訴你：「當我釋迦牟尼佛告訴你世界兩個字的時候，不是在講世界，而是在講非世界那個金剛心，那個金剛心才是我所說『世界』的眞實義。」換句話說，當 如來進入第二轉法輪的時候，不論說什麼，都是在說如來藏法。所以，爲了避免大家一直落在文字上面，有一天大梵天來供養一朵青蓮華，如來就把它拈起來給大家看，原因就在這裡。這不是要大家看蓮華啦！祂的目的在這裡啦！因此才會有教外別傳，當眾直接傳給大迦葉菩薩，這正是 世尊的大慈大悲。

那麼去到禪三精進共修，我們的「水果禪」，大家已經體驗過了。那個水果還眞的不好吃，吃到嘴裡明明甜甜的、帶點兒酸味，眞的很好吃。可是當我問你們：「好不好吃？」你們那時眞的很爲難：說「好吃」，要挨一頓棒；說「不好吃」，也要挨一頓棒；那麼改說「不知」，總該可以了吧？可是當你說「不知」，有時候會被我稱讚說：「有一點屎臭味了。」就是被我讚歎了；可是有時候說「不知」時，卻反而要挨我兩頓棒，反而又再多加一頓棒。所以，咱們正覺門下東山禪裡的水果眞的不容易吃。可是你要是破參了以後，問你：「是什麼？」你說芭樂也對，說西瓜也對，說鳳梨也對，你說什麼都對。這可奇怪了！可是爲什麼東山禪裡的水果禪會是如此？那只有家裡人才會知道。

你如果想當家裡人，那就好好用功。怎麼用功法？你就好好地背這一段經文。也許你來訴苦說：「這段經文那麼長！我年紀大了，記不住。」那不然，我就教你背短一點的好了：「如來說世界非世界，是名世界。」這總夠短了吧！再不然，你也許說：「我已經九十八歲，快一百歲了，這還眞的太長了，我還是背不來。」不然，你背兩個字就好，只背「世界」二字，好不好？你就每天到晚，不管什麼時候，你都只唸著：「世界、世界、世界……」，你就一直唸。如果你可以活上一百三十歲，不停地唸上三十年，你一定可以悟。悟後還有兩年時間可以享受悟境的智慧，那也不錯！所以你就只唸「世界」，一直不停地唸。你別說：「你怎麼捉弄我？你不教我唸經，竟然教我唸世界。」我告訴你：「『世界』才是眞經，你唸的那些經還眞的叫作假經。人家古時秦國夫人計氏，她還只唸一個『無』字就開悟了呢！」問題只是：你有沒有那個福德。只唸這兩個字，有沒有福德把它唸成眞經。這兩個字還眞的是眞經，只要你有因緣，它就是眞經；若是沒有因緣的話，這就是戲論；然而眞經與戲論，就只在你這麼一念之間而有分別。你若是能用這種方法去求悟，假使將來悟了，一定有一念相應的功德，不怕沒有一念相應的功德。可是，想要從「世界」這兩個字就可以悟入，你必須要先來正覺同修會學習，建立正知正見；否則的話，莫說唸三十年，唸到驢年到來，還是悟不了的！我說的是眞話，所以諸位還得要在開始唸這兩個字之前，先把正知正見建立起來，那麼你唸上三十年，我保你可以悟入。

我們上個週日在台中講堂的演講，好在有禁止各地共修處的同修們去，否則就會沒地方坐。上個週日統計了以後，會外來聽法的人，連同我們台中的學員總計大概有九百多人。在二百坪（編案：660平方米）台中講堂中，除了我們的工作人員以外，講堂裡的位子都留給來聽法的來賓坐，自己人都坐到臨時租的場所看視訊。那天講的內容主要是在解脫道上說，不牽涉到第一義諦。這是台中講堂的同修們很努力去發傳單，作各種廣告而度來的，統計結果會外來聽法的人大約有六百人左右，連臨時借用的隔壁場所圓凳都坐滿了人。這一次是把我們禪三時起三所說殺我見的內容提出來講，並且也講得稍微詳細一點，所以單是殺我見的內容就講了大概一個鐘頭又六、七分鐘，然後再講三縛結的內容，這樣才算能夠攝受他們。

這一次，大概是我修定以來盤腿最長時間的一次，說了四個鐘頭以後才換腿。這當中，可能因爲這幾天飲食吃了太多寒性食物，右腳抽筋了兩次，當時也不理它，讓它自己消失。講到差不多兩個多鐘頭時又抽筋一次（剛開始講時就抽筋了），大概最近吃得太涼了。都不理它，讓它自己好了也就消失了。我就是不管它怎麼痛，就讓它繼續抽筋，後來什麼時候好了，也不知道。我只希望可以經由這次的演講，帶動台中地區更多的人進入了義正法之中。我們那一天講的法義，也是要讓他們自己現場觀察：自己有沒有斷我見，有沒有斷疑見、戒禁取見。所以本來不是很相信佛法的人（因爲蕭平實這一號人物，他們以前並沒聽說過），這一次聽了佛法講解以後，他們可以當場檢查看自己的三縛結斷了沒有。所以講到一半的時候，超過一半（應該有三分之二的人），他們很高興，好像是發覺說，解脫道的實證原來是眞的可以證，知道現在末法時期仍然可以實證，所以大家就高興了起來。

這回是第一次去台中對外公開的說法，應該是會造成中部地區那些老修行者，對正法的認知有所提升，這是我們的目的所在。至於那天所講的內容，是不是要整理成文字公布出來？我們還在斟酌。有時候想，把它流通出來，也許佛教界可能會有十分之一的人可以斷三縛結，應該是好事；但是根據四阿含諸經中 佛陀的說法次第，我又有些猶豫。是不是要把它整理成文字印出來流通？我又有一點猶豫。因爲 佛在四阿含常常講到「趣『法、次法』」，世尊在外道前來求法、歸依時，也都是有次第說法的，都是先說施論、戒論、生天之論，也就是先爲外道解說布施的法門與因果，持戒的法門與因果，修十善行可死後往生欲界天、修定可以往生色界無色界天的法門與因果；如果外道全都能信受這三種議論了，才會爲外道解說「欲爲不淨，苦、空、無常、無我」等法，才使他們斷三縛結證初果，成爲正法中的聲聞聖人。我們這個證初果的法想要給會外學人，可是他們修學次法的情況究竟有沒有具足、有沒有實修了？這還得要再斟酌。所以我現在還是在思考，要不要把那天下午五個多小時講的內容整理成文字來流通？慢慢來吧！反正不急；因爲現在《正覺電子報》的文稿已經是塞車了，所以若是眞的要刊登連載的話，也可以慢慢來，不急！斷三縛結的好處，還是應該讓諸位在現場聞法的人先得。

回到《金剛經宗通》來，上回我們把第一段講完了，事說也講了一半。事說的部分還剩下後半段，是要留在這一品的第二段來講的，所以現在從這一品的第二段開始：

【「須菩提！於意云何？可以三十二相，見如來不？」「不也！世尊！不可以三十二相得見如來。何以故？如來說三十二相即是非相，是名三十二相。」】

「須菩提！若有善男子、善女人，以恒河沙等身命布施，若復有人於此經中，乃至受持四句偈等，為他人說，其福甚多。」

講記：這一段經文，佛問須菩提：「須菩提！你的意下如何？可以用三十二相來看見如來嗎？」須菩提答覆說：「不是這樣的！世尊！不可以用三十二相看見如來。為何這樣說呢？因為如來說三十二相就是非相，這樣才叫作三十二相。」佛開示說：「須菩提啊！如果有善男子、善女人，以恒河沙等身命來布施，如果另外有人是在這個經裡面受持，乃至於只受持四句偈等，來為別人解說，他的福德其實是更多的。」

這還是在講金剛心，不能從文字表相來理解，否則仍然是不免誤會的。一般人學佛後，當然也是很想見到眞實如來，但是他們都希望所見的如來是有形像的、能說話的，最好在夢中或定中為他說一大篇的佛法，他們以為這樣就是眞正的親見如來。但是當 佛用有形相的「三十二相」的表相，提出來問須菩提的時候，須菩提卻說不是這樣的，說如果用三十二相而想要見到眞正的如來，是看不見的；因為眞正的如來無形無相，所以不能用三十二相來見如來。如果看見三十二相的如來時，那並不是眞正的如來。須菩提會這樣講的緣故，是因爲 世尊曾經開示過：三十二相都是非相。要這樣來看待三十二相，才是眞正的看見三十二相。也就是說，其實三十二相都是從自心如來、從法身如來而出生的，只有法身如來才是眞實的如來；所以三十二相不是眞正的如來，那個相是虛妄的，應該說它非相。假使說看見有人具備三十二相，就是看見如來的話，問題就跟著來了，轉輪聖王也有三十二相，那麼是否看見轉輪聖王時，就等於是看見如來了呢？所以不能用三十二相來當作是清淨如來。雖然轉輪聖王的三十二相不明了，諸佛都很明了，然而三十二相終究只是諸佛如來顯現於外的身相，不是眞實如來。

三十二相是指諸佛的大人相，有位比丘名爲難陀，他有三十相；所以大部分的人，幾乎很少有人見了他而不喜歡他的，大部分人都喜歡他。當然這也有因爲過去世的因緣，所以女衆看了他都很喜歡，是有過去世多劫因緣的，因爲他過去世跟很多女衆結過很多的好緣。難陀很喜歡利益女衆，多劫以來的貪淫習氣種子尚未斷除，所以他每逢說法上座都會先看妳們女衆。如果妳們哪一天看見一個阿羅漢示現在人間，他一上座就先看妳們，把妳們每一位都先瞧一瞧，然後再轉過頭去瞧男衆，你就知道他可能是難陀比丘迴向大乘又來這裡了。難陀有三十相，可是轉輪聖王有三十二相，只是不像佛陀那麼分明而已。轉輪聖王也有三十二相，假使誰看見了有人示現三十二相，就把他當作是如來，那就誤會了；因爲那三十二相是從如來藏顯現的，而如來藏含藏這三十二大人相的種子，是屬於福德果報上的色法種子，卻是經由無量世修習種種福德而成就的。由於三十二相的本身，並不是完全由智慧得來，大部分是從修集福德而得來的，所以三十二相仍然是有爲的法相，不是眞實相，並不是眞實的自心如來，所以說它仍然非相。

須菩提很瞭解這個道理，因爲他已經迴向大乘，並且也證悟了，所以他回答的時候講得很清楚。然後　佛就開示說：「**假使有善男子或善女人，用無量世中所有的恆河沙等身命來布施，那個福德當然是很大的。**」恆河沙到底有多少？沒辦法算。且不說細緻的恆河沙，說台灣聞名的濁水溪的粗沙就好，到底有多少沙呢？這都沒辦法計算的。那恆河又寬又長，下游的沙又細，比濁水溪的沙細。我們以前小時候，蓋房子都用濁水溪的沙，那沙子都是黑色的、扁扁的、圓圓的；恆河沙，特別是下游，就像濁水溪沙子的七或八分之一那樣細。那你想，以恆河沙數目的色身以及生命布施，那到底有多少？

無法計算。那表示說，是以無量世來布施，並且不單是作外財的布施，也是要作內財的布施；因爲以色身生命來布施，就是內財布施。那麼這樣來布施，不如有一個人只要一世的一段時間裡爲人如實講解整部《金剛經》；或者少一點，或者只爲人如實講解《金剛經》中的一首四句偈，福德不可限量。這樣如果覺得福德太多了，不然就乾脆從自心流注，自己寫出另一首《金剛經》的四句偈（因爲《金剛經》就是此經如來藏金剛心），以自己寫出來的《金剛經》四句偈來爲大眾演說；比起爲人講解整部《金剛經》，這樣的福德算是少很多了呵！可是即使這樣少的福德，還是遠超過無量世以來，以恆河沙數的色身和命根來布施。想想看，這個福德功德實在廣大。

爲什麼功德福德會這樣廣大？因爲以恆河沙等色身以及生命來布施，是以什麼爲基礎而能這樣作？諸位想想看，菩薩們在等覺位作布施，那是要整整一百大劫來修集福德；這一百大劫中所有的色身生命財產都拿來布施，這福德當然大到難以想像，可是爲什麼不如另一個人只用《金剛經》的四句偈爲人作法施呢？這就是說，等覺菩薩百劫修相好，以內財布施，那時候眾生只是純粹在外財、內財上面得到利益，都屬於世俗法中的有爲生滅法的獲得。可是菩薩從七住位乃至十迴向位之前，如實爲人講解《金剛經》，乃至只說其中的一首偈，他的福德遠勝於等覺菩薩的百劫布施內外財。這是因爲三賢菩薩如實把這種法來爲眾生說明，讓眾生可以從他的說法當中，去找到他自己的《金剛經》，把他自己的《金剛經》、自己的金剛心找出來，這樣的眾生不但可以永遠不墮三惡道中，並且還可以發起實相般若的智慧。以此緣故，這位三賢菩薩爲人說法的福德就很廣大了。當然，前提還是如實講解「此經」而不是依文解義，更不是自己想像而亂講一通，說什麼性空唯名。

如同別的經典中，佛開示說：「度百萬人得初果，不如度一人得二果；度一億人得三果，不如度一人得阿羅漢；」然後又說：「度十百千億人得阿羅漢，不如度一人迴向菩薩道、發起菩提心。」都還不必證悟佛菩提。那你想想，度一個人來迴向修菩薩道，超過度十百千億人得阿羅漢；可是你如果度一萬人迴入菩薩道，修大乘行永不入滅，你不如度一個人明心開悟；而你爲人講《金剛經》，或者爲人講其中的一首四句偈，一定可以度得幾個人明心；除非是沒有悟的人把《金剛經》依文解義，導致三世佛怨，若是眞悟的人講《金剛經》，一定會有人開悟的。五祖弘忍大師講《金剛經》，所以六祖當然悟了，因此他就說：「何期自性本不生滅，何期自性本自清淨，」乃至說：「何期自性能生萬法，何期自性本自具足。」

因爲他證的不是緣起性空、一切法空，而是證得金剛心、如來藏，是第一義諦，不只是聲聞緣覺世俗諦的諸法無常、苦、空、無我；被他這樣度的人，將來一樣是菩薩而永遠不會入無餘涅槃，利樂眾生無窮無盡，而且是究竟的利樂、了義的利樂。因爲這個緣故，所以有的禪師悟了以後心裡面想：「我只要度一個人明心，可以把法繼續傳下去就夠了！因爲這個功德，勝過度了十萬、百萬人成阿羅漢了。」他這麼想，所以一生只要度一個人開悟，他就溜走了，不想再繼續度人開悟了；他認爲他的任務已經完成了，對得起傳法給他的師父了。古來有許多這種禪師，最有名的就是撐船度人的船子德誠，他度了一個夾山善會悟了，也沒好好勘驗他，就棄舟離去了！因爲他認爲：「我度一個人開悟大乘般若，勝過度十萬、百萬人成阿羅漢，這功德夠大了。」所以他連渡船都不要，當時就走了；最後隱居在哪裡，後來是怎麼死的，也沒有人知道。這就是說，他功德確實很大。

所以三賢位的菩薩證悟後，爲人如實演講《金剛經》時，他會告訴眾生：

什麼是生命——五蘊，什麼是布施。當眾生瞭解生命是從哪裡來的，瞭解了布施之中其實沒有一個人在布施，也沒有一個對方在接受布施，也沒有布施這回事，使被度的眾生實證三輪體空時，福德是大到無量無邊的。這樣的菩薩，他發覺所謂布施其實就在眾生的人生大夢中來作布施，而主角其實是背後的如來藏。表面上看來，兩個人在那邊完成布施這回事，一個作布施者，另一個作受施者，由布施者拿著財物送給受施者。可是這個布施其實都是假的，因爲布施與受施都是生滅的五蘊，而五蘊背後的如來藏從來沒有所謂的布施與受施可言，更沒有所謂的財物可說。大家都只看到這五蘊假人在布施財物給那個五蘊假人，被布施的假人就讚歎布施的假人說：「你未來世的福德無量無邊，一定是大富的善人。」可是若要論眞的，誰才是大富善人？是五蘊假人背後的如來藏。

一切有情也都領受各自如來藏的布施，被布施的是各自的五陰，你們五陰坐在正覺講堂中都只是傀儡，眞正的布施者其實是你身上的那個如來藏。所以三賢位菩薩幫助人家往裡面去看，找到如來藏時才知道眞正布施者和眞正的大富善人：原來祂才是眞的，五陰的自己是假有的，自己是無常生滅的。

由於菩薩有這個智慧，眾生聽聞他說法而找到了如來藏，就會繼續世世利樂眾生而邁向成佛之道，永不入滅而可以利樂無量無數人，因此這個福德才是眞的廣大；因爲他幫助眾生實證的是法界中的實相，不是二乘小法所證的解脫果而已。

由於這位三賢菩薩這樣爲眾生如實說法，所以眾生因爲他的說法而發起了法身德，經由法身德而發起了般若德，經由般若德也分證了解脫德或最後究竟完成解脫德，所以他的福德才是甚多。因爲等覺菩薩縱使以百劫布施身命，那些眾生大多數無法因爲他的布施而證得自心如來這個法身，所以那些受施者畢竟無法瞭解法界的眞實相，不能成爲眞實義的菩薩。因此說，假使有人在講這部經，也就是在講你身上那部經，從那部經中拿出一首四句偈，或者乾脆就拿這部大藏經中的《金剛經》來講，只要是如實而講，幫助因緣成熟的人悟入（只要有一人、二人悟入），那福德就超過去度十萬、百萬人成阿羅漢了！所以他這樣爲人如實解說《金剛經》，佛說他的福德非常多。

我們開講《金剛經宗通》以來，義工菩薩們有時候也會接到電話，或者有人直接來告訴他，說已經找到如來藏了。假使是眞的，看來我未來世的福德應該很廣大吧！只是說，我們不在禪三以外的場合勘驗，而且我們的勘驗標準非常高，不像古時候的禪宗祖師那種標準。因此，以我們的標準來講，古時候有許多祖師再來，也勘驗不過去。但是如果以古時候的標準來講，我想其中應該也會有三分之一、四分之一的人可以算是開悟，只是品質很差罷了。但是如果想要悟得好、品質高，還是得要來正覺同修會裡共修。不過，這是說，在這一部經中到底說的是哪一部經？這當然要認清楚。如果沒有找到身中的這一部《金剛經》，或者是聽了誤會而自以爲找到了，結果還是落在意識的範圍之內，那麼說話可得要很小心。如果眞正找到了這一部經，一定要先自己細心地勘驗；千萬不要大意又加上大膽，就自己公開去宣稱：「**我開悟了**。」否則難免造下大妄語業。到將來捨報時，如同世俗人說的：「**吃不了，兜著走**。」可要先衡量看看，自己有沒有那個衣服可以兜；如果衣服沒有好大的下襬可以兜，連兜著走都走不了，千萬要小心呵！

此經爲什麼這麼重要？因爲經由此經可以使人現觀祂的眞如性。假使找到一個心，祂是睡著了會斷滅的，或者悶絕了也會斷滅的，死後也會斷滅的，那就要小心了，表示那個心不眞實，不是眞實心。假使找到的那個心，於貪瞋境界中不是始終都如如不動的，而是會被貪與瞋所影響的，遇到了美妙的五塵也會貪著一下；雖然只是半秒鐘，就已經是貪著了。如果是這樣的話，就不是永遠如如的心，那就不符合眞如性。不符合眞如性，表示所悟的心不是此經，既不是《心經》也不是《金剛經》。所以找到了此經以後，要先確定是正確或是誤會？若是眞的找到了，才會懂得怎麼樣才是受持祂。

很多人學禪，聽禪師說要懂得「管帶」，可是沒想到那位教人家管帶的禪師，自己也沒有悟，自己也誤會了「管帶」兩個字。然後教人家說：「你要時時刻刻保持安祥，只要能夠一直都安祥，就會開悟，就可以得解脫。」可是我們卻要問：在一切境界中安祥的，到底是誰？（有人答：意識。）對嘛！就是意識嘛！因爲只有意識才會有安祥或急躁。此經如來藏離見聞覺知，有什麼安祥可說？有安祥底時候就會有急躁底時候，有安祥底時候相對地就會有暴跳如雷底時候，因爲是在六塵境界中才會有安祥。時時刻刻在六塵境界中，來管帶這個安祥，那還是落在意識境界中。這就很明白地表示說，他根本就連我見都沒有斷，怎麼能叫作開悟？連聲聞初果都算不上，何況是大乘法中的開悟，所以「管帶」不是講這個安祥底道理。

禪宗所說的管帶就是講受持《金剛經》，《金剛經》是哪部經？《金剛經》並不是文字上這部《金剛經》，而是各人身上那一部《心經》，因為祂性如金剛，所以又名《金剛經》。那麼，要如何受持才能叫作管帶？禪宗祖師所說的管帶，其實就是《金剛經》中這兩個字：受持。受持的意思，就是說接受了，並且永遠持住祂，不放捨。這就是說，當你找到一個心，祂具有眞實性與如如性，合稱爲眞如法性。找到了以後，就去觀察祂：祂確實是眞實與如如的，並且不是有時眞實與如如、有時不眞實不如如；而是從無始劫以來到現在，一直都是眞實與如如的。找到這個心能夠這樣觀察，才能夠說你是證得此經。證得此經之後，你能夠接受，才叫作受持此經。然後能夠一直都依止此經，也就是時時刻刻轉依此經，管帶意識不背離此經的眞如性；這樣才是禪宗祖師所說的管帶，所以受持此經就是禪宗祖師講的「管帶」。所以禪宗祖師每天遇見座下的弟子，他都故意會用禪宗的問話來問：「何處去來？」徒弟說：「菜園去來。」禪師又問：「菜園事作麼生？」弟子就裝著拿一把菜，一面割就一面走了。這就是管帶，不許弟子們一時一刻離開了所轉依的眞如性，這樣才眞正叫作「受持」。所以這個受持就是禪門所說的管帶，是管帶這個眞如法性，不許覺知心自己一時一刻離開了眞如性而放逸起來，這才是禪宗講的管帶；能夠這樣管帶，就表示他已經如法受持《金剛經》。

受持《金剛經》時可以大而化之，用種種大而化之的方法來受持，方便利樂有緣人，也就是自己編四句偈。如果有人問：「如何是此經？」你就說：「一、二、三、四、五。」這樣子，也是一句呀！「師父，你還有三句。」那就告訴他第二句：「五、六、七、八、九。」也可以，或者你就說：「六、七、八、九、十。」隨便你說。徒弟說：「師父！還欠兩句。」欠兩句喲？那不然，就用祖師的話來告訴他，也可以呀：「鈍鳥離巢易，靈龜脫殼難。」這也可以呀！這兩句語其實不是天童宏智正覺創造的，那是更早的古人講的；但是後人把古人的話拿來湊在宏智正覺身上，編成故事來毀謗大慧宗杲，那是題外話，且不管他（編案：詳見平實導師著《鈍鳥與靈龜》）。所以你如果能夠受持四句偈來爲人解說，那個福德就很大了。可是禪宗祖師受持非常、非常多的四句偈，有時候連兩字偈、一字偈都有，可是不太爲人解說，因爲怕說得太白了，就使人悟得輕易，導致實相智慧的品質不很好。特別是同一個年代中已經有許多的禪師悟了而且同時都在弘法，禪師們就不會爲人解說了，因爲怕有太多人開悟，會有輕洩密意導致壞法的後遺症。

因此，禪師們會有許多的四句偈，用來接引有緣人。如果人家來問：「如何是佛法大意？」禪師答說：「胡餅。」有時候答說：「綠瓦。」有時候答說：「乾屎橛。」有時候又講：「露柱。」有時候指示說：「花藥欄。」反正就隨便給你一個東西，那裡面就有如來藏了，禪師們都是不太爲人解說的。所以人家問趙州祖師西來意，他回答說：「六六三十六。」有一天，又有別人來問，他說：「急水上打毬子。」又有別人來問，他乾脆問：「吃粥了沒？」「還沒有。」「吃粥去！」另一個又來，問：「吃粥了沒？」「吃過了。」「洗鉢去！」也是不太爲人解說的。

只有我在禪三底時候不斷地解說，現在講《金剛經宗通》裡面也是不斷地解說；雖然不像禪三講得那麼白，但是對於已經破參的人來說，已經要拿我叫作蕭太白了，所以還是講得很白。因此，白與不白之間，就看你是不是已經悟了；你如果眞的悟了，你永遠都會覺得我講得太白了。還沒有找到的人卻是反過來，永遠都會說：「蕭老師應該叫作蕭太黑或者蕭太玄，都沒有把般若密意幫我們說明。」其中就只差這麼一念相應。所以，禪師怎麼樣即是爲他人解說了此經，這裡面當然有密意。其實我一直都是效法 如來，時時刻刻都在爲人說，問題是：有沒有誰緣熟了，聽到了弦外之音？如果有一個人緣熟了，聽到了弦外之音，他就悟了；我就要感謝他，幫我增加了許多福德。事實上確實是如此。

這段經文的事與理都說完了，我們再回到補充資料來。如果已經能夠如法受持的人，我們就應當要爲他解說，因爲般若證悟這個事情，所悟有深有淺、有廣有狹，各有不同。因此如果有人悟了，我們應當爲他說得更深細一些。如果有的人悟得很深妙了，他就應當循著古時 世尊的規矩，只在法主授意下，才可出世爲還沒有悟的人來作解說，避免把佛法密意輕易外洩給外道及佛門中悟緣未熟的人，以免佛教正法提早滅絕於人間。當他被指示出世弘法時，所說出來的那些語言文字，固然不是勝義諦；但是爲了饒益學人的緣故，還是應當以世俗言說來使學人們證入勝義諦中，所以《大般若波羅蜜多經》卷四百六十三有這樣的記載：

【佛告善現：「非異世俗別有勝義。所以者何？世俗眞如即是勝義。諸有情類顛倒妄執，於此眞如不知不見；諸菩薩摩訶薩爲益彼故，隨世俗相、顯

示諸法若有若無，非隨勝義。」】

我們先來解釋這一段經文。你們已經有不少人能夠如法受持了，那麼這段經文就與你有關係了。佛陀告訴善現菩薩說：「**並不是異於世俗法而另外有勝義諦。**」針對這一句話，還沒有證悟底人可得特別注意了，因爲常常有人主張：「**我得要修到心裡面都沒有妄想雜念，煩惱都已經除掉了，然後我才可以開悟。**」我想諸位應該都聽過這樣的說法。甚至也有佛門外道這麼講：「**我們想要開悟，一定要經過練精化氣、練氣化神、練神還虛的階段，到了虛無的階段，才有辦法開悟。**」我以前也聽過有人這麼講，我當然告訴他說：「**開悟跟練氣功、練道家的法完全無關，你這個不是佛法。**」他還很不高興，因爲那時候我還沒有正式出來弘法，沒有人知道我悟了。而我們教大家練習看話頭的功夫，主要是爲了幫助大家以後可以具備眼見佛性的因緣，副產品就是參禪的時候心地比較細膩而容易悟入；若究其實，能悟或不能悟，關鍵不在於有念或無念，而是心地夠不夠細膩以及有沒有正知見。

所以想要證得如來藏，而現觀祂的眞如法性，實證第一義諦，不能亂打妄想，不可以作不如理作意底思惟，而想要在三界外來找出這個實相。出了三界，你的十八界全都不存在了，五陰全都不存在了，還有你能找到勝義嗎？你總不能叫如來藏說：「老兄！你不要滅掉見聞覺知，我把自己全滅了，你現起見聞覺知來覺知你自己。」行不行？不行！因爲如來藏如果能夠聽你這樣勸告，把祂的離見聞覺知的體性轉變，成爲有見聞覺知，祂就不是如來藏了。祂若是會改變，那就不是眞實而如如，不是永遠不變。可是如來藏眞實而如如，而且是永遠都不可能被你改變的。所以你想要找祂，不要出三界去找，要在三界中的你自己五陰身上去找。出了三界，你自己就不在了；而如來藏無形無色，既不會反觀，又沒有見聞覺知，你叫祂怎麼找自己？那你不是在爲難祂嗎？假使祂聽得懂你的話，祂一定會罵你：「你是在刁難我！」所以你想要證悟勝義諦，得要在世俗諦中找；因爲如來藏就在你身上，而你這個五陰身、十八界身就是世俗生滅法；就是要在世俗生滅法中，你才能找到你的如來藏，所以 佛說：「非異世俗別有勝義。」

這個金剛心出生了你自己，然後跟你一直從來都不離。你早上一覺醒來，祂跟你在一起；你睡著了，祂也跟你意根同在一起，所以才說：「夜夜抱佛眠，朝朝還共起。」也許你說：「可是，我從來沒有覺得我抱著佛睡覺。」

怎麼沒有？你每天晚上抱著祂睡覺，只是你自己不知道而已，不要怪別人嘛！等你有一天眞的悟了，你才知道我眞的沒有騙你。每天抱著佛睡覺，還怪說：「佛爲什麼都不召見我？」佛都跟你在一起，佛時時刻刻都與你同在，猶如一神教講的：「上帝與你同在。」他們跟人家祝福都這樣祝福。我們諸位法師們也可以借來用一下，每天遇到了信徒供養而應該祝福對方時，就說：「願佛與你同在！」等到他有一天，終於找到了自心如來，他反而要來找你的麻煩：「什麼願佛跟我同在？本來就跟我同在，何必要你祈願？」根本不需要你祈願。因此說，你想要證得勝義諦，要在世俗諦中去求證；因爲祂出生了你，你是世俗法，祂雖然是勝義諦，卻一直都跟你在一起，祂從來沒有離開過你這個五陰十八界世俗法，而你五陰十八界全都附屬於祂而不外於祂，所以佛說：「非異世俗別有勝義。」

佛爲何說「世俗眞如即是勝義」？每一個有情的眞如法性，都在世俗法蘊處界當中；諸天天主如此，人類也是如此；修善而起瞋，死後生到修羅道，在修羅身上也是如此；假使造了惡業下墮三惡道，在三惡道身中也是如此，都在顯示祂的眞如。眞如的意思，是說每一個有情都有的眞如心，就是第八識如來藏，又名阿賴耶識；祂時時顯示著眞實性，因爲祂能生萬法；也時時顯示著祂的如如性，因爲祂永遠不動其心。當你暴跳如雷底時候，祂還是如如不動；當你中了樂透的頭獎，歡喜無限，連晚上都睡不著時，祂還是不動其心，如如不動，所以說祂是眞如。可是這個眞如法性，在聖位賢位菩薩身中時如此，在二乘聖人身上如此，在三惡道有情中也是如此。所以你如果證悟了，看見一條蜈蚣爬過來，你的習慣性直覺嚇了一跳，可是第二剎那你就會這樣說：「這蜈蚣菩薩也有眞如。」因爲你看到牠的第八識也是眞實而如如，這就叫作世俗眞如。這時你也可以說祂叫凡夫眞如、染污眞如，也可以這麼講；因此說世俗法中有眞如，世俗法中的眞如其實就是勝義；不能離於三界有情的世俗法而有眞如可證，所以說眞如存在於四聖六凡的世俗法蘊處界中；在蘊處界世俗法中證得眞如，那就是勝義諦。

那一些有情的各類眾生，由於顚倒想而虛妄地執著蘊處界中的某些法，錯認爲是常住的眞實我，所以對這個世俗眞如確實是不知也不見。當你證悟了以後，你指著那一條蜈蚣說：「眞如呀！眞如呀！在那裡呀！」一般人就是看不見，有神通的人也是同樣看不見：「在哪裡？在哪裡？」你送給他放大鏡看，他還是看不見，眞的沒有辦法；因爲這個不是肉眼所能見，這叫作慧眼所見。因此，當你突然一念相應，發起慧眼了，你對這個世俗眞如就了然分明地看見了。也許有人說：「我是老花眼，年紀一大把了，大概看不見吧？」也許有人還很年輕，他說：「我近視六百度，我可能也看不見吧！」但我告訴你：「這個慧眼，其實跟老花眼、近視眼都無關。」你們都別擔心老花眼或近視眼，因爲慧眼跟肉眼是不相干的，可是卻仍然要用到肉眼。還沒有悟底人聽了我這樣說，會覺得很奇怪呵！

這個說法，我說「慧眼跟肉眼無關」，可是你若是想要看到這個世俗眞如，卻還得要用到肉眼；可是卻跟老花眼、近視眼無關，眞的是這樣。如果證得如來藏了，你一定會認同我的說法：「確實是如此，從所證如來藏底現量而作現前觀照，確實講得沒有錯。」可是還沒有證得如來藏底人，就覺得很奇怪：「爲什麼這樣講？聽起來都好像很玄，讓我透不過。」可是你找到如來藏以後，你發覺說：「事實就是這樣，這不必解說，悟後就知道了。」我現在算是老婆心切吧！因爲老婆心切，所以就多講一點；雖然你不一定能夠悟入，至少能夠激發求悟底心；一步一步地，每聽一次就激發一點意願出來；激發到一百次、一千次，那個意願就更強了；到最後你說：「我非要證得這個眞如不行。」這一發奮起來，可能不久就悟入了。那時候你就會想起來說：「當年蕭老師說的，看這個眞如法性要用肉眼，可是眞的跟老花眼、近視眼都沒有關係。如今開悟了再觀察，確實是如此。」一般人往往會想：「既然要用肉眼，那肉眼老花了，或者年輕時近視很嚴重，當然是不可能看得很清楚。」可是等你悟了以後，你會這樣說：「根本就無關嘛！我雖然老花五百度，眼鏡摘下來還是看得清楚分明。」眞如的法性，它的特性就是如此。

有情眾生如果離開了顚倒妄執，對於這個世俗眞如、勝義眞如都可以知見；諸菩薩摩訶薩，爲了要利益顚倒妄執底眾生，就隨著世俗相，來顯示諸法若有若無，而不是隨於勝義來說。如果是完全隨於勝義而說，根本就不可能有人能悟入；因爲隨於勝義時，就是把五陰十八界遮蓋了，只剩下眞如法性讓你來悟，那是沒有一個法可以這樣讓人悟入的。即使 維摩詰菩薩在毘耶離家中杜口不言，那也是隨於世俗法來顯示眞如法性，再由眞如法性的證得，來反觀諸法或有或無。如果是依勝義諦要來讓人家悟入眞如，那麼應該只有一個辦法，就是諸佛菩薩入了無餘涅槃來讓人悟；可是那其實絕對不可能使人開悟呀！因爲那時根本就無形無色，你永遠無從看到如來藏。所以說，維摩杜口、世尊靜坐，雖然也使人開悟了，但那也是先藉世俗諦、藉世俗法來幫眾生建立正知見，才能以踞座默然或杜口而讓眾生悟入，但眾生悟入時仍然是在世俗法中悟入眞如；因此都是在世俗法中來顯示諸法的或有或無，來顯示眞如法性的恆存不變，都不是隨於勝義而悟入、而開示。

譬如說《大般若經》六百卷，或者說小品般若……等經典，那些文字記載，那些語言文字底宣說，是不是世俗法？當然都是世俗法，卻還是在這些世俗法中讓有緣底菩薩可以悟入。所以大品般若、小品般若、《金剛經》、思益梵天所問經、放光般若經》等，乃至最短的《心經》，其實都叫作指月之指，它們就只是一個指頭，指出月亮在哪裡。你如果還是讀不懂，那就報名禪淨班好好地學習；正知正見都具足以後每天去唱那一首「我愛月亮」：「月亮在哪裡？月亮在哪裡？……」唱上三十年，你也是可以開悟的。我是說眞的，不是開玩笑。那首歌是誰唱的？我也忘了。喔！月亮歌后。可惜她唱不出勝義諦來，讓她再唱三十年，也沒辦法，因爲沒有熏習第一義諦的正知正見。你們如果禪淨班的知見熏習夠了，有全都聽懂而吸收了，那麼把這首歌唱上三十年，我管保你會開悟。如果每天唱、不斷地唱，有空就一直唱，都不要唱別的，你就只要唱那一首歌，唱上三十年，眞的！可以悟的，因爲唱歌也是世俗法，世俗法中有眞如，就看你怎麼證悟祂。

這一段經文，講的是什麼？就是在說明：證得第八識心的人，是可以得到眞如三昧的，這樣就是證眞如。因爲眞如並不是心，而是在說明、是在代表第八識心體所顯示出來的眞如性。第八識確實有眞實性、如如性這兩種特性，簡稱爲眞如法性。這個眞如法性，不能外於第八阿賴耶識而有。這個第八識心，因爲能生萬法又常住不壞，所以說祂有眞實性；而祂對於所生的萬法，譬如祂出生了六塵以後，六塵中有無量無邊萬法，祂卻從來不加以了知、從來不作分別，所以祂對六塵中的萬法永遠是如如不動的，永遠如如不動就叫作如如。第八識心眞實存在、常住不壞而且能生萬法，有這種自性，所以叫眞實；祂對萬法又如如不動，把眞實與如如合起來，就叫作眞如。而禪宗的祖師正因爲這個心永遠都是眞實與如如，永遠顯示祂的眞如法性，所以有時候乾脆就直接以眞如二字來指稱這個第八識；所以你只要找到這個第八識心，能夠現觀祂的眞實與如如，你就是證眞如了，就是大乘菩提中的見道者。假使你還要外於這個第八識心，另外去求證眞如，那麼你就永遠沒有證眞如的可能。

但是，眞如三昧實證而引生的智慧，有深也有淺；所以證眞如的智慧，在第一大阿僧祇劫的三十心之中，橫跨了二十四個位階；從第七住位開始到第十迴向位爲止，總共是第一大無量數劫的三十分之二十四，在這裡面都是已經親證眞如的菩薩。也就是說，從第七住位證眞如以後就轉依這個眞如性；不斷地再熏習與觀行，到了第十迴向位的滿心位，才算圓滿了見道位的功德智慧。這都是在修智慧，也還得要繼續修集福德，才能配合著漸次增上，所以並不是一悟就沒事了。所以《六祖壇經》講：「一悟即至佛地。」那是方便說，是爲了鼓勵有菩薩性底學人們趕快求悟。所以，這就像有人拿著一片金光閃閃底楓葉或者槭樹底黃葉，說：「這是黃金作的，你們要趕快找到自己的金葉子。」等你找到了，說原來不是黃金，原來只是一片樹葉，不值一文；因爲眞如賣也賣不掉，也沒有內行人肯買；可是卻被騙得很歡喜、很甘願，因爲實相般若出生了，有大智慧了。因此，六祖那個「一悟即至佛地」，只是方便說；眞的證悟了，才只是七住位，這叫作眞見道。

大乘見道位函蓋底範圍很廣，其實從七住位邁入八住位開始，修到十迴向位的第十迴向滿足了，才算是通達實相般若了；通達了以後，還得要發十無盡願，並且還要具足入地所需底大福德，也就是性障的修除——永伏性障如阿羅漢，那就是說，至少要成爲根性很好的三果人，或者斷除五上分結而證得阿羅漢果，再起惑潤生行菩薩道，才有資格發十無盡願而眞的進入初地心，這樣才算是通達位。要提醒諸位的是，永伏性障如阿羅漢，是品質最好底三果人，必定都有很好的初禪實證，不是初禪不全或者退分的初禪人。所以，入地的初地心只是見道的通達位，當然這是指大乘見道，不是指二乘法中的見道。

所以，眞如三昧的智慧有深有淺、有廣有狹，剛悟的七住位實相般若既淺又狹，千萬不能自滿。因此，悟得如來藏而現觀眞如法性，已經親證眞如了，卻不可以一悟就滿足了；否則一旦生起慢心，就會永遠住在第七住位中，無法往前進；乃至於因慢而與意識相應，有可能會退失眞如三昧，就會回墮於意識心中，那叫作退轉，不叫作增上。可是往往有人本質是退轉，他卻沒有智慧簡別，還以爲自己是增上，然後到處宣揚：「我們後來再悟底，比你們正覺同修會的法更高，我們是證得佛地眞如。」可是等到你跟過去學習，學了老半天，後來才發覺：那個所謂的佛地眞如，原來是因地眾生的離念靈知，那是退回意識裡面去了。

講到這裡，我們就可以回到經文來說了：「可以三十二相見如來嗎？」答案是「不可以」，因爲三十二相即是非相。三十二相是從哪裡來的呢？還是從如來藏來的，是經由往世不斷地熏習菩薩行，並且確實地努力修習，所以具備了三十二大人相的福德種子，因此才能在最後身菩薩位降生人間時，示現出三十二大人相。所以應該說，如來藏心體因爲具足眞如性的緣故，名爲三十二大人相。那三十二大人相是示現在外的，那已經是無常之相、生滅之相，所以說爲非相。既然是「非相」，就不是眞的三十二大人相；而能生三十二大人相的眞如，祂卻沒有任何相，也是「非相」；這樣見如來，才是眞見，不可以用三十二大人相來見如來——從應身如來具足三十二大人相的五蘊來見時，並不是看見眞正的如來；以看見如來眞如的眞實見來見如來，才是眞的見如來。所以，你如果悟了，假使有人來問你：「《金剛經》說三十二相即是非相，是名三十二相。那到底什麼是三十二相？」你就告訴他：「喫茶去！」這就夠了！因爲能生三十二大人相的眞如就在那裡面，不外於世俗眞如，所以世俗眞如也就是三十二大人相。

你如果來問我說：「如何是世俗眞如？」我就告訴你：「三十二大人相。」再問：「如何是三十二大人相？」我就答覆你：「世俗眞如。」就這樣，你可以無窮問，我就只用這兩句無窮答。如果你夠利根，在無窮問、無窮答的過程中，你還是會悟入的，問題只是你證悟底因緣成熟了沒有、時節到了沒有。時節一到，那是擋不住的，非悟不可，千軍萬馬都擋你不住。不論天魔波旬派了多少天兵天將來阻止你，也無奈你何！天魔心裡還是要準備著：不論你在什麼時候悟了，他的天宮要搖動的。人間每逢有一個人悟入，天宮都要震動的，經中就有這種說法；魔宮不可能不搖動的，因爲那是他最大的恐懼。由於他的恐懼，所以人間有一個人悟了，他的天宮就會動搖一會兒；可是搖歸搖、動歸動，他對我們正覺同修會還是無可奈何。因爲八、九年前（編案：這是二〇〇七年五月八日所說），我開悟後不久，還沒經過幾年，他就跟我交過手了；他派了三個很美、很美的女兒來，想要把我拉回欲界來，卻都拉不回

有相？因爲眞如是第八識的行相，就是第八識心體運行時顯示出來的法相，所以說祂有相。第八識在三界中運行的過程中，就會顯示出祂眞如法性的運作行相，所以說眞如是阿賴耶識的行相。在《成唯識論》中，曾因此而說眞如是第八識的相分。沒想到吧？等你找到第八識而證眞如時，你現前去思惟及觀察，你會發覺：眞如，眞的是第八識的許多相分之一，它就是在第八識運作的過程當中，顯示出眞如法相，所以眞如也是第八識的相分。當你悟了，你聽我這麼一講，以前可能沒想到這一點，可是當你聽我這麼一講，就可以自己現前觀察到確實是如此。從這一句話以及《成唯識論》中有好多句話，我們都可以證明，玄奘菩薩不是某些人所毀謗的只是一個教下的學者，絕對不是！他所證的無生法忍，沒有幾個人能懂的，所以他至少是三地心的菩薩，否則他怎麼能夠說出這一句話？竟然能夠在論中明說眞如是第八識的相分。沒有無生法忍的學問僧，一定無法講出這種現量實證的妙論來的，只有實證者才有辦法講。而且他不但實證了，他還有好幾句話在跟你指示第八識心的所在。你們聽了我這麼說，心裡面可能想著：**「賺到了！我回家以後趕快把《成唯識論》請出來讀。」**可是我告訴你，你鐵定讀不懂！因爲我既明心又見性二、三年時，都還讀不懂它；是後來貫穿了《楞伽經》、《如來藏經》、《解深密經》等如來藏系的經典以後，回頭來讀才算讀懂了。哪有那麼簡單！如果那麼簡單就把密意讓你透了去，那《成唯識論》還能叫作《成唯識論》嗎？

言歸正傳，玄奘菩薩已經明說了：「眞如亦是識之實性。」而且又說明眞如其實只是阿賴耶識運行過程中顯示出來的行相，就是第八識的相分。這就已經告訴大家了：「你若是想要證眞如，就是要去找到第八識；找到第八識的時候，看到祂運行的相分中顯示出眞實性與如如性，你就知道什麼叫眞如了、就現前看見了，就是證眞如了。」沒想到竟然有人另外去胡亂解釋說：「眞如是出生阿賴耶識的心。」那不是顚倒嗎？人家已經說眞如是阿賴耶識的識性，說是識的行相了，他們卻發明說「眞如出生阿賴耶識」。我們把那個道理解釋出來以後，他們發覺到自己引述出來的玄奘菩薩論義其實是在否定他們自己的說法，於是決定說：「不可以再弘揚玄奘菩薩的東西了。」所以後來又改口說：「玄奘菩薩也是沒有開悟啦！」只要誰說的跟他講的不一樣，就是沒有開悟的人，就這麼簡單判定啦！後來他們又推崇永明延壽，說他們現在的老師是永明延壽；其實永明延壽的境界相較於玄奘菩薩，那不曉得是差多少劫的事了；他雖然已經悟了，再修上一大阿僧祇劫，也是跟不上玄奘菩薩的，但他悟的眞如跟玄奘菩薩是一樣的。他們不信邪，我們就把永明延壽講的印出來，證明永明講的跟他們的主張不一樣，我想他們將來可能又要說：「**那永明延壽菩薩也沒有悟啦！**」你說荒唐不荒唐？只要誰的說法跟他不一樣，他就說人家是沒有悟；那麼依這樣看來，佛陀也應該是沒有悟了，因爲 佛陀的說法也都跟他們不一樣。

所以，眞正的三十二大人相，其實是無相的，這個無相之相就是「此經」如來藏的眞如法性、就是眞如相；可是眞如相是要由第八識如來藏顯示出來的，這樣的證眞如才是眞實的證眞如。所以，從這樣來看，佛陀說「**三十二相即是非相，是名三十二相**」，這樣就通了。這一段說的「**此經**」、「**受持**」以及四句偈，乃至「**爲他人說**」，其中的眞實義，諸位聽完也就懂了。可是懂歸懂，畢竟還沒有找到如來藏，我當然還是要再幫助你們。已經找到的人，就拿它作差別智來增益自己的無生智，往初地邁進。咱們接著再來看看宗門裡，我應該怎麼爲諸位解說：

【世尊忒會搞怪，說個經名、奉持；後又說微塵，隨即說不是微塵；說個世界，又說不是世界，如是說名微塵與世界，這微塵與世界眞奇怪。若有人問著：「**如何是佛法大意？**」平實答云：「**佛法。**」或有人再問，平實答云：「**大意。**」又有人問：「**如何是金剛般若波羅蜜？**」答云：「**金剛。**」再問者，答云：「**般若。**」三問者，答云：「**波羅蜜。**」】

我這段文字中說，世尊忒會搞怪，所以在這一品經文裡面，說個經名、說個奉持；然後又說微塵，又說不是微塵；說個世界，又說不是世界；說個三十二相，又說不是三十二相；這樣說了微塵、世界、受持、經名、三十二大人相，那到底是什麼？說了以後又說不是，說了不是又說那就是，眞奇怪！可是爲什麼會如此說？因爲不管說微塵或者說世界、說受持、說經名、說三十二相，其實都是在說這個如來藏，並沒有說別的；只要你找到此經，都把它會歸此經如來藏，來說這一些、來讀這一些、來理解這一些，你就可以瞭解世尊葫蘆裡面在賣什麼藥。你就知道說：原來 世尊講這一些，都只是個幌子，祂掛著那個「羊頭」招牌，其實還是在賣「狗肉」（我這是藉宋朝時無門慧開禪師的話來講）。等你看見了那個「狗肉」的時候，你就知道說：所謂羊頭即非羊頭，是名羊頭。祂賣的就是這個東西，祂不是在賣「羊頭」，也不是在賣「羊肉」，因爲祂要告訴你的是「狗肉」；可是因爲不能夠明講，就掛個「羊頭」在那邊。當你知道祂賣的是「狗肉」的時候，你就會講《金剛經》了：所謂羊頭即非羊頭，是名羊頭。因爲那個「羊頭」確實不是「羊頭」，祂講的其實是暗指「狗肉」，就那樣用「羊頭」的名義來講「狗肉」，才是「羊頭」的眞正意思。這樣講就對了。所以《金剛經》裡面那一些說法都是同一個公式，你以如來藏來看這一些語言文字，來看世尊怎麼說，你就知道祂不管說什麼，其實都是在告訴你：如來藏在哪裡。或者在告訴你：如來藏的體性。當你知道如來藏在哪裡的時候，你就可以現觀如來藏的體性，就可以說：所謂佛法即非佛法，是名佛法。你就可以說：所謂金剛心即非金剛心，是名金剛心。當你懂得這樣說的時候，你就知道整部《金剛經》每一句話，都在指向那個月亮——都在指向如來藏。

如果有人來問著：「**如何是佛法大意？**」我就教你一招，當他問佛法大意四個字，你預防他一問再問，就把它拆開成兩個部分來答。「**如何是佛法大意？**」答曰：「**佛法。**」如果不死心再問：「**如何是佛法大意？**」你就回答說：「大意。」因為你已經把佛法的大意告訴他了，如果他透得過，他就看見了佛法的大意。如果有人來問：「如何是金剛般若波羅蜜？」你就把它分成三個：第一次問，就答他「金剛」；如果再問，你就答他「般若」；如果三問，你就答他「波羅蜜」；如果這樣還不懂，還問第四問，就把他打出去；因為第四問以後即使悟得了，也不堪受教。接著再來看宗門裡的說法，第二個部分，我說：**【唯有證悟者，方是真實受持《金剛經》者。譬如雲門文偃禪師的「露柱、綠瓦、花藥欄、乾屎橛、東山水上行」，會得者，方是真正的東山禪。雲門最有名是「胡餅」，禪門大師至今猶疑。今時平實雖是真正東山禪，其實應名老婆禪。】**

我們說，只有真實證悟底人，才是真實受持《金剛經》底人；真正能受持《金剛經》底人，就是真正受持《心經》底人。譬如雲門文偃禪師，有人問：「如何是佛法？」他就答覆：「露柱。」竟然說是那個綁驢子、綁馬的露地上的柱子；可是他真的是在講露柱嗎？其實不是在講露柱啦！也有人問，他卻答：「綠瓦。」他講的其實不是在講綠瓦，是在講如來藏。如果有人再問，他又說：「花藥欄。」反正他就拿現前看得見的來塞你的嘴，你想要吃什麼?他就塞什麼給你,只要是他看得見的就塞給你。花藥,我們去年、前年都有人在花藥生產的時候,買來供佛,眞的很漂亮。所以禪門裡面如果種了花藥(花藥就是芍藥,中藥裡面就說是芍藥),當它開花的時候確實很美,所以珍貴,禪門裡種花藥時都會用欄杆把它圍起來。有人問:「**如何是佛法大意?**」雲門禪師也許正好在觀賞花藥,就告訴他:「**花藥欄。**」所以,雲門說的「**乾屎橛、東山水上行**」,其實也都是一樣的。

我這一世也聽過一位大法師講公案:什麼叫東山水上行?他說:「**東山那麼大、那麼重,竟然會在水上行!那就表示說,世間是沒有這個東西。**」這豈止言不及義,根本就是胡人的說法。這表示說,他完全不知道雲門的「東山水上行」是什麼意思。如果照他那樣講的話,雲門有時候答「露柱、綠瓦、花藥欄、乾屎橛」,這可都是世間有的東西,都不是世間沒有的東西喔!那他的解釋就不通了。所以他顯然不懂禪嘛!因此要眞正會得雲門禪師的露柱乃至東山水上行,才是眞正的東山禪。雲門輾轉繼承了五祖的東山禪,絕對不是隨隨便便答覆的,他的言語裡面都有深意。

可是這些還不夠出名,雲門的佛法大意,後來因爲被雪竇重顯禪師拿來作了一首頌，所以雲門的「胡餅」就有名起來了。雲門的胡餅很難買得到，你不容易買得到，它從一千多年前一直賣，賣到現在已有一千多年了。雪竇重顯拈出雲門胡餅這個公案說：「胡餅䂐來猶不住，至今天下有淆訛。」是說雲門口裡說的胡餅就這樣直直地䂐過來，到一百年後的雪竇重顯時代都還沒有停住，所以雪竇重顯禪師拈提說：當代的諸方老宿們卻是依舊淆訛不清。所以雲門的胡餅到今天當然還是熱賣，還沒有人把它買走，所以還有很多人在討論：「這雲門胡餅到底是什麼？」古時克勤大師把它寫入《碧巖錄》中，所以它在當時又更大大地有名了。正因爲無人買得走，所以今天我們就說：「胡餅䂐來已千年，時人至今有淆訛。」這個「䂐」的意思，是說直直地丟過來，就像人家在擲飛劍一樣，直直地丟過來，那叫作「䂐來」。雪竇禪師是說：雲門這個胡餅䂐過來，到了他那個年代已經䂐了一百多年；可是當時的禪門老宿還是有淆訛，還是弄不清楚它。

可是當你進了正覺，我們就是希望幫助你，能夠接到雲門䂐過來的那塊胡餅。等到你接到胡餅底時候，你說：「根本就沒有胡餅。」雖然沒有胡餅，你卻說：「這個胡餅還眞的津津有味，好吃極了！」還沒有悟的人就想：「奇怪！你這個人怎麼這樣說話？既然接到了，又說沒有接到胡餅；沒有接到胡餅，卻又說它很好吃，津津有味！」有人也許就學印順說：「那些都是野狐禪，亂扯！」可是等你接到了雲門的胡餅，你就證眞如了，你將會發覺：那確實不是胡扯，而是非常非常勝妙底佛法。所以，要眞能會得雲門那個胡餅，就會得他的「花藥欄、露柱、綠瓦、乾屎橛、東山水上行」，可就全都會了。這一會，你就懂得五祖弘忍東山禪的密意了。這東山禪一傳再傳，傳之不絕，再經由楊岐方會、白雲守端、五祖法演、克勤圜悟，然後再由大慧宗杲延續，這樣一代一代傳下來，到現在還在，就在我們正覺中。

可是我們現在繼承了雲門得自五祖弘忍的東山禪，爲了廣爲弘揚、復興佛教，必須有很多人來工作，於是我不像雲門那麼苛求、那麼儉吝，放手也就豪奢許多，因此其實已不太像東山禪了，應該叫作老婆禪。因爲精進禪三期中，自古以來禪師像我們那麼老婆的，確實絕無僅有。那就像大慧普覺禪師講的：「荔枝拿了來，把殼去了、核也去了，果肉塞到你嘴裡，你只要嚥一嚥就行了。」眞的就是這樣呀！可是有的人，我幫他剝了皮、去了核、塞進他的嘴裡以後，他嚥下以後竟然還說：「這個不是。」明明就是荔枝，他們竟然否定說：「這個不是荔枝。」能奈他何？所以我們眞的算是老婆禪。也許一百年後大家會說：「平實導師那個禪叫作老婆禪。」從此以後，就立名這一宗叫老婆宗（大眾笑…），因爲從來沒有禪師們像我們這樣老婆的。接下來，我就說：**【如何奉持此經？佛云：「是經名爲《金剛般若波羅蜜》，以是名字，汝當奉持。」**欲悟者，但只每日口中唸著**「金剛般若波羅蜜」**名字，**唸上三十年，三十年後便是奉持此經也！**（但須在正確知見下唸，否則唸到驢年到來，仍非奉持此經也！此是正覺一行三昧也！只如三十年後，如何是奉持此經？莫錯會，錯會，三十棒！）**眞會得者，佛說「是經名爲《金剛般若波羅蜜》，以是名字，汝當奉持」，便已眞實了知也！】**

接著我們來說，要如何奉持此經？佛陀開示說：「是經名爲《金剛般若波羅蜜》，以是名字，汝當奉持。」這不正是前面講的嗎？當須菩提問：「應當要如何奉持此經？」佛的意思就是：奉持了如來藏心，這部經便叫作《金剛經》，叫作《心經》，叫作《如來藏經》，或者叫作一切經。因爲一切經都從「此經」出，這在前面 佛陀已經講過了。等到須菩提尊者問：「應該用什麼名字來奉持此經？」佛說：「這一部經叫作《金剛般若波羅蜜》。」你要把它稱為《金剛經》也得，稱為《般若經》也得，稱為《波羅蜜經》也得，或者把它合起來稱為《金剛般若波羅蜜經》也得。可是 佛卻交代說：「用這個名字，你應當奉持。」既然 佛陀這麼交代說：「用這個名字，你可以奉持這一部經。」那你就奉持這一部經名也可以。所以，你如果還沒有悟，就每天口中喃喃自語的唸著《金剛般若波羅蜜經》；這樣一直唸，唸上三十年了，你一定可以奉持此經的，這也可以叫作正覺一行三昧。在唸佛法門裡面不是有個一行三昧嗎？說：如果想要證一行三昧，可以隨佛方所，持唸佛名。如果你是唸 阿彌陀佛，就面向西方持唸 阿彌陀佛名號。如果你唸 琉璃光如來，你就面向東方持唸 琉璃光如來名號。隨佛方所，持唸名號，你就一直唸：「阿彌陀佛、阿彌陀佛、阿彌陀佛……。」管保你可以悟。

也許你說：「你講這話，未免與事實相違背吧？你看台灣唸佛人那麼多，有許多人唸佛，一直唸、一直唸，已經唸三十餘年了，都還沒辦法悟，所以你說的不正確。」可是我告訴你，問題就出在他沒有隨佛方所，也沒有先修學般若波羅蜜；如果他有遵照 世尊的吩咐：當先學般若波羅蜜，然後每次唸佛時都轉向西方正坐而唸。這樣不斷地唸三十年，一定可以悟的。佛陀的開示都有用意的呀！所以一旦有人先學般若波羅蜜以後（當然必須是正確的般若波羅蜜），每當有人隨佛方所持唸佛名，他一定會悟的。每天要唸佛的時候，記得要把指南針準備好（大眾笑…），然後很鄭重地面向西方，再鄭重地坐下來，再鄭重地口中出聲唸「阿彌陀佛」。我這個不是開玩笑呵！

但是這個一行三昧，雖然我們現在講：你就每天不斷地唸《金剛般若波羅蜜經》，用這個名字來奉持，也可以悟。可是大家都把一行三昧的重要內容忽略了，他們忽略的有兩個部分：第一、就是實修這個一行三昧之前，佛陀有交代：「當先學般若波羅蜜。」這一點被忽略了，第二、就是他沒有隨佛方所，「隨佛方所、端身正向」也被忽略了。所以唸佛唸了三十年、四十年的，大有人在；有好多老菩薩已經唸三十年、四十年了，就是悟不了。可是佛說的一行三昧唸佛法門，那是用不著三十年、四十年就能開悟的；所以我說：唸上三十年、四十年，哪有可能不悟的？卻偏偏大家都悟不了，問題就是出在這兩點：第一點，就是一定要先修學正確的般若波羅蜜（不是亂修密宗的應成派中觀或自續派中觀，那根本是常見外道法，不是般若波羅蜜）。得要修學正確的般若波羅蜜，才能夠用持名唸佛法門的一行三昧，以持唸佛名而獲得開悟般若。這一開悟了，那就是具備理持與事持了，那就是理事兼融的唸佛；到這個時節，當然每唸一句佛號之中都是有事有理，統統都瞭解了，這才是眞的一行三昧的唸佛法門。

所以「當先學般若波羅蜜」，世尊吩咐的這一點，一定要先信受與奉持；否則唸佛唸到嘴皮破了，也唸不出實相般若等佛法來。所以當他沒有如法奉行的時候，卻抱怨說：「這經典講的都不準，我都持名唸佛唸三十年了，結果都沒有悟。」問題就出在他缺少這二點：第一、「當先學般若波羅蜜」；第二、你如果唸琉璃光如來，就把指南針定好，面向東方，往那一邊端身正坐去唱唸佛名。如法如理地受持，而說他唸三十年佛號還悟不了一行三昧，我才不信；同樣底道理，你努力去唸「金剛般若波羅蜜」，那就是「以是名字，汝當奉持」。你若眞的能夠這樣奉持，如果還悟不了，那一定是你自己有問題，不能懷疑經典中的聖教。

因此我說，你們如果眞的要學唸「金剛般若波羅蜜」這個一行三昧的時候，千萬記得要在正確的知見下唸此經名，才能眞的奉持「此經」。也就是說，你要先學般若波羅蜜；學般若波羅蜜最圓滿具足的道場與內容，當然就是我們正覺的禪淨班所教的，能夠把你們從一張白紙教到你具備參禪功夫而能夠參禪，那時如法讀誦「金剛般若波羅蜜」，就是「以是名字，汝當奉持」。因此說，你一定要來學這個般若波羅蜜的知見；否則的話，你唸經唸上三十年也一樣悟不了；即使唸到驢年到來了，還是沒有辦法眞正奉持此經的。這個奉持「金剛般若波羅蜜」，我們就權且把它命名作正覺一行三昧。可是問題來了，這樣唸三十年後，如何是眞正的「奉持此經」？那可得要經過勘驗。萬一錯會了，不要怪我在夢中給你三十棒。要是眞正會得的話，佛說：「是經名爲《金剛般若波羅蜜》，以是名字，汝當奉持。」那時候你就眞的知道，佛陀這句話是賣的什麼「狗肉」，你就眞的可以吃到那一口「狗肉」，從此以後可就智慧勃發，成爲善知識了。

禪門就是這樣的作略，這些作略都是現成的，你都是可以學來現用的。只要你找到了如來藏，你就能夠有這些作略。不過我要警告你們呵！如果你悟了，擅自使用這些作略，小心被開除增上班學籍；因爲我們要遵照佛的教誡，要善護密意；一定要隱覆密意說法，而你既然不當親教師，這些東西你當然都不能使用。即使是親教師，用了也不行，查到了也會被處罰；雖然會裡的親教師都只有付出，沒有領薪水，一樣會被處罰。這是法主的職權，在佛世，如果不是 佛陀授意，沒有人敢擅自使用機鋒的。後來禪門規矩就這樣定下來，只有法主才可以使用機鋒幫人開悟；除非法主有授權，連首座也不敢擅自幫人開悟的。如果有人說：「那你講《金剛經宗通》，不是常常在用這種機鋒嗎？」那我該怎麼辦？乾脆我下座，請你上來講好了（大眾笑…），這樣最乾脆呵！因爲我是法主，講的既然叫作《金剛經宗通》，又不是依文解義來講《金剛經》，既然稱爲宗通，那當然要有宗門的東西。不過這個《金剛經宗通》講完了，以後再要我來講什麼《楞伽經》宗通、什麼《如來藏經》宗通，門兒都沒有！因爲這個宗通，我只願意講一遍。講一遍也就夠了，講那麼多，究竟是在幹什麼？有緣來聽到，那就是他的機會。如果不願來聽，想要等以後從整理出來的書本上去悟，我也歡迎！只是想要那樣悟，困難度會增加一百倍，就變成一百〇一倍啦！因爲一定會增加一百倍困難度。現在直接來聽，有完整的「一」的機會；若是等將來整理出版後再從文字上來讀，讀出來的法乳就是一百〇一倍稀釋的機會啦！就成爲一百〇一分之一的機會，難度是增加一百倍的。

〈離相寂滅分〉第十四

【爾時須菩提聞說是經，深解義趣；涕淚悲泣而白佛言：「希有！世尊！佛說如是甚深經典，我從昔來所得慧眼，未曾得聞如是之經。世尊！若復有人得聞是經，信心清淨，則生實相，當知是人成就第一希有功德。世尊！是實相者則是非相，是故如來說名實相。世尊！我今得聞如是經典，信解受持不足爲難；若當來世，後五百歲，其有衆生得聞是經，信解受持，是人則爲第一希有；何以故？此人無我相、人相、衆生相、壽者相。所以者何？我相即是非相，人相、衆生相、壽者相即是非相；何以故？離一切諸相，則名諸佛。」】

講記：這個時候須菩提聽聞 世尊演說了這部經典，深深地理解其中底義理與言語中指示的趣向；心中很感動，因此涕淚悲泣而稟白 佛陀說：「眞正希有啊！世尊！佛說這樣的甚深經典，是我須菩提從往昔開悟佛菩提所得到慧眼以來，未曾獲得聽聞這樣深妙的經義。世尊！如果還有人可以得聞這部經，信心也夠清淨而不懷疑，就可能出生實相的智慧，應當知道這個人已經成就了第一希有功德。世尊！所說的這個實相其實沒有相的，由於這個緣故如來說祂的名稱是實相。世尊！我如今可以聽聞這樣的經典，可以信受、勝解、領受奉持，並不是很困難的事；如果在當來末法之世，剩下最後五百年時，那時如果還有眾生可以聽聞這部經典的法義，而能信受、勝解並且願意受持，這個人就是那時世間中最爲第一希有的人；我以什麼緣故而這樣說呢？是因爲這個人已經離開我相、人相、眾生相、壽者相了。這是什麼原因呢？我相就是非相，人相、眾生相、壽者相就都是非相；是什麼緣故而這樣說呢？遠離了一切諸相，就是您所說的諸佛。」

接著是第十四品〈離相寂滅分〉。離相寂滅，這才叫作實相。實相卻是無相的，正因爲無相，所以說實相無相、無不相。因爲祂無相，凡是有相的法都不可能出生萬法，只有無相的法才能出生萬法，所以才會說實相無相而無不相；一切相都是祂所生，因此說祂無不相。離相寂滅，當然是說祂出生諸法，可是當祂與諸法並存的時候，祂自身是無相的。如果祂自身有相，祂就一定是有生之法，就不可能出生萬法，也不可能是一切法相的眞實相，因爲必定跟一切法相有所衝突；所以祂本身必定是無相的，才可能出生萬法。能生萬法，所以說祂無不相，因爲每一相都附屬於祂。實相的境界必然是離諸法、離六塵，祂的了別性一定不在六塵中。如果是在六塵中，祂就不是寂滅的，一定是叢鬧的、喧擾的。叢鬧的意思，是說祂一直不斷的有諸法在跟祂相應，猶如雜草一叢又一叢那麼亂，不是有間斷的，也不是單一的。

因此，離相寂滅，是一切修學般若的人，必須要先瞭解的一個前提。換句話說，眞實相是無相的，是離一切相的，祂生了一切法相之後，自己卻是離一切相；因爲離一切相，因此才能是永遠寂滅的。如果是與六塵相應的，當然就不離相；譬如離念靈知心是與六塵法相同在的，也因爲必須依靠六塵作爲助緣才能出生與存在；而且離念靈知心不是寂滅的，因爲只要一出現了就必定會與六塵相應，所以不寂滅。因此，如果眞的想要求證「此經」金剛心，一定要記住：祂是離相的，祂是寂滅的，一定是不住在六塵中的心。如果你參禪的時候找到一個心，那個心是有相的，也就是說祂會有時起瞋相、有時起貪相，那就不是離相。如果祂是有時與六塵相應，有時不與六塵相應，當祂與六塵相應時就不是寂滅了，因爲已經有六塵中的各種法相了。所以，關於離相寂滅的證境，凡是找到一個心說祂是實相心，祂必須是離相而且是寂滅的，並且是本來就這樣的，不是經過修行以後才這樣的，你才能夠自己有一點把握說：我好像是找到如來藏了。只要不是離相的，只要是有時候與六塵相應而不寂滅的，就絕對不是金剛心，那就不是實相心了。所以〈離相寂滅分〉，就是在扼要提示大家這個道理。

這段經文中，〈離相寂滅分〉總共是四段，現在第一段裡面，須菩提尊者聽到 佛陀確定「此經」名叫《金剛般若波羅蜜經》，又說：「以這個名字，你應當這樣受持。」佛陀還特地說「以是名字」——就用這個名字，「汝當奉持。」所以上一週我告訴諸位說：金剛般若的一行三昧，你如果能夠每天把《金剛般若波羅蜜經》，以這個名字奉持三十年，每天不斷地唸；只要你先聞熏般若波羅蜜，然後這樣唸上三十年，一定可以悟，不必等到驢年來。同樣底道理，佛陀特地指明說：「以這個名字，你應當奉持。」所以當我們每天努力在誦唸《金剛般若波羅蜜經》，這就是奉持。然而問題是：哪個地方是你已經奉持、已經受持了？那就得要探究清楚。這部分要是探究清楚了，禪宗的公案你就通了，就算眞正的進入佛門了，因爲中國禪宗的禪是般若禪，不是外道禪所修的四禪八定。當你悟得如何以《金剛般若波羅蜜經》的名字來奉持「此經」時，也就是已經證到教外別傳的眞實義了，弄懂實相般若而進入眞正中觀的大門了。

因此，須菩提聽到 佛這麼開示，因爲他已經迴小向大成爲菩薩，也已經證如來藏了，所以他很深刻地瞭解到：佛陀爲什麼說要以這個名字應當奉持，又爲什麼在這個經中受持、爲人解說乃至僅僅受持四句偈，福德都很大。這時他已經很深刻地理解到 佛這樣說底道理，所以不禁被 佛的大慈大悲感動，因此悲從心中生起，說這些眾生們爲何如此地愚癡，不肯信受 佛說，還要誹謗；然後又看見 佛都不計較，而這樣不厭其煩地再三解說。因爲這樣地感動，所以不禁就掉下淚來。好不容易終於克制下來，向 佛稟白說：「眞是非常的希有呀！世尊！佛爲眾生、爲我們說出了像這樣非常非常深奧底經典來。我從遇見佛陀以來，乃至過去時以來所得到的慧眼，不曾聽到有人說過像這樣的經典。」

這裡說的是慧眼，不是二乘法所得的解脫道慧眼，因爲實相中的慧眼只有大乘法中才有。在二乘法中沒有佛法中的慧眼可說，因爲二乘法所觀行的對象全部都是世俗諦，是解脫道而不是成佛之道，是羅漢法而不是佛法，所以沒有實相般若底慧眼。而且二乘聖人雖然已經不是凡夫了，可是在大乘法中卻仍然說他們是愚人，也就是說他們是沒有實相慧眼的，對法界實相仍無所知。可是，這裡須菩提尊者說他已經得到慧眼，並且所得到的慧眼，自從得到以後直到現在，還不曾聽過這麼深而且微妙的經典，所以他很感動。

須菩提尊者接著說：「世尊！假使另外還有別人也聽聞到這一部經，他心中生起了很強烈底信心，並且是以清淨信來信受，而不是以表相上底信心來信受，那麼他心中就能夠生起實相的智慧，我們就應當知道說，這個人已經成就了第一等、至高無上底希有功德，世間人底智慧是不可能超過他的。世尊！這個實相其實是無相，祂沒有一切相；正因爲沒有一切相，世尊您才會說祂叫作實相。世尊！我如今得以聽聞到這一部經典，我須菩提已經信受而且如實理解了，而且能夠受持祂，這並不難；可是如果在未來世，到了佛法存在的最後五百年中，假使那時候有眾生也能夠聽聞到這一部經典，然後眞的能夠信受、勝解而且奉持『此經』，這個人就是三界中第一希有的人；爲什麼這樣說呢？因爲這個人已經是沒有我相、沒有人相，也沒有眾生相與壽者相了。爲什麼他沒有這四相呢？因爲我相其實就是非相，並不是眞實相。人相、眾生相與壽者相也是非相，都不是實相；爲什麼這樣說呢？因爲離一切諸相，那就叫作諸佛了。」

這裡面講的：「得聞是經，信心清淨，則生實相，」這是說眞的聽到這一部經，這不是用耳朵聽到，耳朵是不可能聽到這一部經的。因爲關於明心這個部分，早期我們都是用明講的，讓他們用耳朵聽到；可是耳朵聽了而說是證悟了，後來大部分人都是沒有參禪的體驗而退失了，所以如今已經是病死無數，沒幾個人存活下來，所以諸位千萬不要用耳朵聽。如果眞的能夠在耳朵之外聽到了這一部經，一定會具足信心，而且一定是清淨信，不會有絲毫的染污，這樣就會生起了實相的智慧，以後一定不會退失。爲什麼說能夠聽到這一部經典，生起了實相智慧以後，這個人就是成就第一希有的功德呢？這是因爲當他眞的聽到這一部經，出生了實相智慧時，他的智慧不是二乘人所能知道的，連阿羅漢都不懂。大家想想看，阿羅漢是三界人天之所應供，可是這個人聽到這一部經，出生了實相智慧以後，阿羅漢還不懂他的智慧，他當然是成就了第一希有的功德。又說實相則是非相，因爲實相沒有相；

既然實相沒有相，那才是無相；無相的才可能是永遠寂滅的，永遠寂滅的才可能叫作實相。

後面又說：「在末法最後五百歲時，如果有眾生能夠聽到『此經』，」其實就是《心經》所講的金剛心如來藏，「他是第一希有的人。」為什麼「後五百歲」時聽到這一部經以後信受、勝解、奉持的就是第一希有？當然是有原因的。佛法最後五百年的時候弘揚了義法非常困難，不論住持或者受持都非常困難。困難的所在，不是因爲密意失傳，而是因爲密意廣爲洩漏，眾生普皆不信了。也許你們會建議我說：「我們就盡量把密意保持好，不要洩漏，佛法就不會斷絕。」這個建議當然是很好，但問題是有沒有辦法不洩漏？這要從某些方面來探討。當那些外道們進來佛門中與法師、居士互相配合勾結，極力否定如來藏的時候，我們是不是得要向大家證明如來藏確實可證？我想這是不可避免的，否則如何能教人相信？在全面否定如來藏法義的環境中，我們是不是必須要幫助許多人來實證？答案一定是肯定的。

既然幫助了許多人來實證，不可避免地會有少數人爲了得到自己在世俗法上的利益，就擅自去廣傳；我們已經有過兩次是這樣的情況，這兩個人出去在外面不到七天時間，就幫人家明心印證了。不到七天就把密意告訴人家；結果那些被指導底人說是開悟了，實相般若智慧有沒有生起來呢？實際上是沒有。甚至於有人被他們印證了以後，也在有線電視台上說法；可是從他們的說法裡面，我們發覺：他們的智慧並沒有生起，只是徒有開悟的表相而沒有智慧。所以既然你要廣傳，但是又無法預防他；因爲當他來求法底時候，是非常遵守規矩的，也是願意遵守你的規定；可是當他得了法以後，他的想法立即改變了，你就無法再約束他了，因爲他根本不相信輕洩密意而虧損法事、虧損如來的後果很嚴重，自己曲解虧損法事爲弘揚佛法而故意冒險。

甚至於也有一位法師，在禪三道場佛像前宣誓時，我問了三遍：「你願不願意遵守我們的禪三宣示文？若不願意遵守，現在就可以下山，沒有人怪罪你。」我們問了三遍，三遍都沒有表示異議，也沒有離開，接著也在佛像前跪下宣誓完畢，那就表示願意遵守了。結果我們幫助他證得實相了，他當下就不遵守了；所以一下山立刻就出車禍，撞了人，被醫師宣布無救，他當然準要吃官司了；還好他向我們求救，我們不斷地爲被撞者迴向，後來對方沒死掉，醫師也覺得不可思議，終於大事化小。後來，我們的師兄覺得不對勁，向他說：「你一定有問題！」找了他談，結果他當面承認：「我心中並沒有宣誓。雖然表面上我跪在佛前宣誓了，但是我心中沒有接受。」但他在我三遍詢問的時候，都沒有離開或表示異議，那就是向我、也向佛菩薩表示接受宣誓文的內容了；然後又在佛像前跪下來，一字一句跟著我在佛像前唸完了，也把自己的法號唸出來說要遵守，並且在佛像前把那張宣誓文親自簽了名。那麼在佛像前跪下來宣稱要遵守，也簽名表示要遵守；然後又說他沒有眞的宣示，只是在 佛前作個模樣，那是不是在欺瞞佛菩薩？很顯然就是刻意欺瞞。像他這樣子作，都是因爲想要在世俗法上得到利益，因此不肯接受約束；以法師表相僧寶的身分而這樣作，眞是難以提防，因此密意還是不免會洩漏；只是因爲他也知道洩漏實相般若底密意就是虧損法事、虧損如來，也隨即受到護法菩薩的教訓，所以他目前還不敢作得太張揚。

因此，在學法前往往不會有洩漏密意的故意，得法後可就難說了；因此我們後來對於想要幫忙的對象，就有了一些選擇，以免壞了正法弘揚的未來遠景。或者有些人學法前是有那個故意，我們知道了就會有不同情況的處理。假使有的人來正覺學法前就有那樣的故意，當然我們不能幫助他再去建立道場。假使有人學法後產生了那樣的故意，我們也只能夠聲明他們與同修會無關。可是洩漏了密意，也只是洩漏出表相，因爲在那種情況下，所能得到的密意，畢竟起不了實相般若的智慧作用。不過表相密意的洩漏，多多少少是不免的。從另一個方面來說，還沒有得到密意的人，當然希望趕快知道佛法般若底密意。這都不能去責怪他，因爲這是人之常情；可是由於這個緣故，密意不斷地被外道及悟緣未熟底大法師們派人來打聽，一定是很平常的事。我們一方面要擴大正法的勢力，讓更多人可以親證實相，以期正法可以持久弘揚下去，另一方面又要保護密意而不洩漏，那就非常困難。

所以密意的洩漏，一定會有百密而一疏的情況；在這樣的情況下，漸漸地弘傳下去，到最後可能會有人不小心，或者爲了他的某一個理念，而寫在文字上洩漏了。到那個時候，被廣爲流通了以後，大乘佛法實相般若底密意，將成爲在市面上的圖書中就可以讀到了。到那個時節，大家都沒有實際體驗而都知道密意了，就不會有人再信受佛法中的實相般若了。佛法弘傳到最後五百歲時，指的就是這個情況；實相般若底密意，有很多人讀過書以後就知道了，在書局就能買得到了。到那個時候，仍然能夠信受而奉持「此經」，一定是特別希有的人才有可能，一般人讀了以後都不會信受奉持的。

並且假使有親朋好友來正覺學法時（假使「後五百歲」時正覺同修會還存在），那時想來正覺學法的人，都會被遮止說：「你要去正覺學什麼法？這些書上都已經寫明了，你直接從這裡閱讀以後就懂了，不用去學了。」那時候如果還有人仍然願意學，那麼這個人絕對是第一希有之人。因爲他一定是有智慧可以去檢查：這個法確實是眞實而且究竟了義的。而一般人從書上讀來的，心裡面都會覺得好笑：「這個就是佛法的密意？釋迦牟尼佛也眞會發明！」他們會這樣毀謗，毀謗的原因則是因爲他們沒有實際體驗，自然無法去現前證實：世間出世間萬法都從「此經」如來藏中出生。由於這個緣故就會毀謗。

所以到了當來世最後五百歲，對了義而究竟正法的修證，已經沒人願意修學了。那時候的佛教，也就是說末法期過了以後的佛教，究竟是怎麼回事？那時仍然有人剃了頭、穿起袈裟，住在寺廟裡面，但是已經不談論佛法了，談論的都是世間法。那時出家人、在家人互相往來，出家人也可以爲在家人作媒人，撮合一對對男女成婚，也可以爲在家人證婚。在眞正佛法中，出家人不可以為人家證婚的，更不可以撮合男女而作媒人。但是到了末法時期結束後的出家人，他們那時可都沒有這些禁忌了，都公然為人家作媒人以及證婚。而那時的出家人在一起所談論的，都是哪裡風景漂亮可以去玩；到那個時候，就是師父帶著徒弟們到處去觀光遊玩；哪裡有好吃的，師徒組成旅遊團，一起去觀光。那時每天在寺院裡面討論的，是怎麼樣跟達官顯要建立良好的關係；當達官顯要來到寺院時，大眾要怎麼樣接待他們。以及出家後的生活要怎麼樣過得充實一點，當然不是指修道增上道業的生活，而是世俗上的生活。那時出家人談論的都是世間法，對於「此經」如來藏金剛心的親證、體驗，以及對於聲聞解脫道的實修，都已經沒有人想要作了，到那個時候就叫作末法時期已經過去了。那時佛教還在不在？還在！可是已經沒有法可修可證了。只要還有眞正底佛法存在，還可以修證，就表示末法時期還沒有過去，正法仍可弘揚的末法時期還存在。所以當末法時期過去了以後，佛教將只剩下表相。你們說會不會這樣呢？我告訴諸位，一定會！因為那些現象，現在末法時期才剛開始，就有一些已經在寺院中出現了，諸位都很明白，不必我來明講。

所以到了「後五百歲」，當佛法般若密意已經可以在公開流通底書上讀到的時候，正法的實證就沒有人願意修學了。那個時候，竟然還有眾生得聞「此經」如來藏的所在，而仍然可以眞實底信解以及受持，這個人當然是第一希有的。所以最後五百歲，末法的時期終於終止了，那原因都是因爲密意廣被洩漏而導致，不是因爲密意失傳而導致的。所以，你如果悟了以後能夠安住下來，忍得住，才能叫作大乘底無生忍；怕的是證得了「此經」如來藏以後忍不住，於是心中懷疑就退轉了；然後一聽到人家講解如來藏時講得多麼玄妙，他就開始毀謗，原因正是他無法安忍。無法安忍就表示他沒有大乘法中的無生忍，因爲如來藏本來就無生，對祂的本來無生不能忍，就是沒有無生忍。

這個忍爲什麼是第一希有呢？因爲當他信受、勝解而受持時，表示他已經沒有我相、人相、眾生相以及壽者相了；凡是有我相、人相時，就會有眾生相與壽者相。什麼人會有我相、人相呢？答案是：信受六識論者。凡是信受六識論的人，永遠都不離我相。諸位也許要問：「爲什麼會這樣？」答案很簡單，因爲意識就是眾生我。接受六識論的人，當他們讀到阿含部經中 佛陀底聖教：「意、法因緣生意識。」他們知道這是聖教，不可推翻；可是他們心中不信，因爲他們會這樣想：「假使我這個覺知心意識是生滅法，我要是把祂否定了，將來入涅槃時要把祂斷除，那我就不存在了，我就消失了！我認爲一切人都只有六個識，那麼將來滅盡六識而入涅槃時，豈不是變成斷滅境界了？」他們一定會想到這一點。當他們想到修證解脫道、修學佛法以後，是把自己否定而變成斷滅；這事情要是可以忍的話，他們還有什麼事情不能忍？所以他們沒辦法忍。

當這些六識論者沒辦法安忍時，因爲怕落入斷滅論，又不肯接受還有第七、八識的存在，那時該怎麼辦呢？沒有別的出路呀！那就像玻璃窗裡面的蒼蠅一樣，叫作前途光明、沒有出路；因爲牠在玻璃窗裡一直飛撞，老是撞不出去；前途看來是一片光明，可是卻永遠撞不出去。現在的那些六識論者，不就是這樣嗎？都是前途光明、沒有出路。所以，他們穿起袈裟在弘法時，徒弟們對他們是畢恭畢敬、又吹又捧；然後講起佛法來，一片光明，大家讚歎；可是只要一談到實證，可就完全沒有消息，根本沒有希望，那不就是沒有出路嗎？可是在表面上看來都是非常風光的。

當那些六識論者走到了這個地步時，他們不得不發明新東西出來，所以先有「滅相不滅、名爲眞如」底說法講出來了；正是印順法師先發明這個講法出來，因爲他知道意識是藉意根、法塵作爲助緣而出生的；他既不信有如來藏常住，也把如來藏誹謗作外道神我而否定了，也知道阿含聖教中說四果人入涅槃時得要滅盡六識，然後又怕滅盡六識後會落入斷滅空，所以印順就只好發明一個滅相不滅說。可是滅相不滅說，他自己想一想，還是覺得有缺點：萬一人家質疑說：「那個滅相是從哪裡來的？是從蘊處界來的。當蘊處界不在了，叫作滅相；那麼蘊處界滅盡了，這個滅相也就變成空無了，還是斷滅空。」後來他想一想，這還是會被人質疑，於是又發明一個細心說。印順法師提出了細心說：這個意識雖然是意、法因緣生，雖然是生滅法；可是粗意識會生滅，細意識可就不生滅了。因此印順法師主張細意識常住不滅。然而問題是，人家一定會接著問：「這個細意識要怎麼證？」因爲既然有個常住不壞的細意識，一定是可知而且可證的，印順法師提出來時才能夠說服別人；總不能自己想像建立以後，連他自己都不能實證，就要別人相信他。凡是不能實證的，那就不是眞實法；然而印順自己也證不到不會斷滅的細意識，這下又沒辦法說服佛門四眾了！

有這個問題存在而無法解決，後來昭慧法師又發明一個新的東西，叫作「**業果報系統**」。可是這個業果報系統，到底又是個什麼東西？它是不是眞實存在的東西？如果是眞的業果報系統，她確實找到了眞的業果報系統，應該自己也能實證；必須是可以實證的才能說是眞的佛法，否則大家都來發明新的東西，每一代都發明一種，然後每一代都得要有實證底菩薩出來破斥，那不是要累死人了？所以我們提出一個很簡單的原則：**業的果報系統必須是能持種的，祂也必須是可證的；如果是不可證的，那就叫作學說、玄學**。絕對不是義學。所以，我們公開提出請教：「**妳新創底業果報系統是不是心？如果不是心，它又是什麼？是物嗎？**」聽到我們這個質問，她知道問題大了！因爲這個業果報系統，如果不是心而是物，它怎麼可能持種？當然不可能持種！那她講了這個業果報系統說，不就是廢話了嗎？如果說這個業果報系統是心，祂是不是意識？如果是意識，意識每夜都會斷滅；會斷滅底心，晚上眠熟斷滅時，各種業的種子不就都散失了嗎？那時是不是跑到空中去了？那麼明天惡業種子報到某甲身上，後天善業種子報到某丙身上，因果律不就全都不存在了嗎？既然這個業果報系統意識中的種子都散失了，業種都不存在了，顯然她的業果報系統是不能成立的，顯然能持種的業果報系統不可能是粗、細意識。物質不能持種，只有心能持種，而這個心又不是意識，那到底持種的應該是什麼心？請妳昭慧法師給祂一個名稱吧！當妳給祂一個新名稱以後，請問祂是不是第八識？還是逃不掉由第八識持種的正法道理呵！妳如果說持種的業果報系統是第七識，那麼請問：第七識是什麼？是意根嘛！只有意根能被稱爲第七識；可是意根第七識若能持種而成爲眞的業果報系統時，意根是會作主思量的，祂一定不肯受持惡業種子，那麼欲界中就不該還會有三惡道有情；可是明明欲界中確實繼續有三惡道有情存在，他們仍然擺脫不了三惡道果報呀！這已證明昭慧法師說的業果報系統絕對不是第七識意根。

那麼她可以說是細意識持種嗎？也不行！因爲，細意識也是生滅法，因爲 世尊在四阿含諸經中早就說過了，一切粗細意識都是藉意根與法塵作爲因緣而出生的，全都是生滅法：「諸所有意識，彼一切皆意法因緣生。」也曾說過粗意識、細意識、遠世意識、近世意識、現在意識，全都是意法因緣生的無常之法；（編案：《雜阿含經》卷三：「如是受、想、行、識，若過去、若未來、若現在，若內、若外，若麤、若細，若好、若醜，若遠、若近，彼一切正觀皆悉無常。」）意識既是藉緣而生的無常之心，不論粗細，全都是有生無常之心；有生則必有滅，有生有滅的心，當然不可能是常住心，當然不可能持種不壞。昭慧當然也不可以說持種的業果報系統是物，這個能持種的業果報系統既然是心，那不就是第八識了嗎？那妳還要否定第八識幹嘛？直接說業果報系統就是第八識如來藏，問題不就全都解決了嗎？她否定第七識意根及第八識如來藏以後，衍生出來的問題一定會很多的；所以我說，凡是接受六識論而不承認有意根第七識，不承認有如來藏第八識的人，他們全都斷不了我見、證不了初果，更別說是證得實相般若而成眞實義菩薩。

斷不了我見的人，一定有我相，因爲一定會落在意識上面；意識是識陰所攝，祂就是五陰我；所以凡是堅決認定六識論是正法的人，他們都是無法斷我見的。無法斷我見的人，你只要稍微說她幾句話，她就會受不了了；所以你即使是善意說她幾句話，說明眞正的道理，想要幫她遠離邪見，她也會去法院告你。知道是什麼原因嗎？都是因爲她具足我相。所以，如果你不是六識論而是八識論，並且你也親證了第八識了，你轉依了祂，你就不會去告人，除非正法的弘傳可能因此受阻礙。因爲你既然都沒有我相了，那你還要告誰？所以，當年義雲高那一幫人，不是由喜饒根登（姓吳）及釋性圓出面，在報紙上登了兩次廣告罵我嗎：有一次罵我是蝦蟆精，說我是癩蝦蟆變的；然後又有一次登報罵我，說我沒有神通。我這隻蝦蟆精能夠變化爲一個蕭平實從母胎中出生，竟然又說我沒有神通，他們罵得還眞奇怪！這個叫作前言不對後語，不懂邏輯。可是我從來沒有想過要去法院告他毀謗，我知道喜饒根登俗姓吳，但是我沒有想過要告他們。因爲我認爲：這只是弘法過程的一個現象，而他們只是密宗流類，對正法的弘傳不可能造成大傷害。既然已經證得實相了，我們的目的只是在弘揚正法利樂眾生，所以不需要針對他們提告；即使他們對我作了人身攻擊、公然侮辱，我也不用告他們，我沒有起過一念想要告他們。因爲既然已經沒有我相了，還要告他們幹什麼？反而我們可以拿他們的無根毀謗、人身攻擊，作爲弘法利生的機會，轉惡事爲佛事，所以才會有《菩薩正道》一書的流通，也算是教育了他們那一些徒眾們。這本書很多年來已不主動流通了，但如果有人想要讀這本書，還是可以來信索閱的，這就是證明。

可是若在心中還有我相的人，她就會去法院告訴，不論她所告的有理由或沒理由，都會去告；因爲她心中還有個堅固頑強的我，想要回面子。所以，我今天接到一封法院的傳票，知道有人去法院告我。現在我可以公開說了，那個去法院告我的人是誰？她是昭慧法師。她放話說要告我，已經講了半年了，現在終於正式提告了，顯然她還是忍不下那一口氣。她不想在法上把自己的錯誤弄清楚，趕快求得解脫道初果的實證，進而求證實相般若；不想一想我爲她寫了那些文字是想救她回歸正道，卻反而從世間法上著想，去法院誣告我。但是我們從來不會告人，我當年被罵什麼癩蝦蟆、蝦蟆精，我都沒有想過要告人；而且當年喜饒根登還是登報公然侮辱，而我還是不想告他。可是心中一旦有我相時，她就一定會去法院告我（編案：詳見《正覺電子報》第 33～34 期及第 54～58 期全程詳細報導）。

可是問題要探討清楚，爲什麼有我相呢？因爲那些錯把聲聞解脫道當作成佛之道的印順派法師們，他們始終堅持六識論，不信受八識論的正法，因此就像《阿含經》中佛陀講的：比丘於內有恐怖、於外有恐怖。「於外有恐怖」，是因爲這個蘊處界一定要滅，否則入不了涅槃；可是由於我見與我執的緣故，對於外法蘊處界必須滅盡才能入涅槃的事，心中就有了恐怖。「於內有恐怖」，是因爲知道聖教中已經明確開示，必須把蘊處界滅了才能入涅槃；可是他們認定人類只有六個識，入涅槃時卻必須要滅盡六識全部，結果就變成斷滅；這當然不行，所以他們心中也想要親自證實：「無餘涅槃之中確實有這個如來藏單獨存在，不是斷滅空，我才願意斷盡我執而入涅槃，我才願意斷我見、斷我執。」好了！現在問題就出在這裡了，既然他們是聲聞人、聲聞種性，穿著大乘法衣也受了菩薩戒，但本質還是聲聞人，那麼 佛陀會不會把菩薩法傳給他們？絕對不會！這是菩薩的根本大法，怎麼可以傳給聲聞心態的人呢？所以 佛也不告訴他們密意，也就不對他們給予教外別傳實證的指導；於是他們當然無法證實眞的有「此經」金剛心的確實存在，於是既不敢斷我見、我執，也不能證得內法金剛心「此經」，就變成「於內有恐怖」。

又因爲恐怕入涅槃以後成爲斷滅，就對於外法蘊處界的滅除，心中有恐怖，就是「於外有恐怖」。可是又聽 佛說有一個內法，叫作本識、叫作涅槃的本際，清涼、眞實、常住不變；可是他們心想：「我不能證得，不能證實祂是不是眞的存在，也許佛陀是方便教化我，其實入涅槃是斷滅空呢！」他們對 佛陀所說入涅槃後不是斷滅空的開示沒有具足信心，所以他們就一直想要去把本識找出來，想要確定祂眞的存在。如果是眞的存在，心中認定滅了蘊處界自我而入涅槃時不會成爲斷滅空，就敢滅掉我見、我執；可是 佛偏偏就不幫他們證，因爲他一心想要入涅槃，是聲聞心態，佛當然不幫他們證，因爲他們不是菩薩。所以他們除了於外有恐怖之外，再加上一個於內有恐怖：有內法，而我不能證——他們就永遠有我相了。

假使你證得如來藏了，現前觀察你的蘊處界都從祂出生；當你證實一切心所法都從祂出生，你就不會再把意識抓得牢牢的，不會再妄說意識是常住法，就會認定意識、識陰是生滅法；色受想行四陰當然更是如此，這樣就沒有我相了。當自己的我相不存在的時候，也實證「此經」金剛心如來藏以後，看見別人時就說：「原來別人也都是無相的如來藏相，都不是蘊處界相。」那你就沒有人相了。所以，看見蜈蚣爬過去，說牠也無相；看見螞蟻來搬你的餅屑回家，你說牠們也沒有我相。於是你就知道：原來一切法界的眞相就是這樣，都是從如來藏而來。可是如來藏「此經」自己所住的境界中，卻是從來沒有三界我的法相，因此由滅除我相而沒有人相；沒有人相就沒有眾生相，看見五趣六道的眾生，看來看去都是如來藏，哪裡有眾生？都沒有啦！都是因爲如來藏才會有眾生啦！所以由於這個緣故，沒有了眾生相。既沒有眾生相，就不必去問老人家說：「請問您貴庚？」不必問了。如果那個老人家已經悟了，你問他貴庚多少，他就說：「我也不記得。」爲什麼不記得？因爲無法算，因爲依如來藏而言，根本沒辦法計算歲數，你怎麼能算出祂有幾歲？過去無量劫來，你到底有幾世的生命？也無法算，因爲是無量數。過去世既然無量，無量要怎麼算？所以，他乾脆答覆你說：「我不知道。」所以這時連壽者相也都不存在了。

這個我相都不是眞實相，我相是依什麼來說我相？依蘊處界。假使不是有蘊處界，怎麼會有我可說呢？譬如說，小孩子常常說：「老師！他打我。」是誰挨打而說「打我」？是他的色身被別人打了，他的覺知心領受了那個痛，所以就去告狀：「老師！他打我。」「我」是依什麼而說？依五陰而說。如果是無色界，那時的「我」則是依四陰而說，那四個陰就是受想行識。人類是因爲覺知心這個意識把色身據爲己有，因爲覺知心能夠反觀自我，所以有我。覺知心其實只是依附於色身而存在的，色身是在覺知心之前就先有了，意識等覺知心是後來才有的，結果卻是後來才生的意識等覺知心，反過來把前面先出生的色陰據爲己有；這就好像小弟把大哥據爲己有，說大哥是他的，然後大哥被他合併、被他使用了，就是這樣子。

而這個大哥色陰癡癡呆呆，既無覺無知，也不會跟意識等覺知心反抗。色身是段肉，無覺無知，於是覺知心就把這個色身據爲己有，然後說是自己的。其實覺知心是依附於色身而存在的，怎麼可能是色身的主人呢？所以說眾生都是顚倒想。因此，都是由於有五陰，才會有色身我、覺知心我。如果不是有五陰，就不會有人間我、欲界天我、色界天我。所以人間我、三界我，就是指蘊處界，蘊處界就是我相；而離念靈知正是識陰所攝，細意識也是識陰所攝。眾生都是在蘊處界當中，把蘊處界的全部或者局部執著爲自己，因此就有了我相。可是這個我相是依附蘊處界而有，蘊處界卻是生滅無常的，所以我相不是眞實相，所以我相即是非相。我相如此，從我相而出生的人相、眾生相與壽者相，當然更是非相，因爲這三相全都是從我相衍生出來的。所以只有剩下能出生蘊處界的法，那就是如來藏，才沒有四相；可是如來藏本身也沒有我相，如來藏本身並不會說：「我討厭，我喜歡，我在這裡。」祂從來都不會。

不曉得諸位喜不喜歡如來藏能夠知道自我？已經有深入瞭解的人，以及已經親證的人，都不希望自己的如來藏能夠知道自我；因爲如來藏假使也知道自我，那你既要歡喜也要悲哀。悲哀的是說，如來藏可能常常不聽你的話，祂不幫你服務。明明很老了，想要換一個好的身體再來，如來藏說：「我才不要死哩！」明明今天要去正覺講堂聽經，如來藏說：「我才不要去，我今天要去唱卡拉ＯＫ。」你就沒有辦法八識配合運作，所以如來藏假使也有我性，那你可得要悲哀了。可是如果祂知道我，有時候也有好處，假使如來藏說：「你這輩子造了那麼多惡業，才只造一件善業；可是那些惡業種子，我都不要，我都把它們丟了，我只留著你那一件善業的種子就好。」那也可以歡喜慶幸了，是不是？所以如來藏假使眞的有我性，那你一定會因爲祂有時候要增加一些歡喜，有時候要因祂而增加一些悲哀。可是如果眞的可以這樣既增加歡喜又增加悲哀，就免不了會天下大亂，就不會像現在這樣有因果律存在了。不但如此，天上也要跟著大亂，那麼三界就混亂不堪了。好在如來藏「此經」自己從來都沒有三界我的法性，所以如來藏也是非相，因爲祂沒有我相；沒有我相就沒有人相、眾生相、壽者相，所以你如果找到了如來藏，你問祂說：「**請問如來藏，你到底已經存在幾劫了？**」祂也沒辦法答你。就算祂能自知有我，祂也無法計算，根本沒有壽者相；所以祂沒有任何一相，任何相都沒有，因爲祂離一切諸相。離了一切諸相，這才能叫作諸佛。

這個如來藏在螞蟻身上也存在，所以當螞蟻爬過來，你看牠那麼辛苦勞累，都不知道什麼叫作學佛，牠就辛辛苦苦地搬那一些牠的糧食，準備要過冬，忙個沒完沒了。最近電視新聞也在報導說：「**很多蜜蜂都不見了，可能是過勞死、作工死了。**」因爲天氣一直都沒有寒冷下來，所以牠們今年冬天都還沒有過去，誤以爲已經是春天了，就已經在工作了；工作到後來太過於勞累，也不曉得牠們死到哪裡去了，大部分都找不到了。蜜蜂群大量地減少，是因爲牠們工作過量而死掉了，蜂蜜產量跟著減少了，所以現在蜂蜜開始在漲價了。蜜蜂大量死亡，表示牠們的如來藏根本不管這個事情，工作過勞而到了該死的時候，蜜蜂就死了，所以蜜蜂也有如來藏。那蜈蚣菩薩百足之蟲這樣爬過去，你如果已經證悟了，你會說：「這蜈蚣菩薩的如來藏，也是離一切相。」然後往上面層次來看所有的人，乃至假使你有天眼，可以瞧一瞧天人；瞧過了，也都看見確實都是由如來藏所生，沒有一個有情是可以離開如來藏的。

然後再去思惟一下：「我這輩子，如果要先去見阿彌陀佛，然後再回來娑婆。當我見了阿彌陀佛，我也會看見觀世音菩薩、大勢至菩薩，也會看見極樂世界清淨大海眾菩薩，看看祂們到底是不是同樣有這一類的如來藏。」可是你從比量上以及自己在這個娑婆的現量觀察上面，你就能夠下一個定論說：「祂們的本際也都是如來藏相，沒有任何其他的世間相。」然後再想一想：「假使我上輩子是從東方不動世界來的，那麼琉璃光如來、日光菩薩、月光菩薩，祂們是不是也一樣是如來藏？」你還是只能下一個結論說：「仍然是如來藏。」

現在諸佛看完了、想過了，再想想過去佛吧！過去佛，最近的是 迦葉佛，再從 迦葉佛往前推，是 拘那含牟尼佛；賢劫已經有三佛在以前出現了，釋迦佛是第四佛。再往前推好了，三十一劫前、九十一劫前那些佛，你再一直往前推，推斷到最後，還是只能作出這麼一個結論：結果還是如來藏，除了如來藏，再也沒有諸佛可言。然後再往未來去推究，推推看：「將來我若成佛了，是不是靠這個如來藏？那些螞蟻菩薩、蜈蚣菩薩，未來假使牠們能夠遇見我，牠們已經當人了，遇見我，可是學法的緣沒有熟，看到我成佛了，來聽我說法，只是點個頭就坐下了，也不懂得禮拜。」看看牠們將來比自己更晚才會成佛，成佛的時候是否也是這個如來藏？結果證明還是這個如來藏，沒有別的法可以取代。由此來看三世諸佛的如來藏，都是離一切相，沒有一切諸相，才是眞佛。結果你就通了這一句話：「離一切諸相，則名諸佛。」所以《金剛經》不是在講某一尊佛，經中講的是：十方三世諸佛，都是這個金剛心、如來藏。可是這個如來藏有沒有相？沒有相。如果勉強要說相，就只能說是如來藏相。祂無相，離一切相；離一切相，才能生一切法；能生一切法，而本身又一直都是離一切相，這樣才能叫作實相。這樣「離相寂滅」的意思就懂了。

現在接著來看補充資料。證實相就是證眞如，可是證得眞實而如如的法性，卻是要從親證如來藏以後才能得到。如果沒有證得「此經」如來藏，那就不可能證眞如，因爲證眞如是在顯示如來藏的眞實性與如如性。所以證實相的結果，其實就是證眞如，而眞如則是「此經」金剛心如來藏在運行過程中顯示出來的眞實性與如如性。由於證得眞如才能夠發起實相般若的智慧，而實相般若的智慧就是佛母，所以有一部《佛說聖佛母般若波羅蜜多經》，講的就是金剛心如來藏的境界，其實可能就是《心經》的別譯，內容幾乎完全相同，這就說明實相般若的生起是從實證金剛心而獲得的。又如《摩訶般若波羅蜜經》卷十四〈問相品〉的記載：**【爾時佛告須菩提：「般若波羅蜜是諸佛母，般若波羅蜜能示世間相，是故佛依止是法行，供養恭敬尊重讚歎是法。」】**

講到佛母兩個字，不免又想起了藏傳佛教密宗，他們眞的是亂搞！凡是佛經有的東西，他們無法實證，都會發明另一個東西來取代。你從表面看起來，那都是佛經裡面的名相，就會誤以爲那都是佛法；可是卻不知道他們修的、弘揚的其實都是外道法，只是把佛法的名相套上去，騙人說是佛法。可是到現在爲止（編案：這是二〇〇七年五月所說），仍然還是有許多學佛人繼續在誤信密宗，你說那些人可憐不可憐呢？佛母講的是：這個實相般若能使人出生「世出世間法的智慧」，不是密宗說的明妃女人，因爲只有這種智慧才能使人成佛，所以這種證得金剛心而生起的實相智慧才是佛母。所以實相般若才叫作佛母。般若就是佛母，佛母就是般若；然而實相般若的智慧，卻是從親證「此經」金剛心如來藏而生起的。這智慧，講的是法界實相的智慧，也就是諸法界限、諸法功能差別背後的眞實相，那就是金剛心如來藏——第八識阿賴耶識。可是密宗就亂發明說：由於他們的明妃（佛母）有蓮花（性器官）可以使人證得樂空雙運的智慧、即身成佛，所以她就叫作佛母。聽了他們的說法，全身都要生起雞皮疙瘩；不是怒髮衝冠，而是雞皮疙瘩，所以毛髮都豎起來了，所以藏傳佛教密宗眞的很荒唐！現在我們回到正題來看，這一段經文是《大般若波羅蜜多經》卷三〇六所說：

【佛言：「善現！一切如來應正等覺，依甚深般若波羅蜜多，證一切法眞如究竟，乃得無上正等菩提。由此故說甚深般若波羅蜜多，能生諸佛；是『諸佛母』，能示諸佛世間實相。善現！如是，如來應正等覺，依甚深般若波羅蜜多，如實覺一切法『眞如』，不虛妄、不變異。由如實覺眞如相故，說名如來應正等覺。」時具壽善現白佛言：「世尊！甚深般若波羅蜜多，所證一切法眞如，不虛妄、不變異，極爲甚深，難見難覺。世尊！一切如來應正等覺，皆用一切法眞如不虛妄、不變異，顯示分別諸佛無上正等菩提。世尊！一切法眞如甚深，誰能信解？唯有不退位菩薩摩訶薩，及具足正見漏盡阿羅漢，聞佛說此甚深眞如，能生信解，如來爲彼依自所證眞如之相，顯示分別。」佛言：「善現！如是！如是！如汝所說。」

這一段經文中，佛開示說：「一切如來、應供、正等正覺，都是依甚深般若波羅蜜多，來證得一切法眞如究竟，才能夠得到無上正等菩提。由這個緣故，而說甚深般若波羅蜜多，能出生諸佛；所以般若波羅蜜多就是諸佛的母親，能夠示現給諸佛了知三界世間的眞實相。」這已經很清楚告訴大家，佛母不是西藏密宗講的那一些與男信徒合修雙身法的明妃女人，是講般若波羅蜜多，翻譯爲中文時就稱爲「實相智慧到達無生無死底彼岸」。這個實相般若波羅蜜多能出生諸佛，因爲若是想要成佛，一定要從實證如來藏而證眞如開始。證得如來藏阿賴耶識以後，就能現觀如來藏的金剛性，了知如來藏就是金剛心；於是能夠觀察這個金剛心顯現出來的眞實性、如如性，就是證眞如；證眞如以後，就可以發起實相般若智慧；只有這個世出世間法的實相般若智慧才能使人正式邁向成佛之道，不再於外門摸索成佛之道，才是佛母。所以佛母不是密宗講的空行母，空行母只是須彌山腳下的飛行夜叉，既未斷我見，也未證第八識金剛心，根本就是凡夫眾生，怎能幫喇嘛們成佛，當然不能說是佛母。

有了實相智慧，把它深究清楚而圓滿通達了，也證得聲聞解脫道的阿羅漢果了，然後故意起惑潤生而不入無餘涅槃才能入地；入地以後才會有能力去探究如來藏所含藏的一切種子，歷經十地的精勤修行以後，才能具足一切種智，具足一切種智時才能成佛。而這一切過程的實修，都是從因地第七住位證得「此經」如來藏時，可以現觀「此經」的眞如性而開始的；所以佛母講的是，能夠引發一個人成就佛道的那個實相法，那個實相法裡的「諸佛母」就是種種的實相般若波羅蜜多，也就是種種的智慧到彼岸的內涵。所以佛母講的是般若波羅蜜多，講的是實相般若的智慧；而實相般若的內涵很廣大，找到如來藏而證得眞如時，也只有總相智，才只是進入眞見道位而已；還有許多別相智的內涵，要在悟後繼續觀行而更深入了知，這個過程就是相見道位應該要修習的；直到全部通達了才能入地，就稱爲見道的通達位。從眞見道以後進修相見道位而通達更多的眞如法相，直到通達位的初地入地心時，需要觀行的時間很長久，是第一大阿僧祇劫的三十分之二十四那麼久。懂得這個道理以後，如果再有密宗的人告訴你說佛母是什麼樣的女人，說佛母就是明妃或空行母，你就說：「佛母不是人，佛母是般若波羅蜜多而不是人。你不能講某女人是佛母，因爲佛母不是人，而是證得第八識金剛心以後所生起的智慧。」就告訴他這個道理。

佛又說：「就像是這個道理，如來、應供、等正覺是依甚深的般若波羅蜜多，而如實覺悟到一切法的眞如，現觀一切法眞如是不虛妄、不變異的。」這裡告訴我們：眞如不離一切法，你如果要證眞如，得要在一切法中證。不能像印順法師講的：要把蘊處界滅掉了，說是滅相眞如。滅掉一切法時就沒有眞如可證了，因爲　佛說的是「一切法眞如」。在一切法中有眞如，第八識顯現的眞如是存在及顯現於一切法中，而不是滅掉蘊處界等一切法的滅相之中有眞如可證。因爲只有在一切法生住異滅之中，才會顯示了一切法中的如來藏確實正在顯示祂的眞實性與如如性，所以　佛說的是「一切法眞如」。佛也說一切法中顯示出來的眞如是不虛妄的，是不變異的，所以印順講的滅掉蘊處界等一切法以後的滅相即是眞如，其實只是想像而墮於斷滅空中，誤以爲斷滅空中沒有生住異滅了，就是眞實而如如。然而斷滅空中就是空無，怎能顯示出眞如？如果斷滅空就是眞如，那麼虛空就該是眞如了，那麼空無也就是眞如了，其實是斷見外道思想，因此我說印順所說眞是胡說。

反過來說，假使有人說：「**我的眞如就是離念靈知。**」或者有人說：「**我要把我的眞如變成有見聞覺知。**」那他們一定是腦袋壞掉了，因爲眞如所依的金剛心是不可能變異的，是無始無終而永遠如此的。而且眞如不是心，眞如是被「此經」金剛心所顯示出的心性、識性，眞如是如來藏阿賴耶識顯示出來的眞實性與如如性，所以眞如只是如來藏的相分——眞如只是如來藏運行時顯示出來的法相；也是阿賴耶識心體自身的自性，所以《成唯識論》說「**眞如亦是識之實性**」。也就是如來藏阿賴耶識在祂所出生的一切法運作的過程當中，顯示出祂與所生一切法互動時的眞實性與如如性，所以這段經文中說「眞如相」，說的是第八識運作時顯示出來的眞實與如如等法相。

假使有人像印順法師一樣，要把蘊處界滅掉以後，然後去找眞如、要去證眞如，或者主張滅掉諸法以後的斷滅空即是眞如，而主張滅相眞如，說斷滅空就是眞如，實際上他就是愚癡人。因為 佛在大品般若、小品般若、《金剛經》裡面都已經很清楚地告訴大家，眞如是與一切法同在的，所以叫作「**一切法眞如**」。如果把眞心如來藏所生的一切法剝離，單純只看如來藏眞心自己的境界時，那就是《心經》所說的無一切法而眞實住於無生無死的涅槃彼岸境界了；然而一切法眞如是不虛妄、不變異的，必然是離見聞覺知底，怎能夠把祂變成跟離念靈知一樣呢？所以若是想要證得眞如，一定要在一切法中證，不能外於一切法或者滅掉一切法而想證眞如，因此經中才說：「**如實覺一切法『眞如』，不虛妄、不變異。**」假使否定了如來藏而說有如來藏的眞如性可證，豈不是癡人說夢嗎？這個眞如既然只是如來藏的所顯性，而如來藏叫作異熟識、無垢識、阿賴耶識，所以說「**眞如亦是識之實性**」，說眞如其實就是阿賴耶識（異熟識）自身的眞實性。既然眞如是第八識的眞實性，是第八識顯示出來的眞實性與如如性，這個眞如顯然就不是心。既然眞如不是心，怎能說這個眞如會出生阿賴耶識？他是感冒發燒、腦筋燒壞了。

而且，玄奘菩薩在《成唯識論》中寫得很清楚：「**眞如亦是識之實性。**」眞如只是如來藏識、異熟識的眞實性，既然是眞心第八識的眞實性，顯然是第八識所顯示出來的。所以玄奘菩薩在《成唯識論》卷十又說：「**或相分等皆識為性，由熏習力似多分生。**」這也證實眞如其實只是異熟識所出生或顯示出來的許多種相分中的一種，當然不能夠外於眞心第八識而想要證得眞如。所以「此經」第八識也就是阿賴耶識或異熟識，確實存在而不斷運行著，當然有祂的各種運行的法相，統稱為識的行相，這在《成唯識論》中說得很多；只是一般人尚未證得第八識金剛心而讀不懂《成唯識論》，所以產生了種種誤會而有錯誤的講法。而且玄奘菩薩在《成唯識論》中又說：這個眞如是第八識的所顯法，不像前七識是第八識的所生法，所以眞如法相並沒有世間法的作用。

沒有作用的眞如，只是第八識顯示出來的眞實性；二〇〇三年初，竟然有人號稱完全懂得《成唯識論》，宣稱他的智慧證境比我更厲害，結果竟然都讀不懂。我幫他們明心後，他們既然都還讀不懂，我就把論中的眞實義細說而寫出來，他們竟然又放話過來說：「**老師！你以前都沒有講解過這些道理，為什麼現在才講出來？**」我眞的沒有講過嗎？《成唯識論》裡面明文寫的，我當年是一字一句去解釋的，每一小段論文都要花掉我兩小時來講解（編案：以前講《成唯識論》是每週上一次課，每次講二小時），全都詳細講解過了，怎麼會沒有講過呢？是他們當時沒有聽懂所以沒聽進心中去呀！別人卻都聽進心中去了，都沒有問題；所以他們捅了個大漏子，還眞的不能怪我。因爲我確實都有詳細講解過，所以當年講《成唯識論》時，才需要講四年多啊！要是他們還不信的話，我還有錄音帶存證呢。

所以說，眞如的修證，絕對不可能單憑想像而說。並且一定要在一切法中證，不能滅掉一切法而想要證眞如，眞正的佛法之中沒有這回事。所以印順法師書中講的滅相眞如，是永遠都講不通的；因爲在佛法中講的是「一切法眞如」，不是斷滅相眞如；因爲如來藏就在一切法上運作，當祂在一切法上運作的過程當中，才能顯示祂的眞實性、如如性，在無餘涅槃中是無法顯示祂的眞如性的，所以玄奘菩薩才會解釋說：眞如是阿賴耶識心體的行相。是祂在一切法中運行的過程所顯示出來的眞實與如如底法相。當我們把這個《成唯識論》（因爲當年楊先生他們說一切佛法都函蓋在《成唯識論》中。）裡面玄奘菩薩的說法拿出來證明：**「我們正覺說的才對。」**結果他們竟然又改說：**「菩薩寫的論，也不一定正確。」**凡是跟他講的不一樣時，就說不是正確的論，以前卻說「成佛之道盡在《成唯識論》中」，那麼他到底是前面的主張對？還是後面的主張才對？我都不知道了！總之他的兩種說法之中一定有一種錯了嘛！既然兩種之中一定有一種錯，不是像我前面講的跟後面講的全都正確，那麼顯然他說的法就是常常有問題。

所以如果有人主張說：眞如出生阿賴耶識。那眞的叫作感冒發高燒而把腦袋燒壞了！如果沒有燒壞，一定是神經線短路了，一定是有許多神經線錯接了，所以就亂七八糟了。因爲眞如既然是第八識的眞實性而不是心（編案：在第二轉法輪的般若諸經中，有時以眞如指稱第八識心），他就不能夠說眞如會出生阿賴耶識。若是眞的有某一個法能出生阿賴耶識，那麼就只有心才能出生阿賴耶識；既然那個法能夠出生阿賴耶識，當然就是心，不能說那不是心。既然能生阿賴耶識的眞如是心，那就是第九識了，爲什麼還可以說那個法不是第九識？還放話指責我說：「我們又沒有說眞如是第九識，你蕭平實寫〈八九識並存等之過失〉的文章出來幹什麼？」就成爲無理的指責。

所以，只要有一個環節弄錯了——特別是在根本法上面，就會全盤皆錯。因爲這個如來藏以及祂所顯示出來的眞如法性就是根本法，這個根本法如果誤會了，接下去就全盤皆墨，整個法義都會錯亂；這時只能籠罩還沒有別相智底人，一遇到有別相智或道種智底人提出質疑，他們是完全沒有辦法自圓其說的，所以只有愚癡人才會信受他們的說法。同理，印順主張的滅相眞如也是不可能說清楚的，是講不通的，也是不可能弘揚成功的。因爲　佛已經說：「一切法『眞如』，不虛妄、不變異。」不是滅掉一切法之後而有眞如可知、可證。佛之所以成佛，就是在一切法眞如上面親證了，所以能夠進而實證一切種智圓滿，才能成就佛道的。

接著，這段經文的後面一句話說：「由如實覺眞如相故，說名如來應正等覺。」所以眞如是有相的。對於還沒有實證的人來說，眞如是無相的；一定要對他們說無相，否則他們可能會努力去打坐，坐到某一個境界相出現時說：「喔！有一片光明，好莊嚴的光明，那一定是眞如了。」或者說他參禪參到起了幻覺，說看到一個圓圓的、透明的影像：「那一定是眞如了！」他會落到諸相裡面去，所以剛開始你要告訴他：「眞如無相。」可是等他證悟「此經」以後，再告訴他：「無相的眞如其實只是第八識運行過程的法相，所以祂還是有行相，可是那個行相不屬於五陰十八界所攝，因此才對初學者說眞如無相。」所以對未悟者要說無相，他們才不會去執取有相的法；可是對於已悟底人，你這麼一講，他就清楚了：「啊！對呀！就是我的如來藏在一切法中運作的過程顯示出來的法相，眞如就是如來藏所顯示的眞實性與如如性，確實無相。只因爲祂眞實存在，能生一切法，所以是眞實；眞實存在而確實有能生萬法的自性，所以眞如的『眞』並不是虛構的。可是如來藏對所生一切法，卻又如如不動，所以『如』也不是虛構的。因爲如來藏在種種自性運作中顯示出祂的眞實性、如如性，所以就把祂叫作眞如；因此我就可以觀察到：祂在一切法中運作時，確實是眞實與如如，果然眞如是第八識的行相。」既然有行相，總不能說祂無相，只是那個相不是五陰相、六塵相、蘊處界相。

這時善現向佛稟白說：「甚深般若波羅蜜多，所證一切法『眞如』，不虛妄、不變異，極爲甚深，難見難覺。」確實是甚深。對諸地菩薩來講，這是很粗淺的法；對於悟後很多年的人來講，這也是很粗淺的法；所以他把《大般若經》請出來，從頭讀到最後都可以讀懂；可是等到方廣系列等唯識經請出來讀時，又感嘆地說：「哎喲！還有好多讀不懂呢。」等他又把玄奘菩薩寫的《成唯識論》請出來，很耐心、很耐心地讀，讀了好幾天，連第一頁都還無法讀完；眞的讀不下去了，因爲那是屬於入地後才會懂的一切種智佛法，不屬於三賢位所懂得的般若佛法。所以，這些法就是在告訴我們說：你一定要親證了如來藏以後，才有證眞如的可能。當你親證了如來藏，證眞如了，你就可以生起實相般若的智慧了。生起實相般若的智慧以後，你轉依了這個眞如，不再認五陰是常住法，你就沒有我相；沒有我相就沒有人相、眾生相、壽者相了，就遠離四相。因此，般若波羅蜜多中的種種實相智慧，才是眞正底佛母；藏傳佛教密宗的佛母明妃是具足四相的，絕對不是佛母智慧。

只有眞的遠離四相以後，才是證實相的人，所以我們才會說：「知道般若密意而沒有轉依成功的人，仍然不是開悟者；即使知道密意也沒有用，他還是個凡夫。」因爲不是經由自己參究而經歷過汰蕪存菁，依舊夾雜著許多我見、邪見等雜質，我見都沒滅除，怎能弄清楚眞如的眞正意涵呢？所以有些人—包括外道們—喜歡探聽般若的密意，其實對自己反而不利；從別人那裡知道了密意其實並沒有用，因爲那不是他們自己參究出來的，終究還是別人的，不是他自己的，所以去到禪三精進共修時，先知道密意的人反而考不過去。因爲沒有經歷參究過程而先知道密意時，他會有兩個問題出現：第一、去打三的時候老神在在，把監香老師也不看在眼裡，對糾察老師就更別提了，首先就讓人家不會生起好感了！這就是第一個問題：老神在在而不會繼續參究，延誤了親證的時機。第二、因爲自覺已經開悟了，所以他就很大意，也不肯好好再用心去把密意中的許多東西好好體驗及整理，所以去到禪三道場時就只知道一個密意的名稱，然後才剛一考下去，兵敗如山倒，猶如黃河潰堤一樣，整個都是黃濁一片，腦袋就像漿糊一般；我再怎麼幫忙，他也考不過去，總是被監香老師駁回來。

所以知道密意有沒有用？沒有！除非他是自己眞參實究體驗到的。凡是聽來的都不是他自己的，因爲實相般若智慧無法出生；潙山靈祐座下香嚴智閑禪師的故事，就是古時具體的例子。我們會裡有一些同修打探到密意了，如今六、七年了還是無法通過勘驗，也是現成的例子。所以打聽而先知道密意以後，很難如實轉依；假使沒有如實轉依，縱使他很用功很謙虛，考過去了，我們心裡還是會認爲他其實沒有開悟；雖然表面上他也可以來增上班上課，我們心中還是認爲他並沒有開悟；讓他參加增上班，只是爲了要攝受他，使他將來能夠轉依成功，這就是因爲沒有眞參實究而沒有轉依成功。只知道表相密意而沒有轉依成功底人，每天都是脾氣大得不得了，誰都不服，我相具足；我相具足時他就不服任何人，人相就具體存在；人相存在時，看了所有眾生都認爲是凡夫眾生，成天都說眾生還沒有開悟，於是又有眾生相了；有了眾生相，他就想：「我還能在佛教界再混幾十年，誰也拿我沒奈何。」這就有壽者相了。四相具足底人，我能承認他開悟了嗎？退轉而回落在意識離念靈知中的人，也是沒有轉依成功底人，我能繼續認定他開悟嗎？當然要收回以前給他的開悟印證。

所以，一定要轉依眞如成功了，已經沒有四相了，才能說他是眞正開悟底人，否則光只知道密意是完全沒有用處的，不會有解脫和般若智慧的功德受用。不是自己參禪而向別人打聽，或聽別人明講而知道密意，那就等於末世最後五百年的時候，那一些知道密意的人，同樣是從書局隨便買一本佛學的書來看就知道如來藏了，就會輕賤起來而毀謗說：「如來藏就是這個東西？笑死人了！就只是這樣呀！」於是他的智慧就不可能生起，沒有解脫功德受用，不會與實相般若的智慧相應。所以，同樣底道理，雖然有些人已經知道密意了，我們還是說他沒有開悟。因此有些同修雖然知道密意了，當他們要求我印證時，我都不爲他們印證；因爲他們都沒有轉依成功，都是攀緣眷屬而去打聽出來的，不可能生起實相智慧，不可能轉依成功。

而且我們正覺的規矩，也是要去禪三才會給予勘驗及印證的。然而禪三時的印證並不是很簡單的，有很多考題要考的；我們提出考題，然後由你來爲自己證明，要成功地證明這個確實是《金剛經》中說的金剛心，要藉那些考題由他爲自己證明「確定不會退失了」，我才會給他金剛寶印。這就是說，如果是眞的開悟了，必須要先有智慧顯示出來；只要智慧夠勝妙，當他被我印證時雖然還沒有轉依成功，未來也一定會轉依成功，不可能轉依不成功。只要他是自己參究出來底，智慧就夠勝妙，他會再深入去探討：遍十方法界，遍過去劫、未來劫，他都無法找到一個可以取代這個第八識實相心的東西，最後只好承認了，確定下來而不可能再生起妄想來否定自己的所悟。這樣子死心認定了，就是轉依成功了，四相就跟著確實滅除，他就開始瞭解到：佛道的修行，就是要轉依祂的眞如性，把自己蘊處界等事相的貪著，一分一分地斷除，才能漸漸發起修道性及聖種性。

所以這個般若，在沒有親證如來藏以前，是不可能瞭解的。而親證如來藏是那麼困難，所以才說般若甚深、極甚深。常常有人講：「般若甚深、極甚深。」可是等你問他說：「深在哪裡？」他又不知道了，他最多只能告訴你說：「因爲無法理解，不可親證，講不出來，所以甚深。」那時候你就告訴他：「誰說講不出來？因爲你悟錯了，才會講不出來。」他當然要問你：「那不然，請你告訴我。」你就當場給他五爪金龍。「你怎麼打我？」「你不是要我講出來嗎？」他說：「我要你講出來，你怎麼打我？」你就告訴他：「我用打的，才是眞的講出來；你如果想要用言語來知道，那好！你去正覺同修會請書，那些書都是用言語講的，你就讀上三十年再說吧！」所以它眞的甚深，不是普通的深。實相般若的智慧，不迴心底聲聞阿羅漢們都只能信解，只能去信受理解而不是實證，那你說它深不深？阿羅漢的解脫道，現代佛教界就全都搞不懂了，何況阿羅漢只能信解而不能實證的般若妙法，因此說：「極爲甚深，難見難覺。」確實很難得看見，也很難得覺悟的。

接著具壽善現請問說：「一切法眞如甚深，誰能信解？」一切法眞如確實非常地深奧，有誰能夠信受及理解呢？當然只有不退位底菩薩摩訶薩，只有這種位不退底菩薩才能信受及理解。位不退是講什麼呢？講七住位開始底不退菩薩。在七住位明心了，能夠安忍於這個如來藏的本來不生，不會被人稍微恐嚇一下就退轉了，這樣才叫作位不退。好比二○○三年那二百人，才剛剛被楊先生等人一恐嚇說：「**你們正覺證的是阿賴耶識，不是如來藏、不是眞如，你們說的開悟明心都是大妄語，死後要下地獄的。只有我們所證的能生阿賴耶識的佛地眞如，才是眞的開悟。**」聽他們這麼恐嚇，一下子就退轉了，就不是位不退的七住菩薩了。於是跟著他們退回離念靈知而說是佛地眞如，其實是連第六住位都住不了，已經退回去很多位了。在六住之前都還有退，全都是在外門修學六度波羅蜜多，都是有時進、有時退；所以，第一大無量數劫才會被稱作無量數劫，就是因爲時進時退的緣故而造成的。到了第七住而不退回意識境界了，才眞的叫作位不退，而且大多數人明心後也還得要善知識攝受才能不退轉。

不要以爲明心開悟了就不會退轉，在《菩薩瓔珞本業經》裡面（那是律部的經典），佛有講過十、百、千劫以前的淨目天子法才、王子舍利弗，這些人過去多劫以前證得如來藏，但是由於沒有善知識攝受及開解，不能深入觀察理解而無法信受、不能奉持「此經」如來藏，於是心中有所懷疑，不能信受奉持而退失了。退失了以後就產生大邪見、甚至於無惡不造，因爲不相信如來藏就無法確定有一個眞實心執持業種，所以就不信因果了。不信有如來藏常住，那麼因果就不可能存在，他們就不信因果了，因此就敢無惡不作。舍利弗跟天子法才是經過很多、很多劫以後，遇到 釋迦牟尼佛，證得阿羅漢果，迴心大乘然後悟得這個如來藏，才算是眞的不退。

所以在正法之中開悟以後會退轉，才是正常的，統統不退才奇怪。統統不退的，究竟是什麼法呢？是離念靈知。凡是落在五陰我裡面的人，他們就不會退失。因爲五陰等自我是大家都喜歡的：你叫他死掉五陰假我，他們可都不願意死掉。且不說凡夫執著五陰裡的離念靈知識陰，連阿羅漢都還會有我執底習氣種子，在突然出現爲害生命的緊急情況時，連阿羅漢都會基於怕死的本能而逃走。當阿羅漢們看見大醉象狂奔過來的時候，全都逃光了，只剩下阿難尊者一個人依舊跟在 佛陀身邊，那你們說，阿羅漢究竟怕不怕死？還是怕呀！他們捨壽入涅槃底時間還沒有到，他們就不願意死；得要等到捨壽入涅槃的時間到來時，他們才會眞的入無餘涅槃而滅盡五蘊的。因此說，識蘊的有念或離念境界，每一個凡夫都執著、都喜歡；悟錯了而住在離念靈知識陰境界中的凡夫們，可都不會退轉於識陰的。至於證得如來藏心的人，若不能安忍於與我見、我執相反的無境界的如來藏心，就有可能會退轉。

可是如果眞的證得了如來藏，能夠安忍——獲得大乘無生忍，那就會成爲位不退菩薩。位不退菩薩，在以後成佛之道的過程中，就可以一步又一步縮短成佛的過程，就不會再被稱爲無量數劫了；因爲他的成佛之道過程已經確定了，那個無量數已經打破——轉變爲以無量法的實證代表無量劫了，就可以確定他將來成佛的時程以及確實他將來會如何成佛了。只要是到了七住位不退，佛就可以爲你授記；因爲你將來會在多久以後成佛，已經都可以看得出來了。然而有的人是顯授記，已入三地的菩薩都會被作顯授記。凡是未入地的，如果被授記時大多是密授記，也不會明確而公開地說他如何成佛，大多是在授記某一位阿羅漢迴心大乘開悟成爲菩薩時，一起授記成佛。或者十方諸佛世界，某些菩薩都已經知道：他將來多久以後會成佛，佛世界叫什麼名稱，他的佛號又叫作什麼等等；天界都已經知道了，就是單獨他不知道。因爲不能讓他知道，一旦讓他知道了，他就懈怠了，就起慢心了。起慢心、懈怠心以後，佛的授記就變得不準確了，到時候他又怨怪佛陀說：「佛啊！

您講的都沒有準確。」所以就是不能讓他知道，這種就是屬於密授記。

雖然是進修到位不退了，可是在位不退中，有時候常常會有行退。這個實相般若底見地，你絕對保持著不退，你也轉依成功了，可是有時候你想一想：「學佛這麼辛苦，弘法這麼辛苦。不行！我一定要跟我妻子講好，明年要出國去哪裡玩一玩，放自己一個長假。」一定會這樣，這叫作行退。可是如果叫你永遠放長假，到處去觀光玩樂，永遠都不再進修佛道，你又不願意，你說：「我只是希望給個假期，我休息是為了走更遠的路。」眞的是這樣，有時候是陪著父母親去玩，因為父母親老是抱怨說：「我們這幾年再不出去遊玩，再過幾年可就走不動，沒有體力去玩了。」因此也不得不陪著他們去玩，心中也是喜歡一起出去遊玩；可是正當出去玩時，你其實又是一點喜樂都沒有，只是想著說：我又失掉了一次聽經的機會。如果你放自己的假出去遊玩時能夠這樣，你就快要超越位不退了，就快要進入行不退了，行不退就是入地。

這就是說，什麼人能夠信解甚深般若？第一種是阿羅漢。阿羅漢是相信佛的開示，心中絕對沒有懷疑。因為心中絕對沒有懷疑，所以他們能夠信解，能夠相信：這個般若確實是甚深，阿羅漢所不能證。他們都會相信，不懷疑佛陀所說的般若，因爲他們眞的聽不懂。另一種就是親證底菩薩，就是第七住位中，被叫作不退位的菩薩摩訶薩。所以第七住位也可以稱爲摩訶薩，只要明心了就可以稱爲摩訶薩。當你悟了，證得實相了，你的知見中已經沒有四相了，那不是一般的凡夫菩薩了，所以明心了就可以稱爲摩訶薩。既然是摩訶薩，當然可以稱爲勝義僧。般若妙法中的勝義僧，是大乘法中才有的；所以我們禪三道場，現在已經有示現在家相的勝義僧，那也是出家人，並且是眞正底出家人，因爲所知所見已經遠離四相了。這其實是 佛陀在世時就已經存在的大乘佛教，我們就要這樣把它恢復起來。以後正覺寺建好了，還會有更多這樣的出家菩薩僧，不示現聲聞相；因爲現在禪三道場祖師堂中沒幾個房間，所以就只能容納這麼幾位。

甚深般若，阿羅漢們是尚未親證，他們得要具足正見而且是漏盡阿羅漢，才能信解，若對大乘法義還沒有具足正見，是不可能信解的。可是，阿羅漢會不會有人不具足正見而沒有漏盡？不可能！凡是阿羅漢，都具有正見，也都是漏盡的。其實如果要放寬標準，凡是初果人也都會信解；因爲初果人他已經自己可以確認，最多七次的人天往返受生，就可以成爲阿羅漢出三界了；他也相信必須有第八識入胎識常住，才能使阿羅漢所證底無餘涅槃，不會成爲斷滅空。可是這個實相般若甚深法義，他還是無法證，所以他會信受，只是還不能理解。雖然他無法證，又不願意轉入菩薩道來求證，但他還會信受，只是無法奉持「此經」。因爲初果人都知道般若的實證，一定要在一切法中來證眞如，然而在一切法中證眞如的本質就是證如來藏。所以，只要有人否定了如來藏，而說他證得初果、二果、三果，那都是騙人的，更別說是證得四果了。

凡是在解脫道中有證果底人，都不會否定如來藏；因爲他們知道解脫道的內涵，知道確實有一個入胎識是無餘涅槃中的本際。凡是如實知道解脫道內涵底人，就是不誤會解脫道的實證者；不誤會底人才是已在解脫道中證果的人，所有不誤會底人，一定都知道涅槃中的本際就是 佛說底如來藏。所以，凡是否定如來藏、否定第八識的那一些六識論者，宣稱說他開悟或證初果，全都是騙人騙己的愚人；都是因中說果，都是大妄語者。這段經文中的意思已經很清楚告訴大家了：佛母不是一個女人，也不是兩個女人或九個女人，佛母根本就不是人，佛母是指般若波羅蜜多。

接下來我還是要說，得般若智慧的人就是證眞如底人。證眞如，是要由證得實相心而得到；然而實相心是離相、是寂滅的，祂最難被了知。古時候以及現在的學人都誤會了，只有證悟底祖師知道，所以我們還是要再針對這個部分，從禪宗的記載中提出來說明：

《禪宗永嘉集》卷一：【其辭曰：「忘緣之後寂寂，靈知之性歷歷；無記昏昧昭昭，契眞本空的的。惺惺寂寂是，無記寂寂非；寂寂惺惺是，亂想惺惺非；若以知知寂，此非無緣知。如手執如意，非無如意手；若以自知知，亦非無緣知；如手自作拳，非是不拳手。亦不知知寂，亦不自知知，不可爲無知；自性了然故，不同於木石。手不執如意，亦不自作拳，不可爲無手；以手安然故，不同於兔角。復次修心漸次者，夫以知知物，物在知亦在；若以知知知，知知則離物，物離猶知在。起知知於知，後知若生時，前知早已滅；二知既不並，但得前知滅；滅處爲知境，能所俱非眞。前則滅滅引知，後則知知續滅；生滅相續，自是輪迴之道。今言知者，不須知知，但知而已；則前不接滅，後不引起；前後斷續，中間自孤；當體不顧，應時消滅。知體既已滅，豁然如托空，寂爾少時間，唯覺無所得，即覺無覺；無覺之覺，異乎木石。此是初心處，冥然絕慮，乍同死人；能所頓忘，纖緣盡淨，閴爾虛寂，似覺無知。無知之性，異乎木石；此是初心處，領會難爲。」〕

這段永嘉玄覺禪師底語錄，有一點像在繞口令，是不是？其實不是！這些言詞，目的是在告訴大家：「離念靈知是錯誤的。」他在爲大家說明：「離念靈知與禪門所證底眞如，二者是不一樣的。」禪門所證底眞如，說祂離見聞覺知，但不是完全無知；可是這個知，不是六塵中見聞覺知的知，也不是打坐中覺得很寂靜的知；可是爲了讓眾生願意修學，不會畏懼落入斷滅空中完全無知，所以要告訴大家：不是完全無知。這是禪宗祖師底慈悲。可是那些悟錯而落入離念靈知底人，就把這些語錄中的字句拿來作證據說：「你看！還是禪宗開悟的語錄，說的還是有知呀！要有覺知而離開妄念才對呀！」因此，禪師又不得不老婆心切，寫了一些詞出來，告訴大家：「此知非彼知，不能用彼知來知此知，卻可以用此知來知彼知。」目的就是在講這個，所以講了很多的知，其實不是繞口令。但是，你如果還沒有證得如來藏，當你讀這一段語錄時，可就是心中一片模糊，什麼都讀不懂了。

我們《金剛經宗通》上週講到〈離相寂滅分〉補充資料永嘉玄覺禪師語錄，還沒有說完，今天接著還要再從理上，也就是從宗門來說理。我們正覺同修會出來弘揚正法以來，一直都說：「證得般若智慧其實就是證眞如。」眞如，這兩個字是在大品、小品般若諸經裡面常常會看見的佛法名詞，可是「眞如」兩個字到底是什麼意思？這一定要探究，因爲禪宗祖師常常說開悟就是證眞如，都說證得眞心就是證眞如，說一切有情這個覺知心（不論是有念靈知或離念靈知）之上，還有另一個眞心叫作眞如心。那麼到底眞如是什麼？有好多人學佛十幾年了，始終弄不清楚：解脫道、眞如、禪宗的公案，這三者之間到底有什麼關聯？總是弄不清楚。當他們對這一些重要關鍵點的內容還沒有弄清楚之前，對於佛法當然一直都是一知半解，更沒有辦法建立一個佛法的架構出來，連學佛的基礎點都不知道在哪裡；所以許多人學佛三十幾年以後，仍然對佛法覺得渺渺茫茫無所適從。這其實不是學人的過失，而是善知識們的過失。

那些善知識爲什麼會有這種過失？其實是因爲他們自己也不懂。已經出世弘法三十幾年、四十幾年的大法師們，對於佛法也還是不懂的；連他們自己也都沒有一個正確而整體底概念，那麼跟著學的人當然更不懂。如果跟著學的人自己能懂，因此就能自參自悟，而教授的人依舊不懂，這表示說，那個學人一定是往世就悟過了，今世是乘願再來底人，這是無可疑議的。這好像有一點自我標榜呵！因為教我修禪的人確實是不懂佛法，並且他所教的大乘法禪宗，跟見道以及修道的內容都是剛好顛倒，努力精修再久也沒用，永遠不可能見道。但是我自己後來覺得他的說法不對，把它丟了以後，我自己針對明心見性四字去參究，於是自己從禪法迷雲中走了出來。

弄清楚以後又整理了幾年才發覺說，這佛菩提與二乘菩提之間的關係，以及小乘與大乘見道的內容，是當代佛教界大法師們普遍不知道的；所以我就發覺大家最須要知道的是大乘與小乘的關聯，也就是應該把佛菩提道與解脫道的內容與關聯，有次第性地加以同時表列，讓大眾一看就有一個概念，對佛法的架構就能建立起來，這個可能才是最重要的。所以我才會在發覺這一點之後，把它整理出來列表印在書末。從此以後，有好多人是因為好奇才讀我們的書，卻在書末的〈佛菩提二主要道次第概要表〉中，弄清楚了佛法的內涵，因此而進來正覺同修會。他們對我的書覺得好奇，是因為有好多人私下在流傳說：「那蕭平實是個邪魔，是個外道，但沒有人能駁倒他。」於是當他們遇到了蕭平實的書，心中就有一點好奇：「我來讀讀看，他到底爲什麼被謗爲邪魔？原因在哪裡？爲什麼會被叫作外道？」就這樣讀了我的書。讀了以後才發覺：原來這個被謗爲邪魔外道的人才是眞的菩薩。這是很多人經歷過底過程。

問題是，禪宗的開悟跟佛法之間究竟有什麼關聯？禪宗講的證眞如，跟佛法的實證有什麼關聯？大品般若、小品般若諸經裡面也說眞如，經中這個眞如跟禪宗的明心又有什麼關聯？然後，佛菩提道與解脫道之間，到底又有什麼異同？互相之間總不能夠沒有關聯吧？否則怎會全部記錄在同屬佛教的經典中？一定是有關聯。所以這個部分就顯得很重要。當然有很多人學佛學了十幾年，是連眞如、佛性四字都從來沒有聽過，那也很常見。所以說，眞如與般若有什麼關聯？而禪宗的證眞如又與般若的實證有什麼關聯？這是個很重要的題目，凡是修學佛菩提的人絕對不能忽略這一點，否則將會求法無門。因此，我們要特別宣示一點：般若智慧的開悟就是證眞如，證眞如的人就是禪宗裡開悟明心的人。

經中說的眞如並不是一個想像的法，眞如是眞實可證的，不是名言施設；而這個眞如有時候是拿來代表第八識，所以般若經中有時以眞如二字來指稱第八識如來藏；而禪宗祖師有時候說：「你悟了眞如沒有？」就是在問你：「你有沒有明心？」假使眞的明心了，自然就知道什麼叫眞如了。爲什麼會這樣呢？答案是，找到眞實心如來藏的時候就可以現前觀察，這個眞心具有眞實性與如如性，這樣就是證眞如。可是三百年來的中國佛教界，難得聽到有誰在講什麼證眞如，對於眞如內涵的誤會是很平常的。以往常常可以看到這樣的例子：他們的誤會所在，都是想要把意識修練，想要把覺知心修練，讓祂變成眞實而又如如。不論是大山頭、小山頭、大居士、小居士，只要是在教禪的，都是這樣在作文章的，都在這上面錯用功。不但佛教裡面如此，始終一貫都在竊盜其他宗教法義的一貫道（一貫盜）裡的講師、點傳師、前人、經理等，也大多如此。

我們正覺同修會還沒有成立以前，我就已經在弘法了；那時候有一位從道教轉過來的同修（當然已經離開了，不是現在，很久以前就離開了），他說要怎麼樣證眞如呢？他就是每天修練，是修練不睡覺，要永遠警覺；他不是只有不倒單，而且還眞的不睡覺，連打瞌睡都不許。那麼他修練永遠都不睡，說這樣可以把覺知心變成眞心，就不會中斷而生滅。他想：「只要都不睡覺，永遠都沒有睡著，打坐時也不昏沉、不打瞌睡，那麼覺知心就不會中斷，就是眞如心了。如果打瞌睡，睡著以後就會間斷，就不是眞如心了。」這是大約二十年前的事，他是怎麼修的呢？他大約二十年前就去修練，要使這個覺知心不間斷，認爲就可以變成眞實心，就可以不斷歷練自己，可以永遠如如不動。他怎麼修呢？他晚上都不睡覺，只是打坐；然後每天三點多、四點鐘不到，就要出門去大市場買菜，因爲他經營自助餐店。

那個人，說起他，我也覺得他眞的很虔誠；二十年前有三戶公寓，他爲了求道，爲了奉獻給道場，三戶都賣掉，全都奉獻到一貫道（一貫盜）去，但是後來他轉入道教去了；或許是從那裡學來的知見，就很歡喜鍛鍊這個功夫。房子都變賣捐出去了，然後繼續經營自助餐；這也是因後來學到都沒辦法證眞如了，他就想要練成這個眞心，要讓祂不會間斷就變成眞心。可是他那時候三戶房子都賣掉，全都奉獻出去後，就只好繼續賣自助餐來生活；他就這樣硬撐著，白天一直工作，到了晚上打坐不睡覺。可是，他只撐了半年多，不論毅力多麼強、道心多麼堅固，最後還是撐不住，有一天終於打了一個瞌睡，覺知心也就中斷了。中斷了，他才發覺這一定不是眞心。既然不眞，當然就不可能如；一定是眞的才能如，會斷的怎麼叫作如呢？這是一個眞正的例子，這不是我瞎掰出來的（當時還有另一位同修，因爲禿頭，頭會反光而很亮，大家都叫他「金剛仔」；以前，不論他去到哪個道場共修，那個道場不久就關門；來這裡共修時，也擔心我們不久就會一樣關門，他又會沒有地方可以依止。後來我們也關門了，但卻是建立起同修會而把舊的其他處所關門；同修會到如今還在弘揚正法，還是沒關門；但他也離開了，因爲他的精神病又重新爆發了）。

話說回頭，這個轉變妄心成眞心的錯誤觀念，其實也是現代佛教界中很普遍存在的現象，並不只是道教、一貫道（盜）裡面才這樣。當代佛門那些大小山頭，你們去看看，不都是如此嗎？都是在意識心或識陰六識上面大作文章。所以看來那些大山頭的堂頭和尚、主法和尚，還不如那位同修。雖然他如今已不在佛門裡面，但他的覺知心至少也撐了半年多不中斷。那些大山頭的大和尚們有誰作得到？全都作不到。可是，他們自己作不到（因爲他們的覺知心是夜夜眠熟時就斷滅了），卻繼續主張說：「**離念靈知意識確實是不生**

滅的。」還寫在書上。這是公然跟　佛陀唱反調，因爲不論大乘經或小乘的四阿含諸經中，佛陀都說意識是意、法爲緣生：「**意法緣，生意識。**」佛門的大師們竟公然唱反調說：「**意識是不生滅的。**」不曉得他們到底是不是佛教？我眞的不知道，你們自己判斷看看。

這意思就是說，佛法——特別是大乘佛法的見道，在實證上之所以困難，是在於沒有眞正的善知識。可是眞正善知識，其實一直都在中國，並沒有消失，問題只是有時候不能出來弘法。爲什麼不能出來弘法呢？因爲時局不太平，並不是出世弘法的時機。戰亂的年代，那個時局是求名求利者的時機，不是眞正善知識出來弘法的時機，所以就不出來弘法了。可是善知識有消失嗎？其實沒有，只是在觀察弘法的時機而已；時機如果許可，在悲心的驅使下，還是會出世弘法的。

末法時代的台灣，關於這個證眞如，廣欽老和尚是親證了，只是他不知道那應該稱爲眞如；是因爲不識字，所以沒辦法從般若諸經裡面吸取一些佛陀、大菩薩開示的智慧，無法出來說明怎麼樣叫作證眞如。但那能怪他嗎？不行！那就是說，眾生求法的因緣就是如此，所以他無法把正法傳下去；因為他如果眞的傳了眞如法，那些徒弟們不會信受，反而會起來反對他。因此，他是適合那個時代，而我適合這個時代。因為現在網路資訊流通很快，無遠弗屆；假使月球可以住人的話，資訊也可以通聯到月球去，何況是地球上？所以這個時候弘法時，必須要把證眞如以及開悟般若的關聯講清楚，否則無法服人。

把眞如的內容與佛法般若的實證關聯講清楚，這個很重要；一旦講清楚了，將來整理出來印在書上，後代的人也可以不再被誤導，不再盲修瞎練。後代的人讀了就會發覺：原來證眞如就是禪宗的明心，明心以後就能觀察那個眞心，祂是眞實地存在，也是眞實不斷滅，祂也是在一切境界上如如不動的；現觀祂既眞又如，那就是證眞如。這個道理整理在書中，未來世我們大家乘願再來，讀了以後也就很清楚了知：「**原來證眞如、開悟般若，就是要從中國禪宗的明心開始。**」因此大家就懂了：原來大乘佛菩提的見道以及入道，都要從禪宗的明心而入。這樣就有一個方向了，然後依據我們列出來的〈佛菩提二主要道次第概要表〉，就知道現在自己站在哪一個位置上，接下去應該作什麼，要如何進修，也就全都清楚了！就能縮短未來每一世被胎昧障礙的時間，然後配合《阿含正義》來閱讀以後：「原來解脫道的內容是這樣。」三乘菩提可就通了；從此以後，假使再有像現在的這些大山頭底法師們在欺瞞眾生，可就欺瞞不了了。而且他們四大法師假使下一世還在地球的話，他們也會被我說的法所度。這一世也許私下在罵我：「那蕭平實不如法！是邪魔、外道。」死時懺悔轉到下一世，他們可就會很相信我：「這蕭平實眞是大善知識！」把我的書捧著，好好勤讀，好好精修，好好努力，但就是始終悟不了。他們來世要怎麼悟呢？要來跟你們學，因爲那時候我已經不在這一世了。他們下一輩子會學佛，大概也是二十幾歲以後、三十幾歲以後的事了！這一世讓他們再活二十年好了，那麼最快就是四十年後的事了；我想，我大約也活不到一百歲。

所以，什麼叫作證眞如？就是證第八識心而能現觀祂的眞實性與如如性，那就是證眞如。你們已經明心了，找到如來藏了，現前看到祂是那麼眞實，也現前看到說：原來我的五陰、十八界都是祂所生，然後祂藉我的五陰、十八界再出生了萬法，祂在一切境界中卻是如如不動其心而不停地運作著。那不就是證眞如了嗎？祂眞實存在，現前看到祂於一切萬法中都是如如的。

能夠如如不動，永遠不動其心，那就是證眞如了。這個證眞如，就是實相般若的開悟親證。這個道理弄懂了，就知道要怎麼下手，就知道應該先學禪宗的法，求禪宗的開悟。以前大家對於般若的開悟，總是一人一種想法，十個人就有十種想法，眾說紛紜，大家都不敢確定自己所想所說是正確底。所以，從來沒有一個人敢出來斬釘截鐵說什麼叫作證悟般若。這三百年來，從來都沒有！終於有一個印順法師出來講什麼叫證悟般若，卻是性空唯名以及滅相眞如底斷滅法，完全誤會了。

所以，般若的開悟就是要從中國禪宗底明心下手，在禪宗的法中明心了就是般若的開悟，此後對於般若諸經就能一部一部自己去通達。禪宗祖師常常講：「**你呀！說也說得，講也講得，經也說得，然而就只是欠著腦後這一著子：腦後欠一槌。**」禪宗祖師常常在徒弟腦後，突然打他一竹篦；這個徒弟不知道誰打了，轉過去，正要開口，沒想到禪師拿著竹篦問他：「是什麼？」好像沒頭沒腦地，眞是丈二金剛摸不著頭腦。你若悟不了，就好像一個小孩子；這禪師就像丈二金剛一樣，你怎麼能摸到他的頭腦？當然摸不著。等到你弄清楚了，原來禪師講的竹篦其實並不是竹篦，那才是禪師說的「竹篦」；

當你弄清楚了，你就跟他一樣是丈二之身了。這時候把般若諸經請出來讀：「啊！原來是這樣。學人們的法身慧命，全都掌控在那個看來好像神經病底禪師手裡。」悟了以後才能夠懂般若經，這才知道原來甚深般若就是這麼一回事，怪不得不迴心底阿羅漢們都不懂。

所以，般若與禪宗底關聯是什麼？禪宗，就是幫人家開悟般若。爲什麼禪宗那個明心可以使人開悟般若？因爲禪宗祖師幫你證悟底如來藏心，可以讓你現前觀察，不是假名施設；而祂表現出來的就是眞實性與如如性，有眞也有如，合起來就是眞如；原來眞如就是這個第八識心顯示出來的清淨涅槃的法性，這樣就是證眞如。因爲證眞如，所以般若諸經就能自己恭讀而通透了；般若經通了，如果有的地方弘法底因緣成熟了，需要有證悟底人住世，禪師就會給你禪板；你拿了禪板就可以去開山，可以當祖師爺去了，所以證眞如就是般若的開悟。可是證眞如要怎麼證？要從禪宗的明心去證。如果悟了那個眞實心如來藏，你就能現前觀照到：你及一切有情都有一個眞實法，這個眞實法永遠都是如如不動底。那你就是證眞如。證了眞如，般若諸經翻來覆去都在講這個眞如，從此以後，不管般若諸經怎麼翻、怎麼覆，你都不跟著翻覆，你永遠都是站得直直的，永遠挺立而不隨著那些文字產生顚倒想，從此你就可以轉般若諸經了。

還沒有找到如來藏以前，都不知道什麼叫作證眞如；還沒有證眞如以前，是每天被經轉；拿著一部般若經，嘰哩呱啦講個不停，可都是要絞盡腦汁才能講得出來的，心裡卻總是虛虛的，因爲講出來的都是依文解義，都不是自己親證底。等到你悟了般若，經過禪宗這一著子，通過了，從此開始自己轉經，不再被經轉；因爲你身中的那一部經，你可以轉祂，而且轉得不亦樂乎，聽者就會漸漸受益。還沒有悟以前就是被經轉，把經中的語言文字抱著當作此經。所以我說：證眞如，還是要由禪宗的開悟明心而得。

五、六年前，有一天雲林老人打電話給我說：**「蕭老師！我終於弄通了一點，原來禪宗開悟的，就是般若禪。」**我說：**「對呀！就是般若禪。」**我說：**「你還是想辦法來打三吧！我給你一個名額啦！」**可惜他眞的不行，他的肺氣腫很嚴重，根本不能正常活動，動作都得要很慢，隨時都有性命之憂。他也眞的有兩、三次差點掛了，後來是 藥師佛把他給救回來。我都稱他「王老哥」。我說：**「王老哥！你大藏經讀了六遍，你自己也說，就差腦後這麼一下。你就想辦法看能不能來打三，我就給你腦後一下。」可惜他的身子就是沒有辦法。他把大藏經讀了六遍，請問人間能有幾人？聖嚴法師說他以前去閉關六年，也沒有讀完一遍大藏經，他只是讀一些鈴木大拙等人的書，也都只是一些凡夫寫的書，並不是閉讀經關，這樣能叫作閉關嗎？當然他閉關不出什麼結果來，也是意料中事。他王老哥可眞是讀了六遍大藏經，眞不簡單；只是還欠禪宗這一著子，還欠腦後一槌，因此沒有辦法通般若。如果有人給你腦後一下，這是說得要有人願意給你腦後一下；這一通了，般若就悟了。

以前人家教我的那些法，所謂的禪，我總是這樣想不通：這些打坐求離念底禪，跟般若的實證有什麼關係？般若的開悟到底又是什麼？老實說，當時我也不懂；還沒有證悟以前，什麼都不懂。到後來悟了以後，請出般若經典來讀，原來我可以通；都沒有人教，自己就可以通。這才知道說，原來禪宗的開悟就是般若的開悟，這樣就懂了。想求得般若禪底開悟——要在實相般若上面實證，一定要明心、證如來藏；若是沒有明心，就不能通達，所以這個明心必定是非常困難的。因為明心很困難，所以就無法證眞如；無法證眞如，當然就不知道法界實相的寂滅性。法界的眞實相，從來都是寂滅的，沒有六塵諸法，但是等你找到了實相心，你就會有智慧現前觀察而證實：這個實相心果然是離相而寂滅的，一定是離相才會是寂滅心；如果不是離六塵相的心，就不可能眞的寂滅。然而這個道理，如今有誰知道？所以實相的寂滅以及離相，是最難了知的；從古到今多少學人全都誤會了，因此我們還是應該要把它拿出來說明一下。

上面這一段文字是《禪宗永嘉集》卷一裡面講的，就是在講實相心的寂滅相。可是那個寂滅相，並不是斷滅空的寂滅；祂是有眞實法性存在的，不是離見聞覺知就完全無知；而這個金剛心的知也不是六塵中的知，但我們可以用六塵中這個知，來了知祂那個六塵外的知；當你知道祂那個六塵外的知以後，卻不能用祂那個知來知你這個六塵中的覺知心底知。找到如來藏以後就是這樣，所以你先記住這個原則：可以用你覺知心的知，來知祂那個知；但不可以用祂那個知，來知你覺知心這個知。請記住這個原則，那麼永嘉玄覺禪師文字中的意思就能明白了。我再提示一下，就是說有兩種知：一種知是如來藏的知，祂的知不在六塵中，是六塵外的知；你所知道的覺知心自己底知，是你能知、能覺，但你這種知全都在六塵中。這樣再作一次提示，接下來要講的《永嘉集》文字裡的意思，就可以瞭解了。

「忘緣之後寂寂，靈知之性歷歷」，有些禪宗祖師就像天童宏智正覺一樣，一天到晚叫你打坐、打坐、打坐，只要有妄念生起，不管什麼妄念生起，就默照一切妄念的起落，藉著默照而讓它消失掉。現代這些所謂的禪師教底默照禪，表面看來似乎與天童宏智的默照禪一樣，其實根本不同。天童宏智正覺禪師教人默照禪，他的目的是要作什麼呢？並不是要教你默照妄念，是要教你默照之後，把一切妄念都滅了，也默照到一切蘊處界全都是生滅法，全都否定以後，接著要默默觀照而找出一個本然存在的心，是不管清醒時或悶絕、眠熟時全都一直存在底心；要默而忘言，然後忽然遇見這個從來不曾斷滅的法，這才是天童宏智正覺禪師的默照禪底用意所在。那個默照禪的方法只是一個工具，目的是要你找到後面底如來藏；當妄想都消失掉以後，都不起妄想了，只是默照著；當證悟因緣成熟的時候，忽然就找到那個如來藏心，而不是要你去默照離念靈知的境界。

可是那些主張默照禪的人們，都是把默照禪這個工具當作是標的物，這叫作愚癡人。就好像說，老闆拿給你一百萬元說：「你去跟我買一輛某某牌子的廂型車回來，我們公司需要用來載物品。」結果他把這一百萬元現金拿了出去，又把那一百萬元現金買回來，他認爲那一百萬元就是老闆要買的東西。老闆見了他就問：「你買回來沒有？」「買回來了，在這裡呀！」把一百萬元拿出來交給老闆，那位老闆一定會把他辭退，雇請這種員工有什麼用處？那一百萬元現金只是要去取得那一輛車子的工具，那一百萬元是要買那一輛車子回來，不能當作是要買的標的物。現在那一些弘揚默照禪底大師們，就是都不懂老闆的意思；所以老闆給他默照禪，他拿了默照禪出去再抱回來，還是默照禪，依舊是默照時的離念靈知心，就這樣子全都落入意識或識陰之中。所以那些大師們永遠悟不了，連帶地，他們座下的一大票人也跟著他們悟不了。悟不了，倒也還不打緊，如果是跟著大法師們大妄語，自稱開悟證聖了，那可眞的只能叫作冤枉。但現在又沒有衙門大鼓可以敲，連冤枉二字都無處喊，眞的可憐！

所以，默照禪就是要你默照到忘緣，忘緣之後不論什麼都一直默照著；默照到妄念都不會生起以後，一切攀緣都忘了，連自己也給忘了，這就是「忘緣之後寂寂」。就在那種寂滅的境界之中，突然間一念相應：原來這個就是如來藏！終於找到了。找到之後，就懂得永嘉玄覺講的「靈知之性歷歷」，現前發覺說：原來那個離見聞覺知底，祂不是完全無知，祂還眞是神靈活現底心。當你睡著了，祂可不睡覺，你的什麼事情都瞞不了祂，祂可都知道，所以說「靈知之性歷歷」。找到了如來藏以後，你會發覺：原來祂不是像石頭、木塊一樣完全無知的，祂還是有知，祂的靈知是歷歷分明地顯現著，只是不在六塵中靈知罷了。這時再來觀察祂的知，祂的知眞的是非常靈感。

祂非常靈感，所以哪天如果誰來問我：「如何是佛？」我說：「隨緣應物。」既能隨緣應物，一定是很靈感底。問題是：祂隨什麼緣？祂又應什麼物？你得要眞的開悟，才會知道這四字底眞義。如果你沒有開悟，聽到我這四個字，你會說：「那就是說，我只要好好努力，虔誠的去求，佛一定會跟我感應，就是隨緣應物。」錯了！我講的不是這個意思。所以當你找到了如來藏以後，你會發覺：雖然在六塵中離見聞覺知，可是祂有自己的了知性，這個了知性是從無始劫以來都不曾間斷過，是無間等法。然後又發覺，祂比你更靈利；你所不知道的，祂可知道。而且你睡著了，祂還是靈知歷歷。如果悟錯了，就會把意識的離念靈知當作是這個靈知，還振振有詞辯解說：「你看！人家祖師都講了：離念靈知歷歷。」如果他哪一天夢見永嘉玄覺祖師，當永嘉玄覺聽到他這樣子辯解時，一定會痛罵他：「歷歷個鬼！」因爲永嘉玄覺講的不是那個離念靈知，離念靈知心每夜眠熟可就不再靈知歷歷了；永嘉說的是常而不斷的眞如心的明明歷歷。結果被這個不肖子孫這樣亂解釋一場，把他說的靈知歷歷變成覺知心的靈知，等於是指責永嘉玄覺沒有開悟。意識心的靈知，眠熟就斷滅了；可是如來藏的靈知之性歷歷分明，打從無始劫以來就不曾一剎那間斷過。你只要找到第八識如來藏，就可以現前觀察果然「靈知之性歷歷」，可不是那些人講的離念靈知。

然後永嘉大師又說：「無記昏昧昭昭，契眞本空的的。」當一個禪者在禪坐的時候昏昧了，對於整個禪坐中的過程都無所記憶，成爲禪門中以定爲禪的大師們所說底無記，可是這時候他自己的如來藏的靈知之性，仍然昭昭分明，一點點都沒有遮隱。如果能夠契會到這一點，就知道什麼才是眞實法，結果一定會發覺：這個如來藏雖然是有眞實性的，可是祂空無形色，從來不與六塵相應，心中空無一法，這樣現觀時就是「契眞本空」；可是這個如來藏心卻是對祂自己所了知的內容，全部「的的」分明，一點點都沒有遮隱。

有些人參禪參到頭昏腦脹，找不到的時候，心裡面抱怨：「如來藏老是跟我捉迷藏，我都找不到祂。」可是我說一句老實話：祂從來沒有跟任何人捉過迷藏，祂離六塵，怎麼可能會跟你捉迷藏？捉迷藏的人，一定要住在六塵中。祂從來不住在六塵中了別諸法，所以從來都沒有跟誰捉迷藏。祂也沒有起過一個念頭說：「我的某甲正在參禪想要找到我，我暫時先跟他躲貓貓一下。」祂從來沒有這樣的想法，並且祂很分明地、不斷地示現著；只是某甲自己笨，找不到祂，還怨他自己的如來藏說：「祂都躲得那麼隱密。」

等到有一天終於找到了自己的如來藏以後，卻反過來說：「原來祂根本沒有躲過貓貓。」因爲祂從來不懂什麼叫作躲貓貓，祂也沒有刻意隱藏過，並且非常分明也一直在顯示出來，所以永嘉大師說「契眞本空的的」。「的的」就是很清楚分明的意思，祂一直都是非常分明地顯現著。只要你「契眞」了，自然看得分明。假使是「契假、契虛」而把生滅法的意識心當作眞實心，那就沒有辦法「本空」，也無法「的的」。因爲眼見六塵都不空，被人家罵一句話時心裡就氣壞了，於是開口說：「你給我記住！」他要把人家記恨一輩子，等以後有機會時就報復回來，所以他心中顯然不空。可是如來藏，不管你怎麼罵祂，祂都不會理你；當你需要祂的時候，祂都跟你服侍得好好地，從來不耽誤你。可是你眞要看祂時，祂卻又空無形色，但祂卻又很清楚地存在。可是離念靈知這個意識，只要沒事時坐下來一會兒，打個小盹就不見了、間斷了，哪裡有「的的」？因爲睡著就不見了，甚至於一不小心還會呼聲震天，打鼾了，這時還能「的的」嗎？

可是當某甲打鼾，即使可以震天價響而震動魔宮時，他的如來藏依舊還是「惺惺寂寂」。只有「惺惺寂寂」這個心才是，祂永遠不起一念妄想，永遠不曾有過六塵中的領受，當然是寂寂。寂寂之中祂又惺惺，因爲祂和意根一樣從來不睡覺，也從來不會打瞌睡；會打瞌睡的是你，可是祂無始以來不曾打瞌睡，所以祂永遠是「惺惺」；當你睡著了，祂全都沒睡著，還是很清楚地在作祂的事。祂都清楚自己應該要作什麼，從來不曾睡著過；乃至你被人家打了一棒悶絕了，祂也沒有悶絕過去，祂還是「惺惺」著，沒有一剎那昏迷過。祂對於自身所照管的事情，依舊很盡責地在運行著，不曾一剎那停過，無始劫以來都是如此，所以祂還是「惺惺」；卻又不相應六塵，所以當然是「寂寂」，能夠惺惺又同時寂寂底心，才是「此經」金剛心。

如果是坐忘而成爲無記的寂寂，那就錯了。無記的寂寂，就是打坐進入未到地定裡面去越來越深；越來越深以後忘了自己，也忘了時間，也忘了打坐；這是未到地定過暗，太深入了；所以一入定，三天才出定。人家問他說：「你怎麼連飯也不吃，覺也不睡，一入定就是三天？」他說：「喔！我入定三天了？我都不知道。」因爲他眞的不知道，很深的未到地定中正是無記呀！像這樣無記的寂靜，把六塵也給忘了，這可就錯會禪宗的法了，所以也不對。這種未到地定過暗底境界，我這一世才剛學佛六個月時就親證了，後來知道那是未到地定過暗。他們那一些人以前都在毀謗：「你蕭平實就是不懂離念靈知的境界，所以你那個悟，算什麼悟？你才會去講什麼如來藏開悟，才會指責離念靈知境界不是開悟。」我倒是要問他們一句話：「像我這種無記寂寂，住在未到地定過暗的境界，你們證過沒有？住在未到地定中離開了六塵，不是瞌睡無記，你們證過沒有？」未到地定中，其實還是有很深細的法塵，只是他們都不知道，就跟他說是離六塵了。我那時眼睛張開著，沒有看到色相；耳朵沒有塞起來，卻沒有聽到聲音；他們證過沒有呢？都沒有。這些我都走過來了，眞的不稀奇！對他們而言，這種定境眞的很稀奇，但永嘉大師卻指責這種境界說：「無記寂寂非」。住在很深的未到地定中，時間正在過去的歷程，是完全無記的，完全不知道；等到出定時，只覺得才剛一入定，後來突然間出定時卻奇怪說：「怎麼天都暗了？」爲什麼會這樣覺得？因爲未到地定過暗，根本不知道時間過去那麼久了，這就是永嘉大師指責的無記狀態下的寂寂，這是錯誤的禪，所以說「無記寂寂非」。

「寂寂惺惺是，亂想惺惺非」，你看，這《永嘉集》早就把後代可能誤會他說法的地方，先一一舉出來破了；由此可見錯悟的事情，是古時就普遍存在著。他說，寂寂底時候一定要惺惺，了然分明而沒有昏沉；這是指如來藏，不是在講意識心。可是好多人不懂，他們就希望說：「我要寂寂惺惺，所以不可以打妄想，也不可以昏沉。」全都弄錯了！人家永嘉大師講的這個「寂寂惺惺是」，是在講第八識如來藏；他們那一些大法師、大居士們，老是要把意識覺知心逗上去，還說就是永嘉大師說的境界，這眞是雞同鴨講，牛頭逗馬嘴。所以永嘉大師必須再加上一句話來破：「亂想惺惺非；」當他們靜坐到「寂寂惺惺是」的時候，那個「寂寂惺惺」底心若是將來會打妄想底心，是有時會紛亂底心，把那樣的心一直保持清醒，時時在照看那個亂想，一旦亂想出現就馬上把它滅除掉，繼續保持著惺惺、清楚分明。這其實還是錯了，因為永嘉大師說底寂寂惺惺底心，同時還得要永遠都不會有亂想。所以只要落到意識，就錯了。

接著說：「若以知知寂，此非無緣知。」如果打坐到一念不生，清醒分明而絕無雜念，是那些學禪者非常喜愛的境界。每天非得要這樣進去待上兩、三個鐘頭，不然他老哥、老姊就會心裡老大不痛快，見誰都不爽；所以他們每天都要去打坐，去享受、享受。他們所享受的，就是在靜坐當中清楚分明底了知，是了知什麼呢？是以他的了知來了知寂滅，非常的清淨安祥，一點點妄想都沒有，非常的寂靜。但這個其實是以意識心來知道自己住在六塵中，暫時離開五塵的境界，這個正是永嘉大師斥責底「以知知寂」；以這種六塵中的了知性，來知道六塵中的寂滅境界，離開了五塵只剩下定境中的法塵時，確實是很寂滅；但這個不是金剛心的「無緣知」，依舊是意識妄心的「有緣知」。有緣知，表示是藉緣而有的知，不可能稍離六塵或法塵而獨立存在的。只有無緣知，才是真正「惺惺寂寂」底真實法；因為無緣知是無所緣底心，六塵中的任何一法，祂都無所緣；可是祂仍然寂寂惺惺地了知著，不曾中斷過一剎那，這樣才是《永嘉集》所說的眞知。

「如手執如意，非無如意手」，譬如說，以手來拿著竹如意。當手拿著竹如意時，不能夠說只有竹如意，應該說有竹如意、也有手，所以並不是沒有竹如意或手，所以說「非無如意手」。同樣底道理，有六塵中的能知、能覺的自己時，一定另外還有一個執持著六塵中能覺知的自己的另外一種知，不能說沒有那種知，所以才說「如手執如意，非無如意手」。講過譬喻以後，接著反過來說：「若以自知知，亦非無緣知；」如果是以覺知心自己的能知，能了知自己而說爲所悟的永遠離念的知，說自己已經知道那個眞知了，那也還不是眞知——不是無緣知。換句話說，禪宗祖師開悟所證的眞知，不是六塵中的離念靈知，不是意識覺知心這個生滅性而且能緣六塵的知；因爲這是有緣知，永嘉大師所悟底卻是無緣知；因此永嘉大師說，如果是以覺知心的自己來反觀自己有這個能知，那並不是無緣知。這樣子，講得夠白了吧？那些落入離念靈知而說就是眞如心底開悟大師們，到此也該死心了吧？我說他們眞的都該去撞牆了，只要能把離念靈知給撞死了，才會知道那個眞知。如果死不掉這個能緣六塵的覺知心底知，一直把覺知心這個能知的自己，抱得緊緊地不肯放捨，何年何月才能夠證得如來藏那個眞知、無緣知呢？因此，以自己覺知心的知來返觀自己有這個知，這個不是無緣知。

「如手自作拳」，就好像把手自己捏起來變作拳，「非是不拳手」，手捏成拳頭以後，不能夠說沒有握拳的手。手握了拳以後，固然有拳，然而手還是存在；不能夠說手握了拳以後，現在只剩下拳而沒有手，其實還是有握成拳的手。所以「亦不知知寂，亦不自知知，不可爲無知」，當你找到如來藏了，來看這三句話有沒有道理？當然有呀！因爲眞實法的知，祂不會知道自己可能知道寂滅底法，也不會反觀自己寂滅性底知，所以祂「亦不知知寂」。因爲祂的知不是在六塵中了知，也不會反觀自己的境界，所以祂不會用自己的知來知道自己住在離六塵的絕對寂靜中。祂「亦不自知知」，是說眞如心也不會用自己的知，來了知祂自己有這種能在六塵外了知的知。這當然是講第八識，不是講你的第六意識。

如果有人誤會永嘉大師這些話，或者只是理解他的文字表義而誤會他的意思，想要效法他這三句話，就想把意識心永遠都不要反觀自己，連自己在幹啥都不知道，以爲那時放下一切大小事的覺知心就是眞知，就住在不了知一切事的境界中，可就變成白癡了，怎麼可能會有智慧呢？而且這也還是緣於六塵的有緣知，不是永嘉大師說的無緣知。可是你們看當代所謂的大師，都是想要坐到永遠一念不生，什麼都不分別。如果他們能夠永遠都這樣，倒也還好，問題是：爲什麼打坐時不要分別，下座時就要不斷地分別？如果打坐時不分別是對的，下座時也就不應該有分別了！那他們下座以後爲什麼還是要繼續分別種種事？豈不是心口不一了嗎？教導人家不要分別，應該自己也不要分別；可是才一下座，立刻不斷地分別；那麼他們顯然是上座時開悟變成賢聖，下座時沒悟又退失成爲凡夫。如果上座時悟，下座時沒悟，那個法就是時對時錯。

有時對，有時錯，怎麼能夠說是眞實不變易的本住法呢？可是大法師們都不去警覺，然後就開大口說：「如果上座時一念不生、不分別，就是有智慧。」那麼下座以後一直在分別，那不就是又變成沒智慧嗎？上座一念不生時說是有般若智慧，而說下座以後妄念不斷時也可以有智慧，這顯然說不通嘛！諸位現在終於瞭解，原來那些大法師們都是在盲修瞎練，閉著眼睛在那邊畫圖，還向大家誇口說：「我這張圖多麼有韻味、氣質多麼好，一定可以流傳千古。」等到哪天夢醒時眼睛張開一看，連他自己都看不下去了。所以，眞實心「亦不知知寂」，祂也不知道什麼叫作能了知寂滅的境界，祂從來都不了知自己所住底寂滅境界；所以大師們說，住在一念不生的境界中覺得很寂滅；但那個了知寂滅底心還是識陰覺知心，依舊是有緣知，依舊是生滅心。眞實心如來藏底無緣知，在六塵中是從來無所緣的，祂絕對不會反觀自己所住底寂滅境界，所以祂不了知自己正在寂滅境界中安住；如果有人說，要能了知現在自己是很寂靜的，那當然是有緣知，是住在六塵境界中了知自己一念不生；眞實心底無緣知，卻從來都不了知自己是否住於寂滅境界中。祂的知是六塵外的知，是對六塵全無所緣的知；從來都不會反觀自己有沒有六塵中的知，也不反觀自己有沒有六塵外的知，所以說「亦不自知知」。如果所證底離念靈知是會反觀自己有知，也會反觀自己住在寂滅境界中，就不符永嘉大師所說底無緣知了。而這個無緣知是眞實存在的，不能因爲如來藏離六塵中的見聞覺知，就說是完全無知，所以永嘉大師說「不可爲無知」。

「自性了然故，不同於木石」，可是祂雖然「亦不知知寂，亦不自知知」，卻不可以說祂完全沒有知；祂還是有知，只是祂的知不在六塵中知。這樣看來，那一些離念靈知的信徒們，如今全都可以休矣！應該都要休歇了，別再一天到晚在那邊打坐想要保持著惺惺寂寂，也別再教導徒眾們落入離念靈知裡面了，應該趕快求證如來藏才是；因為那個惺惺寂寂都是有間斷的有緣知法，不是無間等法，那樣教導眾生，其實是在誤導眾生底法身慧命。永嘉玄覺說：「自性了然故，不同於木石。」是恐怕有人誤會說：「既然沒有六塵中的知，就是完全無知同於木石了。」以前就曾有會外人士質問我說：「你說的眞心既然離見聞覺知，那豈不是和無情一樣了！那還能稱作心嗎？還說你悟得眞心，自欺欺人。」然而我援引經文而說「眞心離見聞覺知」，那可是經文中說底，也是我們所有眞悟同修們的實證境界，卻不是完全無知，而是有另一種六塵外的了知。古時的人也像現代人一樣誤會，因此永嘉大師早就說過了：「不可為無知。」

永嘉大師這首偈裡面也說：「由於無緣知底自性是那麼了了分明地顯示在那邊的緣故，所以說祂那個知雖然不是六塵中的知，卻不同於木石一般地全無所知。」木頭石塊都不可能回應你，你呼叫說：「石塊！過來幫忙一下！」它不會動，不會來找你，也不會來跟你幫忙。你說：「木頭！我現在需要支撐一下，你幫我撐一下。」它也不會管你，因為它完全沒有知。可是，如來藏雖然沒有六塵中底知，你卻什麼心想都瞞不了祂。你完全瞞不了祂，因為你從來就生活在祂裡面，你怎麼可能瞞得了祂？你從來都不能一剎那離開祂。也許你說：「怎麼不行？死了不就離開了嗎？」問題是：死了，你在哪裡？「對呵！我還沒想到這一點：原來我死了就不在了，死了是離開祂，可是我也滅了。喔！那我還是不能離開祂。」所以只要你活著，你就沒有離開祂，也無法離開祂；當你死了，你就離開祂。你離開祂，其實是你斷滅了，而祂依舊不斷滅；這樣看來，祂才是眞的主人，你每一世底五陰都只是客人，在祂心中來來去去，一世又一世不斷地變生全新底五陰，世世五陰都不相同，所以這一世底覺知心不知道往世底覺知心幹了什麼善惡業，學了什麼世間法。如今可應該反主為客、反客為主了，並且要把主人找出來，才能出生實相般若智慧。所以，祂不同於木石，祂有知；你想什麼，祂都知道，所以才說「隨緣赴感靡不周」，祂眞的很靈感。

「手不執如意，亦不自作拳，不可為無手，以手安然故，不同於兔角」，手如果不去拿著如意，也不把它握成拳頭，竹如意也放下了，手掌也張開而不再作拳了，這時竹如意與拳都不存在了，卻不可以說這時候沒有手。換句話說，當五陰滅壞了，離念靈知心斷滅了，那就是死了以後的時節。死了以後，你說：「**那時還有中陰身，我還是有離念靈知心，怎麼會沒有？**」好！眞的有，請問：「**入了母胎後，四、五個月之前，你覺知心在哪裡？**」「**喔！我倒沒有想到這一點。**」對呀！等到你想到這一點時已經太慢了，因爲禪師的竹如意早就打下來了。等到你想到了，已經都太慢了，這時候絕對要挨禪師底棒。禪師早就等著要打你了，所以才會問你：「**父母未生前底本來面目是什麼？**」

這就是說，拳頭雖然不在了，竹如意雖然不在了，可是手還在；拳頭或拿著竹如意這兩件事，全都是手變化出來的。也就是說，你這個五陰身心，不論有念或離念底靈知心，全都是祂變出來的；當你這個五陰身心老死而不存在了，眞如心還在，不可以說祂因此就不存在了。當你把拳頭放開時，當你把竹如意放下時，不可以說這時也沒有手了；你只是把竹如意給放下來，只是把拳頭放開來，可是手還是存在，不能說這時候就沒有手了。同理，出生五陰底無緣知，在人們老死時，祂把這個五陰身心放下了，可是祂還是在，不可以說老死以後就同時沒有祂了，因爲祂是永遠安然底。

手可以拿很多種東西，有時候拿杯子，有時候拿張紙，有時候拿支筆，有時候拿本書，有時候撿個石頭玩一玩；手可以拿很多種東西，手上可以變出很多種拳形，譬如各種手印；可是當手把那些東西全都丟了，這時你不能夠說同時就沒有手存在了，因爲手還是在。「此經」如來藏也一樣，這一世變出個五陰人給你，上一世變出個五陰欲界天人給你，下一世變出一個極樂世界蓮華化生的五陰給你，可都不一定。有人往世爲了名聞利養而隨意謗法謗賢聖，廣造惡業，現在他的如來藏是變個狗身給他，或者說變個地獄身、餓鬼身給他。如來藏可以一直不斷地變生各種五陰身心，可是當如來藏把每一世底五陰身心丟棄了以後，你不能夠說祂也跟著被丟棄底五陰身心一樣不存在了。如同手可以一下子變這個手勢，一下子變那個手勢，可是當手把那些手勢都丟了以後，手還是存在，不可以說手會跟著不存在，所以說「此經」無緣知「不同於兔角」。兔子頭上的角是從來就沒有的，兔角才是施設法；主張說兔無角（性空唯名）是眞實法的人，則是落入再一次的施設法中，而「此經」如來藏金剛心絕對不是施設法。兔無角，只是一個施設；是因爲看見了牛有角、羊有角，然後才會說兔子無角；假使有人一生都沒看見過有角的動物，他一定不會說出「兔無角」的話來。假使不是因為看見了牛有角、羊有角，就不會說那些兔子頭上沒有長角，所以兔無角依牛角而有；因此說兔無角（性空唯名）不是眞實法，是戲論，是依蘊處界等現象有而施設出「性空唯名——兔無角」來；既然「兔無角」（性空唯名）是依生滅法的牛角、羊角（蘊處界）而施設出來底，當然就不是眞理。

永嘉大師接著又說：「**復次修心漸次者，夫以知知物，物在知亦在；若以知知知，知知則離物，物離猶知在。**」現在永嘉玄覺作個譬喻來說明修心底漸次。眞悟了以後，悟得無緣知以後，修心要怎麼修？又有什麼樣的次第？永嘉大師就譬喻說：以能知底心來知道身外種種物，所知的那些物存在底時候，這個能知同時也存在。如果以這個有緣知來知道自己的無緣知，那麼正當知道自己有這個無緣知的時候，就不再去觀察外面的那些物，可是「物離」的時候無緣知依舊存在。這就是藉眞悟者的無緣知，指出一般人錯悟時的落處；但是你悟後也得要這樣修，卻是悟後起修的事。可是那些沒有悟的人，就把人家悟後起修的事拿來在悟前用意識離念靈知心來修，這就犯忌諱了。

譬如說，人家是當選了總統以後，所以有侍衛長，此外還有院長及各部會的部長等等官員來擁護他。可是某人並沒有當上總統，他竟然要求五院院長及各部的部長都必須來擁護他，那不是自己愚癡討死嗎？同樣底道理，就好像皇帝出外時乘轎，那轎子是什麼樣的規格，不許別人模仿；結果有個愚癡人竟當自己也是皇帝，他也去弄一頂一模一樣底轎子來，也雇了十六個人來抬，那他不是討死嗎？錯悟了還不知道，竟也以未悟之身而仿效眞悟者所說底悟後起修，不也是把自己底法身慧命送去討死嗎？可是現在討死的大法師們還眞多，多得不得了，漫山遍野。所以，悟錯底人別拿禪師悟後起修底開示來修行，而是要趕快求證眞悟底智慧。

至於悟後要怎麼修行呢？「復次修心漸次者，夫以知知物，物在知亦在；若以知知，知知則離物，物離猶知在。」悟後不要迷己逐物，要轉依如來藏；如來藏底無緣知是離六塵的，你的心境就得要跟著祂離六塵；悟後因為離煩惱而每天住在離念靈知心境界中，與無緣知底如來藏同時同處；可是所有六塵之中，離念靈知心實際上最多只能離五塵，因為這個意識心永遠都要有意根、法塵作為俱有依，才能存在及了了分明。「那該怎麼辦？我就不要向外攀緣，總可以吧？」那就有一點點像如來藏了，當你不再迷己逐物的時候，也就是不再落入色陰，也不再執著與色陰相應底離念靈知心時，就是不再迷己逐物了；此後就漸漸清淨了，就是轉依成功了。因爲你知道如來藏是那樣，五陰或離念靈知心就依照如來藏那樣運行。所以說「夫以知知物，物在知亦在」，如果你是以意識心能知的這個知，來了知自己的知，這時候就是向自心內境安住，不再攀緣外法了，這時候所知的外物存在，能知物的覺知也在。「若以知知知，知知則離物，物離猶知在」，這時是有緣知底五陰已經知道無緣知底本來離念眞知，覺知心已經知道無緣知是離一切物的，是不在六塵中了知一切物的，這時轉依於第八識眞如的無緣知而不再迷己逐物了，遠離對於物質欲樂的追求了；當覺知心的有緣知遠離物欲時，可是自己的無緣知依舊繼續存在而不中斷、不滅失，這就是轉依成功了。

「起知知於知，後知若生時，前知早已滅；二知既不並，但得前知滅；滅處爲知境，能所俱非眞。」這時回頭說意識覺知心底有緣知，譬如離念靈知心的有緣知生起而了知自己正在六塵中的知，當這個後知如果生起的時候，前面剛剛生起而還沒有了知自己的能知，這個前知早已滅失而變成現在這個能知前知底後知了。這不就是現代那些大山頭法師們正在修的意識法嗎？當他們起了一個正念來了知自己這個離念靈知，看自己有沒有生起妄想；但是後知生起的時候，其實前知早已滅了，都是用後面的知來反觀「前面的知」有沒有在打妄想，馬鳴菩薩說這就叫作不覺。

《大乘起信論》中不是講嗎？「前念不覺，起於煩惱；後念制伏，令不更生；此雖名覺，即是不覺。」這一段《起信論》的論文，是那些大山頭的大法師們最痛恨的一段，所以大部分錯悟底大法師都支持把《起信論》定位為外道造的偽論。因為他們都說一念不生時，若能夠不想生起妄想就可以不生起，了了覺知而始終警醒不昧，始終都是知覺了了，就這樣叫作開悟。馬鳴菩薩卻在論中明白指出來說：「前念不覺，起於煩惱；後念制伏，令不更生；此雖名覺，即是不覺。」可見學佛人普遍錯悟底情況，是古時候就存在了，不是現在才如此；然而 馬鳴菩薩明白告訴他們：這是還沒有覺悟。所以，怪不得他們都不宣講《起信論》，因為當他們講解到這一段的時候，徒弟們一定會舉手：「請問師父，我們打坐求一念不生，那樣豈非就是不覺了？」那時大法師們該怎麼回應？到底是要口掛壁上？還是要臉脹通紅呢？一定會把臉脹得通紅。所以永嘉大師在這裡就告訴我們這個道理：當後知出生的時候，前知是已經滅了；這前知與後知兩個知，既然不是並行同時存在，只能夠得到前知滅、後知起的生滅境界，都是不離六塵的有緣知而不是離六塵的無緣知。當前知滅的時候，其實還是了知六塵的有緣知的境界；像這樣的有緣知，不論前知或後知，全是依於六塵境界而都有能有所；落入能所之中，當然都不是眞實法，所以說「能所俱非眞」。

永嘉大師接著說：「前則滅滅引知，後則知知續滅；生滅相續，自是輪迴之道。」這可講得夠白了吧？那些落入離念靈知底人都該死心了。只有死了假我有緣知，才能活轉法身慧命來；凡是假我離念靈知不死的人，法身慧命全都活不了。所以，他講得夠清楚了：前面是「滅滅引知」，把前面了知的妄想給滅了，然後再引生後面離妄想的知。這是前知住在妄想中，接著再起一個後知，把前面的妄想給滅了，成爲後面的離念靈知，這就是「滅滅引知」。然後是「知知續滅」，後面離念靈知這個知是什麼呢？是生起另一個離念底知，來延續前面那個有念底知；前面有念底知已經滅了，我後面這個離念底知又把它延續起來；可是前後的有緣知互相延續起來，以後還是要再繼續滅了又生；這樣生、滅兩個法不斷地輪替，永嘉玄覺說，這樣其實是輪迴之道。生滅相續的時候就是輪迴，前一世底有緣知因爲老死而壞滅了，後一世的有緣知因爲五陰出生而又出現，就這樣一世又一世輪迴，結果竟然也能說那樣就是開悟，那當然就是大妄語了。

永嘉大師又接著說：「今言知者，不須知知，但知而已；則前不接滅，後不引起；前後斷續，中間自孤；當體不顧，應時消滅。」那就是說：我永嘉玄覺如今所說底知是講無緣知；這個知，不需要你去了知前面那個知有沒有在打妄想，也不需要你這個無緣知去了知祂自己是否有知，你只需要生起這個無緣知的智慧，讓自己的無緣知繼續存在而使有緣知依於祂而安住下來就行了；然後你的意識離念靈知轉依這個無緣知以後，只需要由意識的有緣知改依無緣知作爲眞正的自己，那麼六塵中的有緣知就不必連接前面已滅底有緣知，後面底有緣知也不會再引起、出生；依止於無緣知底時候，是以無緣知爲所住的境界，有緣知的前知與後知的相續就斷了（這叫作前後際斷。可是前後際斷還是沒有悟，不要把它當作是悟）；得要轉依無緣知的相續不斷以後，中間自孤——意識的有緣知即不再執著自己的前知與後知。

不緣於前知，也不再期盼有後知出現，就只是依止於無緣知而安住著，這樣「當體不顧，應時消滅」，也就不再緣於自己這個有緣知了，當然不會繼續住於有緣知的前知與後知之中，也不會住於身見、我見中，三縛結當然也跟著消滅了。

「知體既已滅，豁然如托空，寂爾少時間，唯覺無所得，即覺無覺；無覺之覺，異乎木石。」不緣於有緣知自己，這個知體既已滅，就是不緣於了知的自己，於是「豁然如托空」，突然間覺得好像什麼都不在了；都不在了以後，「寂爾少時間，唯覺無所得」，這時依無緣知而住，不依有緣知而住，覺得什麼都無所得了。「即覺無覺」突然間警覺到這實相境界的時候，反觀世間什麼法都是生滅性時，覺得什麼都不對，連我自己這個六塵中的了知也不對，能覺也不對；當你看見三界中的一切知覺及萬法都不對時，那時只剩下個什麼呢？不就是「此經」如來藏嗎？以外還能有誰呢？全都沒有別人了。如果能夠打摒淨盡，最後剩下的當然就是如來藏；而如來藏對一切世間境界都無所得，於是有緣知的意識「就覺察到實相法界中都無所覺的絕對寂靜境界」。然而第八識眞如對六塵都無所覺的這個覺，卻又完全異於木石的全無所覺，因爲祂的覺是六塵外的知覺；所以說「無覺之覺，異乎木石」。

世間禪和子們悟不出來，問題出在哪裡呢？就是出在沒有「打摒淨盡」；都是把五陰裡面這個部分留著，或者是把五陰裡的那個部分留著，總是認爲五陰內的這個一定是如來藏了！都不知道還是沒有出在五陰以外，總是捨不下五陰裡面的局部。因此，在打禪三時進了小參室，被監香老師一問，才知道原來這個還是不對，依舊住在五陰境界裡。可是心中還是不太情願放下這個五陰中法，所以不論他怎樣找來找去，還是依這個五陰變個方式，去向監香老師說：「我這個就一定正確。」就跟監香老師死纏不放，大多是這樣。這都是不願意把五陰給全部排除掉，捨不得五陰中的局部，所以永遠都把五陰裡面的某一部分執持著說：這個一定是了。我叫他丟掉，他就是丟不掉，一直都不肯丟，這就是五陰還死不盡。

大部分人都是死掉色陰，可是其他四陰總是死不了，法身慧命也就活不過來呀！所以一旦悟了，這時找到了你的祂（當然是你的祂，難道還是別人的祂？）這一找到，發覺眞正底自己「此經」如來藏，祂從來就不曾有所得：我找到了祂，證實我五陰自己是虛妄的，既是生滅的，當然最後也是沒有所得。這個時候發覺說：原來「此經」金剛心對六塵都是無覺無知的，可是祂又能夠覺知許多許多事物，不是覺知心識陰有念或離念時所能知的；原來這個無覺底覺，跟木頭、石塊還是不一樣，所以永嘉大師說：「無覺之覺，異乎木石。」木頭、石塊是完全無覺的，可是眞如心還有六塵以外的知覺。你證到了祂這個覺，就會發現：祂這個覺不是你給祂的，也不是你修定以後祂才有；而是不論你修或不修，祂都是本來就有這個外於六塵境界的覺；祂本來就有這種無緣知，所以 馬鳴菩薩在《大乘起信論》中就把這個六塵外的知覺叫作本覺。

當你證悟了「此經」如來藏這個本覺，你這時就叫作始覺，因爲你是剛才開始覺知祂，那你就是始覺位底菩薩，已經不算凡夫了。可是你這個始覺，依舊是依祂的本覺來施設。當你證得祂的本覺，你就進入始覺位中；你若是還沒有證得祂那個本覺，就不能叫作始覺，而要叫作不覺。當你證得祂本有底六塵外的知覺以後——當你證得這個無緣知以後，你不斷地深入證驗祂，讓實相法界底智慧不斷地引生出來，這時便叫作漸覺。可是當初剛剛證得第八識底本覺時，只有頓證而沒有漸證。所以般若的實證只有頓悟，是一剎那之間就找到了——頓悟；頓悟之後開始深入去體驗祂的本覺，從各方面深入體驗祂的本覺自性，你這時就是住在漸覺位中，成爲漸覺菩薩——隨分覺；因此，只有頓悟以後才會有漸覺的事。當你漸漸地越覺悟越深，覺悟到徹底了就成佛了，那時你就是究竟覺，就是究竟佛了。

所以，這些覺，從始覺、漸覺到究竟覺，全都是依「此經」如來藏底本覺而說有各種覺；若沒有如來藏底本覺，就不會有你的實相般若覺悟；所以「此經」如來藏底本覺，是你覺悟之標的，不是你覺悟底方法。可憐的是，近代的大法師們到如今都還是把製造成品的工具當作成品——抱著指頭當月亮，說因爲離念靈知有覺有知而能參禪，所以要把覺知心繼續保持著警覺而不要昏昧，就坐在那邊以六塵中底有緣知來覺知自己；就這樣覺個不停，覺到後來依舊還是妄覺，仍然脫離不了有緣知，落入妄知妄覺之中，因爲一開始就把證悟之標的給弄錯了。覺知心自己這個覺知，只是個參禪底工具，是第六意識；要由覺知心自己去找到「此經」第八識如來藏的本覺；當你找到了如來藏的本覺，就是始覺者。必須先有始覺以後，能進入漸覺位而成爲隨分覺，次第邁向佛地而成爲究竟覺。因此，所有的覺，全都依「此經」如來藏底本覺是否親證來定義的，不是自己隨便可以定義的。

因此，永嘉大師接著說：「此是初心處，冥然絕慮，乍同死人；」眞的就像他說的這樣。剛悟時都不會生起妄想，只是靜靜地看著這個不是東西底東西。有的人很歡喜看著，心中都沒有語言文字；可是心中又太激動了，眼淚就不知不覺掉下來。可是有的人找到了以後，他卻很激動；他怎麼激動呢？他是因爲恐怖而激動：「怎麼我五陰身中會有這個東西？而我從來沒有感覺到。好陌生喲！這個傢伙！」然後，甚至有的人還會全身生起雞皮疙瘩，想不到自己身中會有一個這麼陌生底東西。這並不是我們現在弘法的時候才有人這樣，而是古時候就有了。有個徒弟被師父幫助而找到時不敢承擔，向師父說：「紹卿甚生怕怖！」雪峰禪師就罵他：「是你自家屋裡底，怕怖什麼！」只是因爲以前不知道另有一個眞佛住在自己身中，現在突然找到這個佛：「喲！好陌生！我以前都不知道祂的存在，現在才知道。哎喲！眞的好恐怖。」因爲陌生，於是覺得恐怖。

所以有的人確實是找到了無緣知，找到了本覺，可是竟然不敢承擔祂。不是因爲祂太現成，而是因爲對祂覺得很陌生而生起恐怖來，同修會裡也有這樣的人。這時覺知心中一念不生在看著祂，心想：「祂好奇怪！」眞的覺得好奇怪。雖然那時他心中都沒有語言文字，可是覺得好奇怪，就在那邊看著祂。然後有的人會掙扎說：「我要不要認祂？」就好像少小便離散底父親，突然找到了以後覺得好陌生，心裡思索著：「我要不要認他？要不要認他？」一直在那邊掙扎著。然後突然間爆出一個想法來：「我要不要叫他爸爸？因爲他從來都沒有跟我相認，他從來都不認我。」

可是話說回來，人家雖然不認你這個兒子，你每個月的生活費卻都是他暗中在支付給你的。後來終於知道：「原來我所有的生活費，根本就不是我哥哥或者誰去賺來寄給我，原來都是這個從來沒有跟我相認底父親寄來的；只是經由我哥手裡交給我，沒有讓我知道而已。」後來想一想說：「我還是認了這個老父吧！」就這樣無奈地認了。有些人眞是這樣，剛開始都不肯認祂，我們小參時就會告訴他說：「你難道不都是依靠祂才能生存嗎？」於是他現前去觀察，發覺自己還眞的是全都依靠祂，才能有今天。終於死心塌地認了！從認了那一刻開始，智慧才會開始出生；若是不肯認祂，智慧就不可能出生；若是悟後否定祂，智慧就開始倒退而又成爲凡夫。這個實相般若智慧眞的很奇怪！雖然已經知道是祂，智慧也不會出生；就只因爲認了祂而詳細觀察祂，確定爲什麼眞是如此以後也就轉依了祂，於是智慧才開始出生。實相般若這個法，就是這麼奇怪。你若是要問我說：「爲什麼會這樣？」我也沒有道理可以爲你說明，實相法界中本來就是如此啦！從此時開始，就死了心，不再認六塵中的有緣知自己是常住心了，不再對有緣知的自我存著常住不壞的妄想而「冥然絕慮」，所以突然就好像自己死了一樣：「乍同死人。」「能所頓忘，纖緣盡淨，闃爾虛寂，似覺無知。」這時轉依而安住下來，不依有緣知離念靈知而住，於是把意識自我全然放下，一時之間不再思想一切六塵中的萬法，完全無念無想，所以「纖緣盡淨，闃爾虛寂」，這時就好像全無覺知一樣，靜靜地安住下來，都不起心動念也不返觀自己，好像全然沒有覺知一般。

永嘉大師最後提示說：「無知之性，異乎木石；此是初心處，領會難爲。」在還沒有認祂之前，這叫作「初心處」；在這初心階段中，看見「此經」如來藏獨自的境界中是「冥然絕慮」而「乍同死人」。這時發覺，如來藏金剛心自己的境界中，猶如死人一般，完全沒有六塵中的絲毫見聞覺知，初看之下似乎如同死人一般無知無覺。再從另一方面來看，原來我五陰根本就不可能自己存在，自己的五陰其實是個死人，就靠如來藏支持著我們五陰身心。這時住在這個見道的情境當中，「能所頓忘，纖緣盡淨，闃爾虛寂」，依止如來藏而住，似覺無知，好像感覺到自己是住在無知的境界裡面；因爲那時候是依止祂而住，不緣於外法。可是永嘉大師又說這個「無知之性，異乎木石」，知道祂根本不於六塵中生起任何見聞覺知，可是祂卻另外有祂自己的覺知，了知六塵以外的諸法；祂確實有自己的眞實性存在，這種眞實知的自性，在六塵中卻無覺無知，而是六塵外的知，所以跟木石的無知完全不同。這個就是剛剛見道，剛剛找到如來藏者的「初心處」。

如果是自己參禪找到的，不管他是在吃飯的時候，蹲馬桶的時候，洗碗的時候，打坐的時候，拜佛的時候，突然間找到祂的時候，往往會一動也不動地安住在那邊，那時就是在觀察：「到底這是不是我的眞老爹？我要不要認這個老爹？要不要認這個老爹？」就這樣一念都沒有，就在那邊不斷地觀察思量著：要不要認祂？全心全意只是在琢磨著要不要認祂，心中都沒有語言文字。這種「初心處」，眞的是「領會難爲」；沒有親自參禪體驗底人，都沒有辦法去想像那個情況；只有你自己親自走過來，去體驗一遭才會眞的知道。從永嘉玄覺大師這些開示來看，有緣知（六塵中底離念靈知）在事相上底事容不容易斷？眞的很難啦！我們施設了禪三，讓大家可以在小參室不斷地進進出出、去黏解縛；在還沒有被印證之前，以及還沒有找到祂之前，都是落在我相等四相中，可是何嘗有誰知道那些都不外於四相？講完宗門裡所說的理，我們再來看看，眞正底宗門裡面的實證又是怎麼說的：

《雲門匡眞禪師廣錄》卷上：**【問：「如何是端坐念實相？」師云：「河裏失錢、河裏摝。」……問：「如何報得四恩三有去？」師云：「抱頭哭蒼天。」】**

什麼跟什麼嘛！這些禪宗祖師爲何這麼奇怪？老是答非所問。這雲門匡眞禪師，有人來問：「**如何是端坐念實相？**」他竟然回答說：「**在河裡丟了錢，就向河裡面去撈。**」哪天你如果有個機緣，掏零錢的時候不小心掉到了地上，碰巧又滾到水溝蓋，往洞裡掉進水溝去了，你怎麼辦？你不要抱怨什麼，那是你的機會，趕快把那個水溝蓋敲開來，伸手下去撈。你說：「**那個水好髒。**」實際理地有什麼髒與不髒？你只管撈就對了，要好好去撈。等你撈到零錢了，你終於知道：原來如此。那時再來告訴我：你撈到了什麼？你如果沒有撈到，我告訴你：「我幫你撈到了，你的錢就在這裡。」我就把五塊錢底銅板往桌上一放，就在這裡。你說：「我丟的又不是五塊錢，我丟的是十塊錢。」這就該罵了，你這叫作討打；爲什麼討打呢？因爲迷己逐物。

又有人上來問雲門禪師：「如何能夠報四恩三有？」四恩與三有，諸位都知道嘛！如果沒有四恩三有，你是無法成佛的，所以四恩三有的恩德一定要報。但是要怎麼樣報四恩三有？他雲門竟然回答說：「抱頭哭蒼天。」那就看你懂不懂抱頭哭蒼天？如果不懂，等到堂上二老哪天百年走了，你要記得雲門禪師這個開示，那時你就抱頭哭蒼天，不要哭爹、哭娘。你那時可別大哭說：「爹啊！你怎麼這麼早走？放著我怎麼辦？」你就抱著自己的頭大哭：「蒼天啊！蒼天啊！」你也許說：「我又不會講國語，怎麼辦？」不然，你就抱著頭，用台語大哭：「天公爺！天公爺！」這也可以。

如果你們堂上還有老太爺，如果老太夫人也在，他們將來總是有一天會走；你今天就把正知正見學好，假使有一天他們走了，你當然不一定是爲他們傷心，不一定是因爲愛別離而傷心，那又何妨抱頭哭蒼天呢？這一哭，或許就哭出個名堂來了！問題是有沒有正知正見，心地夠不夠細膩，福德夠不夠。如果心地夠細膩，經由看話頭功夫的鍛鍊，心地夠細膩了，這就是有定力了；如果福德夠，也就是說在護持正法上面你眞的努力作；然後知見也夠，這就是慧力夠了，有慧力就是正知見熏習夠了。到那時，只是這一哭，可就哭出名堂來了！否則的話，再怎麼哭都沒用；那眼淚流了一斗、兩斗、三斗，乃至流了一石都沒有用。世間人不是常常在哭嗎？怎麼都悟不了？那小孩子在幼稚園，也是一天到晚聽到他們在哭，一樣是悟不了。你看人家辦喪事的時候，有哪家不哭底？爲什麼全都悟不了？且不說辦喪事，連辦喜事都有人會哭。媽媽總是捨不得女兒出閣，就會哭。又不是嫁到美國那麼遠去，哭什麼？但就是不捨，不捨就會哭；可是常常有人在哭，爲什麼都哭不出名堂來？當然有原因，就是要有定力，要有慧力，要有福德；這三個如果不具足，自己多麼有自信也沒有用；對善知識、對三寶多麼有自信也沒有用，怎麼哭都哭不出來的。

有這三個條件，當你哭出名堂時，就眞懂這段《金剛經》的意思了；這時才是眞的「**得聞是經**」；如果這時「**信心清淨**」而不懷疑，全盤信受了，「**則生實相**」，當然「**成就第一希有功德**」，自然可以親自看見「**是實相者則是非相」；那時當然遠離「四相」，自然知道四相全部「非相」。那時在所知所見上面「離一切諸相，則名諸佛。」恭喜您，您已經墮在「諸佛」數中了。

【佛告須菩提：「如是！如是！若復有人得聞是經，不驚不怖不畏，當知是人甚為希有；何以故？須菩提！如來說第一波羅蜜，非第一波羅蜜，是名第一波羅蜜。」】

講記：佛陀告須菩提說：「就像是你講的這樣！就像是你講的這樣！如果有人能夠聽聞這一部經，他心中不驚訝、不恐怖也不畏懼，你應當要知道，這個人是非常希有的，這種人世間少有；為什麼是這樣呢？須菩提啊！如來說第一波羅蜜，不是第一波羅蜜，才能夠叫作第一波羅蜜。」

這是〈離相寂滅分〉的第二段，這是延續上一段經文來開示。因為上一品須菩提聽到 佛的開示以後，他「涕淚悲泣」而說，是那麼激動，顯然不是在語言文字上來講哲學。如果是哲學，請問：「誰上哲學課的時候，會涕淚悲泣？」從來沒有！如果有人上哲學系的課程時涕淚悲泣，那教授一定會問他說：「你是不是生病、不舒服？」因為從來沒有人上哲學課或讀哲學書籍時會在那邊涕淚悲泣。可是，佛說了前一品經文以後，須菩提已經是阿羅漢了，聽了竟然也會涕淚悲泣；在這一品中，須菩提說到：「最後末法剩下五百年的時候，有眾生聽聞到《金剛經》的眞實義時，還能夠信解受持，這是最最希有的，因爲他沒有我相、人相、眾生相與壽者相。」然後須菩提又說：「我相其實沒有相，人相、眾生相、壽者相也是沒有相。」最後他畫龍點睛說：「離一切諸相，就可以名爲諸佛。」

現在就有個問題了，「離一切諸相，則名諸佛」，我說它叫作畫龍點睛。換句話說，只要落在諸相裡面，會與諸相相應的，就不能叫作「諸佛」，顯然這個諸佛不是講究竟佛的五蘊，而是指大家都有的第八識眞如。由這裡，我們可以來檢查一下，近代那些默照禪底信徒、離念靈知底信徒，他們底離念靈知與「我相」相應或不相應？有沒有「我相」？當然是有，因爲當你給他一巴掌，他就在離念靈知中生氣起來了，當然有「我相」。假使不信的話，當你有一天遇到了他，而他早就風聞說：「這蕭平實專門教徒眾們打人一巴掌。」他早就防著了，他是準備著被你打一巴掌也不生氣的，他心裡早就準備著。沒想到，你突然想到一個怪招說：「某甲師兄！我聽某乙說，你近來修行好好呵！進步非常快，令人家驚歎。」他滿臉笑容問你說：「某乙師兄眞的這麼講嗎？」你就告訴他說：「你的離念靈知現在是不是很高興？」果然高興，你接著說：「這就是『我相』。」所以你說：「離念靈知既然沒有離一切諸相，顯然不是諸佛之一。」那他一定會問你：「那我該怎麼辦？」你就告訴他：「你身中有個離一切諸相的，你去把祂找出來；找出來了，你就是諸佛中的一分子了。」他說：「可是我不懂，我要怎麼找？」「那簡單嘛！你就去學嘛！台灣的正覺講堂並不遠，又不是在美國。」其實在美國也有，那你就說：「正覺又不是在歐洲。」他也許懶得來正覺學習，就說：「拜託你啦！你告訴我啦！」「你眞的想要知道？」「眞的想知道。」「好，那我偷偷地告訴你，你可不能把密意洩漏了。附耳過來。」他眞的把耳朵附過來，你就告訴他：「離一切諸相，則名諸佛。」如果你們這樣還聽不出密意來，那可沒辦法了，我只好開講第二段經文了。

這第二段經文，是因爲前一段須菩提尊者畫龍點睛、點了出來，佛陀就告訴他說：「如是！如是！如果有人，他有因緣可以聽聞到『這一部經』，」當然不是只講這部經中的語言文字，而是說眞的聽聞到這一部經——聽到了金剛心如來藏的所在，「他心中不覺得驚訝也不恐怖，並且一點點都沒有畏懼，就應該知道這個人絕對是非常希有的」，為什麼希有呢？因為他已經是斷了我見才有可能這樣信受而不生疑。如果我見斷不了，你告訴他的真實法金剛心並不是五陰中的某一個法，當他執著於五陰時，心中一定會很驚訝，也會覺得很恐怖，並且很不樂於接受。他不但為他自己畏懼，還會為你畏懼，怕你墮地獄。由於他恐怕你會下墮地獄，就好心告訴你說：「你是從哪裡學來的？這是邪見，你一定中魔、著魔了，不然就是中了蕭平實的毒。」他反而為你畏懼。

這時你假使給他五陰中的某一個法，告訴他說：「離念靈知是常住法。」他就不驚不怖、也不畏懼。這就是當代佛教界的現況，不必等到末法最後五百年時；台灣、大陸如此，歐美的佛教、澳洲的佛教、南洋的佛教亦復如此。所以這個密意，你不能敞明了講；你如果敞明了講，把這一部經「金剛心」真的拿出來給他，他會很驚訝：「什麼？這個就是你們開悟的東西喲！」驚訝以後，接著就是狂笑：「笑死人了！這個叫作如來藏、真如？」驚訝狂笑以後，接著開始恐怖了：如果他有一點點信，會因為看見自己底五陰有生滅而生起恐怖心。如果他是不信的，他就會爲你恐怖：「你這個人，一定腦筋壞掉了，這種東西怎麼可以說是金剛心如來藏？」然後，接著他會有一些疑心而生起畏懼，心裡面想：「這個是眞的嗎？如果這個是眞的，那佛法就沒有什麼奇妙了！那麼這樣的話，眼看著正覺同修會一直弘法、一直推廣下去，沒有人能推翻，那就糟糕了！佛教快要滅了。」他接著會這樣想：「那佛教滅了，我怎麼辦？不行！我要趕快往生去極樂世界，不要再留下來住在娑婆世界了。」這不就是那些人很普遍的過程與現象嗎？

只有確實斷了我見底人，當他聽聞到這一部經的時候（當然這個聽聞是指眞的知道「這部經」在哪裡），這時他才能不驚、不怖、不畏；所以，在後末世正法只剩下五百年可以弘揚時，這種人絕對是希有底人。凡是我見沒有斷的人，都不可能聽聞「這部經」而不驚、不怖、不畏。斷我見底人是非常希有的，放眼當今佛教界，那些自稱證得初果、二果、三果、四果底人，有哪一個人是眞的斷了我見？竟然都沒有。斷我見底人就已經這麼希有了，斷了我見以後又找到「這一部經」，又能夠接受「這一部經」，當然更是第一希有，甚爲希有。

然後 佛陀又來一個畫龍點睛：「須菩提！如來說第一波羅蜜，非第一波羅蜜，是名第一波羅蜜。」這葫蘆裡到底賣什麼藥？為什麼要不斷地這樣講？我說這個就是《金剛經》的公式：所謂如來藏，即非如來藏，是名如來藏。你如果問我：「哪個是如來藏？」我就告訴你：「如來藏！」你說：「那你講了等於沒講。」我就告訴你：「所謂如來藏，即非如來藏，是名如來藏。」你不要落在如來藏這上面聽，你落在這三字上面就不對了；因為我告訴你的，不是這三字；所以不是這三字的如來藏，才是真的如來藏。這個就是畫龍點睛，可是這個畫龍點睛，你得要有慧眼才看得到龍眼的那個「睛」是在哪裡，否則永遠只看到龍眼，沒看到被點的那個「睛」在哪裡。

《金剛經宗通》上週把〈離相寂滅分〉的第二段經文講完了，現在來補充資料，〈離相寂滅分〉的第二段事說：「樂於小法的人聽聞到般若的真實義，心中都會驚懼恐怖，更不可能得到證悟。」我們以前這麼講，可是一直都沒有把經文裡面的根據舉出來證明。我這樣說，並不是沒有根據的胡說。一般人學般若時，他們喜歡的般若、信受的般若，都是在意識層面所了知的般若，是以意識為中心的般若，他們都喜歡。可是如果你跟他說到般若是第八識的層面，不屬於意識的層面時，當你把《般若經》的眞實面講出來給他們聽，一百個人之中會有九十九個人生起煩惱。

事實上也是如此，我們出來弘法，包括同修會還沒有成立之前的那三、四年，都是這樣。你如果隨順各大山頭、各大居士一樣用意識心的層次來講般若，他們一定都會接受你；而他們無法接受第八識爲中心的實相般若，寧可接受意識層面的表相般若。所以我們弘法以來，書籍寫了那麼多，特別是在《邪見與佛法》裡面，把涅槃也講得很清楚，並且說明大乘法的證悟是以如來藏爲中心。如今講那麼多年、出那麼多本書了，有哪一個山頭願意改變爲以如來藏爲中心的般若呢？有哪個山頭公開說意識是虛妄的呢？都沒有。

有時候在他們的網站上面，宣稱他們也在弘揚如來藏法；可是當你繼續讀下去，順著第二頁、第三頁、第四頁、第五頁讀下去，最後你發覺，他們講的如來藏並不是第八識，依舊還是第六意識，然後告訴你說：「意識是常住的；如來藏這個名稱，只是一個施設，不是眞實有，不可實證。」這也是掛羊頭賣狗肉。因爲正覺弘揚如來藏妙法將近二十年的現在，已經在佛教界掀起很大的風潮，所以他們不得不隨順如來藏妙法。如果他們再繼續說：「我這裡所證底是意識境界。」人家一讀就說：「喔！是意識的境界，落入識陰之中，那我不要學，這是常見外道。」就會把他們丟開了。所以，他們不得不在網頁中一開始就跟你說：「我們這裡也在弘傳如來藏妙法。」但是到後面卻告訴你：「如來藏心不是眞的存在，是假名方便而說的。」所以，那一類道場都是在騙人，引君入甕，掛羊頭賣狗肉。但我說　佛陀也在掛羊頭賣狗肉，但祂賣的狗肉不是引君入甕，是讓你十方三界遨遊無限；讓你解脫於三界之外，然後可以反身遨遊在三界中，不斷地利樂眾生。但是那些大山頭的大法師們，掛羊頭賣狗肉卻是引君入甕，是讓你進入常見外道的甕裡面，永遠被關在三界中不得出離。

所以說，實相的般若、眞實的般若，凡夫們是不會信受的；只有久學菩薩聽到如來藏這三個字，雖然還不知道是什麼，但在心中就是莫名其妙地歡喜，這就是久學菩薩。這樣的久學菩薩是很少的，眼前所見就是諸位，大多進入同修會裡面來了；有些人因緣還沒有熟，將來也會進來。但是，凡是已被應成派中觀誤導的新學菩薩，才一聽到如來藏，就講：「那是外道神我。」所以，他們喜歡的般若是意識層面底般若，是表相般若；眞要說到實相層面底般若，他們眞是打死也不信，我只能說：「**其奈他何！**」而他們心裡面也可能喃喃自語說：「**汝奈我何！**」眞的無可奈何！誰也奈何不了他們。

將近二十年了，我們已經很明白告訴他們：「**意識是要由意根、法塵作爲助緣才能出生；而意識的種子以及意根、法塵的種子，也都在如來藏裡面，都由如來藏所生。**」有智慧底人，譬如有世俗智慧底人，只要聽到這麼一講，也就會相信了；可是他們修學出世間法底智慧，卻偏偏不信；已經掙扎了十幾年，如今還在掙扎，還是不信如來藏妙義，他們心裡面還洋洋得意：「**你能奈我何！**」我眞的不奈他何！不過當他們對如來藏妙法繼續抵制下去，那無常老子將來可就奈何他了。可是他們不懂，因爲他們沒看見往世的事情，所以不能深信因果。由此看來，眞實般若還眞是很難令人信受。

接著我們且看《放光般若經》卷十裡面的記載：**【佛告舍利弗：「後北方世，雖多有善男子、善女人受持般若波羅蜜者，少有成大乘者耳。」】**諸位！你們讀到這一段 佛陀的告示，應該是心有戚戚焉！因爲你們自從來正覺同修會修學以後，出去遇到外面各處道場的人，你都會覺得自己好像是孤家或寡人，很難遇到知音。但是請問：寡人或孤家是什麼人？是國王。請問：人間會有多少位的國王？絕對是屈指可數。就像人家學五術，屈著指頭這樣子數：子丑寅卯……，像這樣數，你很容易就可以把指頭數完，不是很多。所以諸位都是孤家或寡人。因為你們若是想要在同修會以外碰到同道，那是很難得的。雖然難遇知音，卻應該安於寂寞、樂於寂寞；因為你既然是孤家、寡人，總不能想要在路上隨便遇到幾個人全都是國王、皇后吧？不可能！但寡人或孤家都很尊貴，所以雖然是孤家、寡人，卻應該要享受這個寂寞。

我這裡引出來的這段經文，是 佛陀告訴舍利弗底話：「**到了未來世中的北方國土，雖然有很多的善男子與善女人，都在受持般若波羅蜜，但是很少有人能成就這個大乘法。**」諸位如今可以來檢查一下，看看現在的北傳佛法。佛法從印度向北傳，來到震旦中國，就是這段經文中說底「**北方世**」。佛陀入滅時，有告訴阿難尊者說：「**在雙樹之間，鋪僧伽梨，頭北首，**」阿難尊者問：「**為什麼頭要向北？腳要向南？**」佛回答說：「**未來我的法將從兩方流布，北方所傳是大乘法，**」所以頭要向北，因為大乘法是佛法的根本而以頭向北；「**南方所傳是小乘法，**」就以腳指示方向。這在阿含部經典中已經記載著，又不是大乘經中才這麼說。所以，以頭部來象徵大乘法，預記大乘法會傳到北方去；以腳部來象徵聲聞小法，預記會傳到南方去。往南傳的結果，就是斯里蘭卡，然後到了緬甸、暹羅（後來的泰國）、馬來西亞，都屬於南傳佛法，都是小乘法聲聞道。大乘法先往西北傳，傳到西域，然後又傳到中國；後來又向東發展到了日本而具足種種表相，眞實法則在今天傳到台灣來，未來還是要回到北方中國地區。

佛陀又預記說：「**北方國土未來世所傳的大乘法中，雖然會有很多人在受持般若波羅蜜，可是少有成就大乘法的人。**」諸位放眼當今全球佛教看看，是否如此？二千五百年前七葉窟外，千人結集下來的《般若經》中記載得這麼清楚。如今諸位可以看看中原神州，有沒有哪個大師是成就大乘般若的？不要說一個，連半個也沒有；未來凡是有成就般若底人，都是來台灣得法再回去的。再來看看台灣本地，有哪一個道場，他們敢宣稱是證得第八識如來藏的？也沒有，反而都是在抵制眞如、如來藏妙法的，所以都沒有成就大乘法。佛陀這個預記，眞的絲毫不爽。因爲他們都是錯把聲聞法當作大乘法的般若在學習，當然不能成就大乘法。

我們早期弘法時很看重現聲聞相底菩薩們，對他們有種種優待；可是後來證明一個又一個都不能期待；如今只剩下會中少數現聲聞相底菩薩，期望將來可以成爲棟梁。所以上上週，有人在跟我討論這個問題時，我就掐著指頭，從最早的□朗師，指陳法名一個一個一直算下來（我們給他們優待，破參明心以後，結果個個都死掉了）；算一算，一個又一個，一直增加，增加到最後剛好是十個聲聞性的出家人。不是我們不願意培植聲聞相底菩薩，而是他們的心態已經出問題，都是在三壇大戒時就被教成聲聞人了，所以都培植不起來。反而你們這些現在家相的菩薩們，成績還不錯。我的構想是，現聲聞相跟現在家相底菩薩，我們正覺道場裡應該要同樣具足；然後在家眾與出家眾兩條路並行，同樣繼承 世尊的正法共同弘揚。因爲我怕如果是一邊壯大，另一邊微弱，那麼壯大的那邊萬一將來出了問題，一個一個退轉了，佛教不就又沒指望了嗎？我就怕這樣，所以我們往年一直努力在培植那些法師們；所以台南講堂弄好了，送給法師；台中講堂弄好了，也依計畫準備要移送給法師；可是他們一個個都不爭氣，能奈他何！這就是我們弘法的過程。但我還是希望，出家與在家兩條路要並行，將來萬一哪一邊出問題了，還有另外一邊可以出來糾正對方。這樣就不會只有一個部分在弘揚，萬一這個部分出問題了，佛教正法弘傳又整個完蛋了；於是我們未來世重來時，還要從頭開始奮鬥一番，那可累死人了！

但是，你看佛陀早就預記在這邊了：後來傳到北方過來的大乘佛法，受持般若波羅蜜的人雖然非常多，可是少有成就大乘法的人。如今放眼全球來看，事實也確實是這樣，所以佛陀的預記太正確了。我今天會這樣說出十年來我們所培植的出家眾，特別是現聲聞相的出家眾，沒有辦法好好在法上去用功，而不斷地在世間法上用心，一心想要以聲聞眾爲中心來弘法，想要否認由我幫他們開悟底事實，結果就變成這個樣子。今天同修會中，現聲聞相的出家眾勢力還是很單薄，我們希望未來會有更好的發展，能夠勢均力敵互相制衡。如果哪一邊走偏了，有人好好出來指正，再把他抓回到正道來；這樣兩邊互相匡正、互相幫忙，正法的長久流傳才不會有後顧之憂。這是我一向底看法，到現在還是如此。

這意思就是說，必須是願意爲眾生得度而努力，不是一心一意想要讓自己早日得到無餘涅槃的取證，也不是爲了自己個人在世俗私利上面，或者專門爲自己在佛教界裡的地位去用心。這樣的心態建立起來以後，發願世世常行菩薩道，奉持如來藏的妙義，才能夠受持大乘佛法。唯有這樣大心無私底人，才能夠眞的受持「此經」，而不會落入斷滅空裡面。

我們再來看看，佛對於般若的難修難證，又是怎麼說：《放光般若經》卷十：**【舍利弗白佛言：「般若波羅蜜甚深難解、不可平相，不當於新學菩薩前，說是深般若波羅蜜；聞者或恐或怖，狐疑作礙，不信不樂。當爲阿惟越致菩薩摩訶薩說是深般若波羅蜜，聞是終不恐怖，終不疑閡，聞則信解。」釋提桓因問舍利弗：「正使於新學菩薩前，說深般若波羅蜜，有何等過？」舍利弗語釋提桓因言：「若於新學菩薩前說者，便能恐怖，便能誹謗，便不得度脫，便受劇惡之罪，更倍久難、乃能成阿耨多羅三耶三菩。」】**

這是舍利弗向釋提桓因說的般若波羅蜜，舍利弗向 佛這樣稟白以後，釋提桓因問舍利弗，然後舍利弗就告訴釋提桓因：爲新學菩薩講深妙的般若波羅蜜，會有什麼後果。我這個《金剛經宗通》是爲久學菩薩們講的，若是爲新學菩薩，只能講解淺的表相般若，只能以依文解義底方式來講解表相上的般若波羅蜜，不能以宗通的方式來講深妙底般若波羅蜜。既然舍利弗是當著 佛前所說，而 佛陀沒有推翻他的說法，當然表示他的說法正確。舍利弗向佛稟白說：「般若波羅蜜甚深難解。」也就是說它非常地深奧，很難以瞭解。

以前台灣佛教有一段時期，有幾個道場，或者出家眾主持或者在家眾主持的，都說「般若波羅蜜甚深、極甚深」。他們在弘揚的時候，我還沒破參，還曾經買過他們的錄音帶回來聽，所以這個「般若甚深、極甚深」這幾個字，我已經聽到耳熟能詳。但是後來我自己開悟的時候，又覺得般若不深、不甚深，易證、極易證，所以我就想：「大家應該都跟我一樣。」自從破參以後，我就不太信他們講的「般若甚深、極甚深」，因此很容易就廣送般若波羅蜜給人家。可是一年又一年，這樣手頭豪奢地弘法下來，同修會成立十幾年，我弘法將近二十年了，現在終於還是要接受他們說的「般若甚深、極甚深」。但是，話說回來，雖然那些人都說「般若甚深、極甚深」，他們卻都是還沒有悟的人；而我悟了以後度眾十幾年下來，卻反而在如今回過頭來支持他們的話：般若甚深、極甚深。因爲，我以前是把大眾都拿來跟自己一樣看待，我想：我就這樣參出來，就這麼簡單，沒有什麼困難。可是後來度眾久了，越來越覺得開悟明心很困難，眞的是難。所以我們在禪三期間不斷地撒土撒沙，大多數人還是沒有辦法開悟；那我就只好入泥入水再扮神頭鬼臉，已經是眉毛拖地了，這才終於有些人悟了，所以還眞的是甚深極甚深。

這個般若波羅蜜非常地深奧，難以理解，又說是「不可平相」，不該一體平等地幫助所有人都開悟明心，因爲往世修學以來的時劫長短不同，修集的福德多寡也不同。眾生都沒有辦法去向 佛陀、菩薩、禪師們據理力爭說：「佛陀啊！菩薩啊！祖師啊！你們應該有平等心，讓我們每一個人都可以開悟，這樣才是眞的平等。」如果是世間法中的平等法，就應該讓大家平等證悟、一樣開悟才對。可是舍利弗偏偏說「不可平相」，因爲證悟了般若以後會發覺：根本沒有平等與不平等可說，平等或不平等都是方便說，是爲了眾生而方便說；在實相般若境界中，根本沒有所謂的平或不平。所以誰要來講什麼平等相，那都是方便、都是戲論；都是爲眾生方便說，才講平等，所以舍利弗說「不可平相」。因此說，不應當在新學菩薩面前說明這個深奧底般若波羅蜜；這個很深奧的智慧到彼岸底妙法，若是新學菩薩們聽了，有的人會產生恐懼的心態，有的人會產生怖畏底心態，有的人則是好像狐狸一樣抱著疑心不肯相信，所以就障礙了他們修學佛法的因緣；因爲他們無法信受，也不樂於接受全無境界的實相無相境界。舍利弗說，應當要為不退轉的菩薩，演說深妙底智慧到彼岸佛法。這些久學菩薩都是摩訶薩，他們聽聞了這個深妙法，終究不會恐怖，終究不會懷疑而產生隔閡，聽聞了以後就會信受，並且能夠理解。

所以，這金剛般若、大品般若、小品般若、放光般若，都是應該要為證得如來藏的菩薩摩訶薩說的，不應該是為凡夫菩薩說的；因為這是已經到達位不退的菩薩摩訶薩才能勝解而信受的，換句話說，他至少得要六住滿心才行。第六住位滿心時是我見已經斷除的人，斷了我見以後，你為他說明般若波羅蜜多，他才會信受，也才會聽懂，然後實證而能生起實相智慧了，就可以成第七住位的不退菩薩。如果是沒有斷我見底菩薩，你為他說了眞正的般若波羅蜜，他們反而會生起煩惱。假使你在一般階層的那些學佛人之中，譬如辦一個大型的演講，把體育館租下來，八萬人、十萬人一起來聽講，你若是直接為他們演說這個《金剛經宗通》，有好多人回家的路上就會開始罵：「這個瘋子！」因為你的宗說，他們都聽不懂，會覺得你這個人前言不對後語，沒有邏輯。這是一定會產生的效果，這個效果就是有緣的人聽了好歡喜，但這一定是極少數人；悟緣不夠的人聽了，當場心裡面就罵起來：「這個瘋子！」離開會場回家底路上，三三兩兩就開始談論，就罵起來了：「早知道蕭平實是個瘋子，就不來聽了。」這種人卻是多數。

也許你懷疑說：「可能你言過其實吧？」不然我們講一個最近的例子好了。我們台中新班在開班前，我不是去作了一場演講嗎？也來了大約九百人，包括我們台中共修處自己的學員，所以外面來的應該有四、五百人，因為我們台中講堂那時的人大概只有二、三百人而已。我當時還沒有演講甚深般若，只是演講斷我見、斷三縛結的內涵，那其實只是禪三開始前為大家殺我見底內容。那當然也是寶貝，可是還不能跟般若波羅蜜相比；比起般若波羅蜜的勝妙來，可就相距甚遠了。可是我看見那些人大多是聽不懂的，所以我講完了以後有多少人報名呢？才只有一百五十人報名參加禪淨班。本來是預期這一場演講至少也能收兩百多位學員。可是沒有，只有一百多人。這表示什麼？表示說，斷三縛結取證初果的法義，對他們而言，就已經是甚深難解的了；如果那天我去台中講堂是講大乘第一義法，講今天宗通的內容來，那不是浪費口舌嗎？一定是全部都像鴨子聽雷一樣，有聽沒有懂。由此可見第一義諦般若波羅蜜，確實甚深難解，所以舍利弗尊者才會這麼說。

釋提桓因就問舍利弗：「假使眞的不相信你所說的，不聽受你的勸告，偏偏要在新學菩薩面前來演說深妙的般若波羅蜜，會產生什麼過失？」釋提桓因就是特地爲我們問的。也就是說，眞正深妙底法，不要辦什麼大型的演講去演繹，那是沒有用的。我們以前不曾去租過什麼活動中心或是什麼體育館辦大型演講，未來應該也不會，我們還是會在自己的道場講（編案：後來有因緣發生，導致在高雄巨蛋辦了一場萬人參與的佛法演講盛會，未來應該不會再辦這種佛法聚會）。所以，我後來一想再想，三思之後決定下來：我去台中講堂說的那個演講內容，不整理成文字，就把所錄光碟存檔去了。因爲對那一些我見深重的少福眾生而言，爲他們整理成文字讓他們去讀，當他們讀完了以後還是無法證初果的，反而招致他們閱讀或者聽聞以後，自以爲證果而不作觀行，然後就開口毀謗：「正覺同修會他們的證初果，不過就是如此而已。」反而引生更多的慢心；所以三思之後，我上週作了決定：不整理，就把它轉成光碟片，存檔了事；這個殺我見斷三縛結的開示，還是要留到禪三去讓大家來聽，這只能作爲正覺同修會會員的福利，怎麼可以外流？

所以，當釋提桓因問了以後，舍利弗尊者就說：「假使不相信我說的道理，偏偏要在新學菩薩面前來演說實相般若波羅蜜，而不是說表相的般若波羅蜜，就會使那些新學菩薩們心生恐怖，會使新學菩薩們毀謗實相般若，他們就永遠無法度脫了，因為他們會毀謗而領受到很強烈的惡法之罪。」那得要下無間地獄，因爲這是謗菩薩藏。謗菩薩藏底人，佛說是一闡提人，是善根已經斷盡了。一闡提人善根斷盡，不是下一般的地獄，是無間地獄，那裡的一天到底是人間的幾劫？我一時之間還眞不容易算得出來。等到他們漸漸往上面的地獄一層又一層，次第受完各種苦了，然後往生去餓鬼道，又受苦好多劫；然後再往生到畜生道受苦好多劫，才能回到人間來。想一想，下去地獄再回到人間時，那是多久以後的事？眞的是「更倍久難」。

並且更恐怖的還在後頭，剛生到人間時的五百世，都是盲聾瘖啞；這五百世該過的苦都過完了，終於不盲不聾不瘖不啞，終於可以說話，可以聽見人家說法了，可是才一聽到人家講甚深般若波羅蜜多，說是要證如來藏才能開悟般若波羅蜜多，他又不信而再度開口毀謗，又是成就無間地獄罪，死後又要重新再輪轉三惡道一遍，是不是「更倍久難」呢？不要以爲這是玩笑話，我說的可是眞的；然而那些人還在毀謗如來藏，他們都不知道自己的業有多重，完全無知。我爲他們想到這一世結束以後的遭遇，腳底都冒汗，那眞是不可承受之痛，他們卻又不得不獨自領受。所以他們未來無量數劫以後，要成就無上正等正覺的開悟，想要像諸位這樣能夠明心，確實是「更倍久難」。

諸位可以觀察一下台灣佛教界，就可以自己證實：舍利弗尊者的說明完全沒有錯誤。那些應成派中觀的法師們，開口就謗：「如來藏是外道神我，那只是佛的方便施設，事實上沒有第八識如來藏可證。」我們不斷地寫書出來，演說了好多正理，他們都不信，認爲只有阿含講的才是眞正佛法，認爲阿含諸經說的緣起性空都是六識論的法義。現在只好回應他們，就寫了《阿含正義》，證明四阿含全都是依八識論而講的聲聞解脫道。因爲他們都說：「那些大乘經典都是聲聞部派佛教以後演變出來底菩薩們創造的，在原始佛法中沒有大乘，也沒有講過第八識。」我們就用所謂原始佛法的初轉法輪經典四阿含來講，如今《阿含正義》出到第五輯了，已經很清楚證明原始佛法裡面，不論是四阿含或二轉、三轉法輪諸經——特別是在四阿含諸經中，佛陀早就講過有本識第八識了，只是他們自己讀不懂。但是印出五輯的《阿含正義》

以後，有哪一個道場隨即改變了？有誰改爲弘揚如來藏妙理的？有沒有？一個也沒有！因此我還得把後面的二輯繼續出版（編案：全書七輯今已全部出版）。由此可見，甚深般若確實很難弘揚，因爲你若是把眞正的甚深般若宣講出來，大眾們很難聽懂。所以，反而是要等待諸位進到講堂來，才爲你們說，不去外面辦大型演講讓他們聽。這不是吝嗇，而是因爲他們聽聞甚深般若底因緣還沒有成熟；而我一向都是隨順因緣的，我都不會刻意違背因緣去逆勢弘法。

所以，甚深般若很難理解，而且願意聽聞底人也不多，因此諸位不要期待說：**同修會這個法這麼棒、這麼妙、這麼深奧、這麼精微，將來同修會的會員、信眾，應該可以達到一、二百萬人吧！**我在這裡要請諸位不要打這個妄想，因爲永遠不可能啦！正因爲不可能，也才顯示諸位的可貴。你總不能夠想要親眼看見「一百萬個將軍率領一個兵」的狀況吧？永遠都是一個大將軍率領百萬兵，這樣才是正常。所以成佛之道總共五十二個階位，就像金字塔一樣，十信位的菩薩是在最底層，當然人數最多也最厚；到了最頂層時就只剩下一個人，叫作佛；佛的位階下來，妙覺菩薩只有兩位、三位；等覺菩薩稍微多一點，就像是這樣子，越下來就越多。那諸位希不希望說：「最頂層的無量多，下面最底層只有自己一個人？」一定不希望，因爲不可能頭重腳輕；眞要是這樣子，佛法一定會壞掉。所以，當你爬到了第七住位明心的階段時，你就要想，自己所在的這個階位中，一定比下面階位的人要少很多。而七住位下面還有六層，就是從第六住位下到初住位，而你在第七住位。初住位再下去，還有第十信位，人數絕對是初住位菩薩的幾千倍。十信位中也是一樣，從第十信越往下位去，人數就越多，就像金字塔一樣。所以，明心後不要期待會外有什麼人會是你的知音，也不該隨便爲會外的人指導實證甚深般若波羅蜜，因爲那些新學菩薩們，你要是爲他們說了密意以後，誠如舍利弗尊者說的：「便能恐怖，便能誹謗，便不得度脫，便受劇惡之罪，更倍久難、乃能成阿耨多羅三耶三菩。」這眞是如實語、不誑語。

所以如果你來聽《金剛經宗通》，目前還沒有破參，你說：「我來這裡聽了半年了，這蕭老師講經很幽默、很風趣，不會越聽眼皮越重，眞的有收穫。可是蕭老師到底在講什麼？我還是聽不懂。」不必煩惱，因爲聽懂的人本來就很少；而你現在已經能夠半懂，似懂非懂，就已經很不錯了！能眞正聽懂底人，都是去禪三明心並且淬煉、鍛鍊回來的。

接著我們再回來《金剛經》原文，這一段經文雖然只有短短那麼三行，可是竟說：「**得聞『是經』，不驚、不怖、不畏，當知是人甚爲希有。**」這一段經文明白地告訴我們，「是經」就是《心經》，就是金剛心如來藏；當你聽聞了「這一部經」的眞實義以後，不驚、不怖、不畏，你應當知道自己就是甚爲希有底人。這就是在講諸位，說你們都是希有動物，都應該被我極力保護。這一種人，其實可能是從外道法中進到正覺來，也可能是從佛門外道進到正覺來，也有可能是久學菩薩進到正覺來，都有！是由於各人往世和此世的學法因緣千差萬別。現在如此，古時也如此。《阿含經》中不是有一位仙尼外道嗎？這位仙尼外道正是因爲探討到一個問題：我見、我執滅盡以後會不會成爲斷滅空？可是正因爲這樣的探討，又還沒有學到佛法，他只好落在意識裡面，把意識抱得緊緊地。可是經由 佛陀一番說法，他終於成爲法眼淨的初果人；然後獨自在閑靜處思惟以後，終於成爲阿羅漢。都因爲 佛陀告訴他：「**滅盡五陰十八界以後，還有本際常住不滅，不是斷滅空。**」而這個仙尼外道，在《阿含經》裡面的記載，他後來是成爲阿羅漢；但實際上他不只是阿羅漢，他是眞正底菩薩，在大乘經中被翻譯爲先尼梵志，只是小乘人聽聞因他而講的大乘經而結集以後，就變成小乘經了。所以我們再來看《小品般若波羅蜜經》卷一裡面的記載：

（未完，詳續第四輯。）

佛菩提二主要道次第概要表——二道並修，以外無別佛法

佛菩提道——大菩提道

遠波羅蜜多

資糧位

十信位修集信心——一劫乃至一萬劫

初住位修集布施功德（以財施爲主）。

二住位修集持戒功德。

三住位修集忍辱功德。

四住位修集精進功德。

五住位修集禪定功德。

六住位修集般若功德（熏習般若中觀及斷我見，加行位也）。

外門廣修六度萬行

七住位明心般若正觀現前，親證本來自性清淨涅槃。

八住位於一切法現觀般若中道。漸除性障。

十住位眼見佛性，世界如幻觀成就。

見道位

一至十行位，於廣行六度萬行中，依般若中道慧，現觀陰處界猶如陽焰，至第十行滿心位，陽焰觀成就。

一至十迴向位熏習一切種智；修除性障，唯留最後一分思惑不斷。第十迴向滿心位成就菩薩道如夢觀。

內門廣修六度萬行

初地：第十迴向位滿心時，成就道種智一分（八識心王一一親證後，領受五法、三自性、七種第一義、七種性自性、二種無我法）復由勇發十無盡願，成通達位菩薩。復又永伏性障而不具斷，能證慧解脫而不取證，由大願故留惑潤生。此地主修法施波羅蜜多及百法明門。證「猶如鏡像」現觀，故滿初地心。

二地：初地功德滿足以後，再成就道種智一分而入二地；主修戒波羅蜜多及一切種智。滿心位成就「猶如光影」現觀，戒行自然清淨。

解脫道：二乘菩提

斷三縛結，成初果解脫 → 薄貪瞋癡，成二果解脫 → 斷五下分結，成三果解脫 → 入地前的四加行令煩惱障現行悉斷，成四果解脫，留惑潤生。分段生死已斷，煩惱障習氣種子開始斷除，兼斷無始無明上煩惱。

近波羅蜜多

大波羅蜜多

圓滿波羅蜜多

修道位

究竟位

心、五神通。能成就俱解脫果而不取證，留惑潤生。滿心位成就「猶如谷響」現觀及無漏妙定意生身。

四地：由三地再證道種智一分故入四地。主修精進波羅蜜多，於此土及他方世界廣度有緣，無有疲倦。進修一切種智，滿心位成就「如水中月」現觀。

五地：由四地再證道種智一分故入五地。主修禪定波羅蜜多及一切種智，斷除下乘涅槃貪。滿心位成就「變化所成」現觀。

六地：由五地再證道種智一分故入六地。此地主修般若波羅蜜多——依道種智現觀十二因緣一一有支及意生身化身，皆自心眞如變化所現，「非有似有」，成就細相觀，不由加行而自然證得滅盡定，成俱解脫大乘無學。

七地：由六地「非有似有」現觀，再證道種智一分故入七地。此地主修一切種智及方便波羅蜜多，由重觀十二有支一一支中之流轉門及還滅門一切細相，成就方便善巧，念念隨入滅盡定。滿心位證得「如犍闥婆城」現觀。

八地：由七地極細相觀成就故再證道種智一分而入八地。此地主修一切種智及願波羅蜜多。至滿心位純無相觀任運恆起，故於相土自在，滿心位復證「如實覺知諸法相意生身」故。

九地：由八地再證道種智一分故入九地。主修力波羅蜜多及一切種智，成就四無礙，滿心位證得「種類俱生無行作意生身」。

十地：由九地再證道種智一分故入此地。此地主修一切種智——智波羅蜜多。滿心位起大法智雲，及現起大法智雲所含藏種種功德，成受職菩薩。

等覺：由十地道種智成就故入此地。此地應修一切種智，圓滿等覺地無生法忍；於百劫中修集極廣大福德，以之圓滿三十二大人相及無量隨形好。

妙覺：示現受生人間已斷盡煩惱障一切習氣種子，並斷盡所知障一切隨眠，永斷變易生死無明，成就大般涅槃，四智圓明。人間捨壽後，報身常住色究竟天利樂十方地上菩薩；以諸化身利樂有情，永無盡期，成就究竟佛道。

七地滿心斷除故意保留之最後一分思惑時，煩惱障所攝色、受、想三陰有漏習氣種子全部斷盡。

煩惱障所攝行、識二陰無漏習氣種子任運漸斷，所知障所攝上煩惱任運漸斷。

斷盡變易生死
成就大般涅槃

圓滿成就究竟佛果

佛子蕭平實 謹製
（二〇〇九、〇二 修訂）
（二〇一二、〇二 增補）

佛教正覺同修會〈修學佛道次第表〉

第一階段

* 以憶佛及拜佛方式修習動中定力。
* 學第一義佛法及禪法知見。
* 無相拜佛功夫成就。
* 具備一念相續功夫—動靜中皆能看話頭。
* 努力培植福德資糧，勤修三福淨業。

第二階段

* 參話頭，參公案。
* 開悟明心，一片悟境。
* 鍛鍊功夫求見佛性。
* 眼見佛性〈餘五根亦如是〉親見世界如幻，成就如幻觀。
* 學習禪門差別智。
* 深入第一義經典。
* 修除性障及隨分修學禪定。
* 修證十行位陽焰觀。

第三階段

* 學一切種智真實正理—楞伽經、解深密經、成唯識論…。
* 參究末後句。
* 解悟末後句。
* 透牢關—親自體驗所悟末後句境界，親見實相，無得無失。
* 救護一切衆生迴向正道。護持了義正法，修證十迴向位如夢觀。
* 發十無盡願，修習百法明門，親證猶如鏡像現觀。
* 修除五蓋，發起禪定。持一切善法戒。親證猶如光影現觀。
* 進修四禪八定、四無量心、五神通。進修大乘種智，求證猶如谷響現觀。

佛教正覺同修會 共修現況 及 招生公告

2016/1/16

一、共修現況：（請在共修時間來電，以免無人接聽。）

台北正覺講堂 103 台北市承德路三段 277 號九樓 捷運淡水線圓山站旁
Tel..總機 02-25957295（晚上）（分機：九樓辦公室 10、11；知客櫃檯 12、13。 十樓知客櫃檯 15、16；書局櫃檯 14。 五樓辦公室 18；知客櫃檯 19。二樓辦公室 20；知客櫃檯 21。）
Fax..25954493

第一講堂 台北市承德路三段 277 號九樓

禪淨班：週一晚上班、週三晚上班、週四晚上班、週五晚上班、週六下午班、週六上午班（皆須報名建立學籍後始可參加共修，欲報名者詳見本公告末頁）

增上班：瑜伽師地論詳解：每月第一、三、五週之週末 17.50～20.50 平實導師講解（僅限已明心之會員參加）

禪門差別智：每月第一週日全天　平實導師主講（事冗暫停）。

佛藏經詳解　平實導師主講。已於 2013/12/17 開講，歡迎已發成佛大願的菩薩種性學人，攜眷共同參與此殊勝法會聽講。詳解 釋迦世尊於《佛藏經》中所開示的眞實義理，更爲今時後世佛子四眾，闡述佛陀演說此經的本懷。眞實尋求佛菩提道的有緣佛子，親承聽聞如是勝妙開示，當能如實理解經中義理，亦能了知於大乘法中：如何是諸法實相？善知識、惡知識要如何簡擇？如何才是清淨持戒？如何才能清淨說法？於此末法之世，眾生五濁益重，不知佛、不解法、不識僧，唯見表相，不信眞實，貪著五欲，諸方大師不淨說法，各各將導大量徒眾趣入三塗，如是師徒俱堪憐憫。是故，平實導師以大慈悲心，用淺白易懂之語句，佐以實例、譬喻而爲演說，普令聞者易解佛意，皆得契入佛法正道，如實了知佛法大藏。

此經中，對於實相念佛多所著墨，亦指出念佛要點：以實相爲依，念佛者應依止淨戒、依止清淨僧寶，捨離違犯重戒之師僧，應受學清淨之法，遠離邪見。本經是現代佛門大法師所厭惡之經典：一者由於大法師們已全都落入意識境界而無法親證實相，故於此經中所說實相全無所知，都不樂有人聞此經名，以免讀後提出問疑時無法回答；二者現代大乘佛法地區，已經普被藏密喇嘛教滲透，許多有名之大法師們大多已曾或繼續在修練雙身法，都已失去聲聞戒體及菩薩戒體，成爲地獄種姓人，已非眞正出家之人，本質只是身著僧衣而住在寺院中的世俗人。這些人對於此經都是讀不懂的，也是極爲厭惡的；他們尚不樂見此經之印行，何況流通與講解？今爲救護廣大學佛人，兼欲護持佛教血脈永續常傳，特選此經宣講之。每逢週二 18.50~20.50 開示，不限制聽講資格。會外人士需憑身分證件換證入內聽講（此是大樓管理處之安全規定，敬請見諒）。桃園、台中、台南、高雄等地講堂，亦於每週二晚上播放平實導師所講本經之 DVD，不必出示身分證件即可入內聽講，歡迎各地善信同霑法益。

第二講堂　台北市承德路三段 267 號十樓。

禪淨班：週一晚上班、週六下午班。

進階班：週三晚上班、週四晚上班、週五晚上班（禪淨班結業後轉入共修）。

佛藏經詳解：平實導師講解。每週二 18.50~20.50（影像音聲即時傳輸）。本會學員憑上課證進入聽講，會外學人請以身分證件換證進入聽講（此爲大樓管理處安全管理規定之要求，敬請諒解）。

第三講堂　台北市承德路三段 277 號五樓。

進階班：週一晚上班、週三晚上班、週四晚上班、週五晚上班。

佛藏經詳解：平實導師講解。每週二 18.50~20.50（影像音聲即時傳輸）。本會學員憑上課證進入聽講，會外學人請以身分證件換證進入聽講（此爲大樓管理處安全管理規定之要求，敬請諒解）。

第四講堂　台北市承德路三段 267 號二樓。

進階班：週一晚上班、週三晚上班、週四晚上班、週五晚上班（禪淨班結業後轉入共修）。

佛藏經詳解：平實導師講解。每週二 18.50~20.50（影像音聲即時傳輸）。本會學員憑上課證進入聽講，會外學人請以身分證件換證進入聽講（此爲大樓管理處安全管理規定之要求，敬請諒解）。

第五、第六講堂　爲**開放式講堂**，不需以身分證件換證即可進入聽講，台北市承德路三段 267 號地下一樓、地下二樓。已規劃整修完成，每逢週二晚上講經時段開放給會外人士自由聽經，請由大樓側面梯階逕行進入聽講。**聽講者請尊重講者的著作權及肖像權，請勿錄音錄影，以免違法；若有錄音錄影被查獲者，將依法處理**。

正覺祖師堂　大溪鎮美華里信義路 650 巷坑底 5 之 6 號（台 3 號省道 34 公里處　妙法寺對面斜坡道進入）電話 03-3886110　傳眞 03-3881692 本堂供奉 克勤圓悟大師，專供會員每年四月、十月各二次精進禪三共修，兼作本會出家菩薩掛單常住之用。除禪三時間以外，每逢單月第一週之週日 9:00~17:00 開放會內、外人士參訪，當天並提供午齋結緣。教內共修團體或道場，得另申請其餘時間作團體參訪，務請事先與常住確定日期，以便安排常住菩薩接引導覽，亦免妨礙常住菩薩之日常作息及修行。

桃園正覺講堂（第一、第二講堂）：桃園市介壽路 286、288 號 10 樓（陽明運動公園對面）電話：03-3749363（請於共修時聯繫，或與台北聯繫）

禪淨班：週一晚上班、週三晚上班、週四晚上班、週五晚上班。

進階班：週六上午班、週五晚上班。

佛藏經詳解：平實導師講解。每週二晚上，以台北正覺講堂所錄 DVD 放映；歡迎會外學人共同聽講，不需出示身分證件。

新竹正覺講堂 新竹市東光路 55 號二樓之一　電話 03-5724297（晚上）

第一講堂：

禪淨班：週一晚上班、週五晚上班、週六上午班。

進階班：週三晚上班、週四晚上班（由禪淨班結業後轉入共修）。

佛藏經詳解：平實導師講解。每週二晚上，以台北正覺講堂所錄 DVD 放映。歡迎會外學人共同聽講，不需出示身分證件。

第二講堂：

禪淨班：週三晚上班、週四晚上班。

佛藏經詳解：每週二晚上與第一講堂同時播放佛藏經詳解 DVD。

台中正覺講堂 04-23816090（晚上）

第一講堂 台中市南屯區五權西路二段 666 號 13 樓之四（國泰世華銀行樓上。鄰近縣市經第一高速公路前來者，由五權西路交流道可以快速到達，大樓旁有停車場，對面有素食館）。

禪淨班：週三晚上班、週四晚上班。

進階班：週一晚上班、週六上午班（由禪淨班結業後轉入共修）。

增上班：單週週末以台北增上班課程錄成 DVD 放映之，限已明心之會員參加。

佛藏經詳解：平實導師講解。每週二晚上，以台北正覺講堂所錄 DVD 放映。歡迎會外學人共同聽講，不需出示身分證件。

第二講堂 台中市南屯區五權西路二段 666 號 4 樓

禪淨班：週一晚上班、週三晚上班、週六上午班。

進階班：週五晚上班（由禪淨班結業後轉入共修）。

佛藏經詳解：每週二晚上與第一講堂同時播放佛藏經詳解 DVD。

第三講堂、第四講堂：台中市南屯區五權西路二段 666 號 4 樓。

嘉義正覺講堂 嘉義市友愛路 288 號八樓之一　電話：05-2318228

第一講堂：

禪淨班：週一晚上班、週四晚上班、週五晚上班。

進階班：週三晚上班（由禪淨班結業後轉入共修）。

佛藏經詳解：平實導師講解。每週二晚上，以台北正覺講堂所錄 DVD 放映。歡迎會外學人共同聽講，不需出示身分證件。

第二講堂 嘉義市友愛路 288 號八樓之二。

台南正覺講堂

第一講堂 台南市西門路四段 15 號 4 樓。06-2820541（晚上）

禪淨班：週一晚上班、週三晚上班、週四晚上班、週五晚上班、週六下午班。

增上班：單週週末下午，以台北增上班課程錄成 DVD 放映之，限已明心之會員參加。

佛藏經詳解：平實導師講解。每週二晚上，以台北正覺講堂所錄 DVD 放映。歡迎會外學人共同聽講，不需出示身分證件。

第二講堂　台南市西門路四段 15 號 3 樓。

佛藏經詳解：每週二晚上與第一講堂同時播放佛藏經詳解 DVD。

第三講堂　台南市西門路四段 15 號 3 樓。

進階班：週三晚上班、週四晚上班、週六上午班（由禪淨班結業後轉入共修）。

佛藏經詳解：每週二晚上與第一講堂同時播放佛藏經詳解 DVD。

高雄正覺講堂　高雄市新興區中正三路 45 號五樓 07-2234248（晚上）

第一講堂（五樓）：

禪淨班：週一晚上班、週三晚上班、週四晚上班、週五晚上班、週六上午班。

增上班：單週週末下午，以台北增上班課程錄成 DVD 放映之，限已明心之會員參加。

佛藏經詳解：平實導師講解。每週二晚上，以台北正覺講堂所錄 DVD 放映。歡迎會外學人共同聽講，不需出示身分證件。

第二講堂（四樓）：

進階班：週三晚上班、週四晚上班、週六上午班（由禪淨班結業後轉入共修）。

佛藏經詳解：每週二晚上與第一講堂同時播放佛藏經詳解 DVD。

第三講堂（三樓）：

進階班：週四晚上班（由禪淨班結業後轉入共修）。

香港正覺講堂　☆**已遷移新址**☆

九龍觀塘，成業街 10 號，電訊一代廣場 27 樓 E 室。

（觀塘地鐵站 B1 出口，步行約 4 分鐘）。電話：(852) 23262231

英文地址：Unit E, 27th Floor, TG Place, 10 Shing Yip Street, Kwun Tong, Kowloon

禪淨班：雙週六下午班 14:30-17:30，已經額滿。
雙週日下午班 14:30-17:30，2016 年 4 月底前尚可報名。

進階班：雙週五晚上班（由禪淨班結業後轉入共修）。

增上班：單週週末上午，以台北增上班課程錄成 DVD 放映之，限已明心之會員參加。

妙法蓮華經詳解：平實導師講解。雙週六 19:00-21:00，以台北正覺講堂所錄 DVD 放映；歡迎會外學人共同聽講，不需出示身分證件。

美國洛杉磯正覺講堂　☆已遷移新址☆

825 S. Lemon Ave Diamond Bar, CA 91798 U.S.A.

Tel. (909) 595-5222（請於週六 9:00~18:00 之間聯繫）

Cell. (626) 454-0607

禪淨班：每逢週末 15：30~17：30 上課。

進階班：每逢週末上午 10：00~12：00 上課。

佛藏經詳解：平實導師講解。每週六下午 13：00~15：00，以台北正覺講堂所錄 DVD 放映。歡迎各界人士共享第一義諦無上法益，不需報名。

二、招生公告　**本會台北講堂及全省各講堂，每逢四月、十月下旬開新班，每週共修一次**（每次二小時。開課日起三個月內仍可插班）；**但美國洛杉磯共修處之禪淨班得隨時插班共修。各班共修期間皆爲二年半，欲參加者請向本會函索報名表**（各共修處皆於共修時間方有人執事，非共修時間請勿電詢或前來洽詢、請書），**或直接從本會官方網站**(http://www.enlighten.org.tw/newsflash/class)**或成佛之道網站下載報名表**。共修期滿時，若經報名禪三審核通過者，可參加四天三夜之禪三精進共修，有機會明心、取證如來藏，發起般若實相智慧，成爲實義菩薩，脫離凡夫菩薩位。

三、新春禮佛祈福　農曆年假期間停止共修：自農曆新年前七天起停止共修與弘法，正月 8 日起回復共修、弘法事務。新春期間正月初一～初七 9.00～17.00 開放台北講堂、正月初一~初三開放新竹講堂、台中講堂、台南講堂、高雄講堂，以及大溪禪三道場（正覺祖師堂），方便會員供佛、祈福及會外人士請書。美國洛杉磯共修處之休假時間，請逕詢該共修處。

密宗四大派修雙身法，是外道性力派的邪法；又以生滅的識陰作為常住法，是常見外道，是假的藏傳佛教。

西藏覺囊巴以他空見弘揚第八識如來藏勝法，才是真藏傳佛教

佛教正覺同修會　弘法行事表　　2014/08/19

1、**禪淨班**　以無相念佛及拜佛方式修習動中定力，實證一心不亂功夫。傳授解脫道正理及第一義諦佛法，以及參禪知見。共修期間：二年六個月。每逢四月、十月開新班，詳見招生公告表。

2、**《佛藏經》詳解**　平實導師主講。已於 2013/12/17 開講，歡迎已發成佛大願的菩薩種性學人，攜眷共同參與此殊勝法會聽講。詳解釋迦世尊於《佛藏經》中所開示的眞實義理，更爲今時後世佛子四眾，闡述 佛陀演說此經的本懷。眞實尋求佛菩提道的有緣佛子，親承聽聞如是勝妙開示，當能如實理解經中義理，亦能了知於大乘法中：如何是諸法實相？善知識、惡知識要如何簡擇？如何才是清淨持戒？如何才能清淨說法？於此末法之世，眾生五濁益重，不知佛、不解法、不識僧，唯見表相，不信眞實，貪著五欲，諸方大師不淨說法，各各將導大量徒眾趣入三塗，如是師徒俱堪憐憫。是故，平實導師以大慈悲心，用淺白易懂之語句，佐以實例、譬喻而爲演說，普令聞者易解佛意，皆得契入佛法正道，如實了知佛法大藏。每逢週二 18.50~20.50 開示，不限制聽講資格。會外人士需憑身分證件換證入內聽講（此是大樓管理處之安全規定，敬請見諒）。桃園、新竹、台中、台南、高雄等地講堂，亦於每週二晚上播放平實導師講經之 DVD，不必出示身分證件即可入內聽講，歡迎各地善信同霑法益。

有某道場專弘淨土法門數十年，於教導信徒研讀《佛藏經》時，往往告誡信徒曰：「**後半部不許閱讀。**」由此緣故坐令信徒失去提升念佛層次之機緣，師徒只能低品位往生淨土，令人深覺愚癡無智。由有多人建議故，平實導師開始宣講《佛藏經》，藉以轉易如是邪見，並提升念佛人之知見與往生品位。此經中，對於實相念佛多所著墨，亦指出念佛要點：**以實相爲依，念佛者應依止淨戒、依止清淨僧寶，捨離違犯重戒之師僧，應受學清淨之法，遠離邪見。**本經是現代佛門大法師所厭惡之經典：**一者由於大法師們已全都落入意識境界而無法親證實相，故於此經中所說實相全無所知，都不樂有人聞此經名，以免讀後提出問疑時無法回答；二者現代大乘佛法地區，已經普被藏密喇嘛教滲透，許多有名之大法師們大多已曾或繼續在修練雙身法，都已失去聲聞戒體及菩薩戒體，成爲地獄種姓人，已非眞正出家之人，本質上只是身著僧衣而住在寺院中的世俗人。**這些人對於此經都是讀不懂的，也是極爲厭惡的；他們尚不樂見此經之印行，何況流通與講解？今爲救護廣大學佛人，兼欲護持佛教血脈永續常傳，特選此經宣講之，主講者平實導師。

3、**瑜伽師地論**詳解　詳解論中所言凡夫地至佛地等 17 師之修證境界與理論，從凡夫地、聲聞地……宣演到諸地所證一切種智之眞實正理。由平實導師開講，每逢一、三、五週之週末晚上開示，僅限已明心之會員參加。

4、**精進禪三**　主三和尚：平實導師。於四天三夜中，以克勤圓悟大師及大慧宗杲之禪風，施設機鋒與小參、公案密意之開示，幫助會員剋期取證，親證不生不滅之眞實心——人人本有之如來藏。每年四月、十月各舉辦二個梯次；平實導師主持。僅限本會會員參加禪淨班共修期滿，報名審核通過者，方可參加。並選擇會中定力、慧力、福德三條件皆已具足之已明心會員，給以指引，令得眼見自己無形無相之佛性遍佈山河大地，眞實而無障礙，得以肉眼現觀世界身心悉皆如幻，具足成就如幻觀，圓滿十住菩薩之證境。

5、**阿含經**詳解　選擇重要之阿含部經典，依無餘涅槃之實際而加以詳解，令大眾得以現觀諸法緣起性空，亦復不墮斷滅見中，顯示經中所隱說之涅槃實際—如來藏—確實已於四阿含中隱說；令大眾得以聞後觀行，確實斷除我見乃至我執，證得**見到**眞現觀，乃至**身證**……等眞現觀；已得大乘或二乘見道者，亦可由此聞熏及聞後之觀行，除斷我所之貪著，成就慧解脫果。由平實導師詳解。不限制聽講資格。

6、**大法鼓經**詳解　詳解末法時代大乘佛法修行之道。佛教正法消毒妙藥塗於大鼓而以擊之，凡有眾生聞之者，一切邪見鉅毒悉皆消殞；此經即是大法鼓之正義，凡聞之者，所有邪見之毒悉皆滅除，見道不難；亦能發起菩薩無量功德，是故諸大菩薩遠從諸方佛土來此娑婆聞修此經。由平實導師詳解。不限制聽講資格。

7、**解深密經**詳解　重講本經之目的，在於令諸已悟之人明解大乘法道之成佛次第，以及悟後進修一切種智之內涵，確實證知三種自性性，並得據此證解七眞如、十眞如等正理。每逢週二 18.50~20.50 開示，由平實導師詳解。將於《大法鼓經》講畢後開講。不限制聽講資格。

8、**成唯識論**詳解　詳解一切種智眞實正理，詳細剖析一切種智之微細深妙廣大正理；並加以舉例說明，使已悟之會員深入體驗所證如來藏之微密行相；及證驗見分相分與所生一切法，皆由如來藏—阿賴耶識—直接或展轉而生，因此證知一切法無我，證知無餘涅槃之本際。將於增上班《瑜伽師地論》講畢後，由平實導師重講。僅限已明心之會員參加。

9、**精選如來藏系經典**詳解　精選如來藏系經典一部，詳細解說，以此完全印證會員所悟如來藏之眞實，得入不退轉住。另行擇期詳細解說之，由平實導師講解。僅限已明心之會員參加。

10、**禪門差別智**　藉禪宗公案之微細淆訛難知難解之處，加以宣說及剖析，以增進明心、見性之功德，啓發差別智，建立擇法眼。每月第一週日全天，由平實導師開示，僅限破參明心後，復又眼見佛性者參加（事冗暫停）。

11、**枯木禪**　先講智者大師的《小止觀》，後說《釋禪波羅蜜》，詳解四禪八定之修證理論與實修方法，細述一般學人修定之邪見與岔路，及對禪定證境之誤會，消除枉用功夫、浪費生命之現象。已悟般若者，可以藉此而實修初禪，進入大乘通教及聲聞教的三果心解脫境界，配合應有的大福德及後得無分別智、十無盡願，即可進入初地心中。親教師：平實導師。未來緣熟時將於大溪正覺寺開講。不限制聽講資格。

註：本會例行年假，自 2004 年起，改爲每年農曆新年前七天開始停息弘法事務及共修課程，農曆正月 8 日回復所有共修及弘法事務。新春期間（每日 9.00~17.00）開放台北講堂，方便會員禮佛祈福及會外人士請書。大溪鎭的正覺祖師堂，開放參訪時間，詳見〈正覺電子報〉或成佛之道網站。本表得因時節因緣需要而隨時修改之，不另作通知。

佛教正覺同修會　贈閱書籍 目錄　2015/09/29

1.**無相念佛**　平實導師著　回郵 10 元
2.**念佛三昧修學次第**　平實導師述著　回郵 25 元
3.**正法眼藏—護法集**　平實導師述著　回郵 35 元
4.**真假開悟簡易辨正法&佛子之省思**　平實導師著　回郵 3.5 元
5.**生命實相之辨正**　平實導師著　回郵 10 元
6.**如何契入念佛法門**（**附**：印順法師否定極樂世界）平實導師著　回郵 3.5 元
7.**平實書箋**—答元覽居士書　平實導師著　回郵 35 元
8.**三乘唯識**—如來藏系經律彙編　平實導師編　回郵 80 元
（精裝本　長 27 cm　寬 21 cm　高 7.5 cm　重 2.8 公斤）
9.**三時繫念全集**—修正本　回郵掛號 40 元（長 26.5 cm×寬 19 cm）
10.**明心與初地**　平實導師述　回郵 3.5 元
11.**邪見與佛法**　平實導師述著　回郵 20 元
12.**菩薩正道**—回應義雲高、釋性圓…等外道之邪見　正燦居士著 回郵 20 元
13.**甘露法雨**　平實導師述　回郵 20 元
14.**我與無我**　平實導師述　回郵 20 元
15.**學佛之心態**—修正錯誤之學佛心態始能與正法相應 孫正德老師著 回郵35元
附錄：平實導師著**《略說八、九識並存…等之過失》**
16.**大乘無我觀**—《悟前與悟後》別說　平實導師述著　回郵 20 元
17.**佛教之危機**—中國台灣地區現代佛教之真相（附錄：公案拈提六則）
平實導師著　回郵 25 元
18.**燈 影**—燈下黑（覆「求教後學」來函等）　平實導師著　回郵 35 元
19.**護法與毀法**—覆上平居士與徐恒志居士網站毀法二文
張正圜老師著　回郵 35 元
20.**淨土聖道**—兼評選擇本願念佛　正德老師著　**由正覺同修會購贈** 回郵25 元
21.**辨唯識性相**—對「紫蓮心海《辯唯識性相》書中否定阿賴耶識」之回應
正覺同修會 台南共修處法義組 著　回郵25 元
22.**假如來藏**—對法蓮法師《如來藏與阿賴耶識》書中否定阿賴耶識之回應
正覺同修會 台南共修處法義組 著　回郵 35 元
23.**入不二門**—公案拈提集錦 第一輯（於平實導師公案拈提諸書中選錄約二十則，
合輯爲一冊流通之）平實導師著　回郵 20 元
24.**真假邪說**—西藏密宗索達吉喇嘛《破除邪說論》真是邪說
釋正安法師著　回郵 35 元
25.**真假開悟**—真如、如來藏、阿賴耶識間之關係　平實導師述著　回郵 35 元
26.**真假禪和**—辨正釋傳聖之謗法謬說　孫正德老師著　回郵 30 元

27.**眼見佛性**—駁慧廣法師眼見佛性的含義文中謬說

游正光老師著　回郵25元

28.**普門自在**—公案拈提集錦 第二輯（於平實導師公案拈提諸書中選錄約二十則，合輯爲一冊流通之）平實導師著　回郵25元

29.**印順法師的悲哀**—以現代禪的質疑為線索　恒毓博士著　回郵25元

30.**識蘊真義**—現觀識蘊內涵、取證初果、親斷三縛結之具體行門。

—依《成唯識論》及《惟識述記》正義，略顯安慧《大乘廣五蘊論》之邪謬

平實導師著　回郵35元

31.**正覺電子報** 各期紙版本　免附回郵　每次最多函索三期或三本。

（已無存書之較早各期，不另增印贈閱）

32.**現代人應有的宗教觀**　蔡正禮老師 著　回郵3.5元

33.**遠惑趣道**—正覺電子報般若信箱問答錄　第一輯　回郵20元

34.**遠惑趣道**—正覺電子報般若信箱問答錄　第二輯　回郵20元

35.**確保您的權益**—器官捐贈應注意自我保護　游正光老師 著　回郵10元

36.**正覺教團電視弘法三乘菩提 DVD 光碟（一）**

由正覺教團多位親教師共同講述錄製 DVD 8 片，MP3 一片，共 9 片。有二大講題：一爲「三乘菩提之意涵」，二爲「學佛的正知見」。內容精闢，深入淺出，精彩絕倫，幫助大眾快速建立三乘法道的正知見，免被外道邪見所誤導。有志修學三乘佛法之學人不可不看。（製作工本費 100 元，回郵 25 元）

37.**正覺教團電視弘法 DVD 專輯（二）**

總有二大講題：一爲「三乘菩提之念佛法門」，一爲「學佛正知見（第二篇）」，由正覺教團多位親教師輪番講述，內容詳細闡述如何修學念佛法門、實證念佛三昧，以及學佛應具有的正確知見，可以幫助發願往生西方極樂淨土之學人，得以把握往生，更可令學人快速建立三乘法道的正知見，免於被外道邪見所誤導。有志修學三乘佛法之學人不可不看。（一套 17 片，工本費 160 元。回郵 35 元）

38.**佛藏經** 燙金精裝本 每冊回郵 20 元。正修佛法之道場欲大量索取者，請正式發函並蓋用大印寄來索取（2008.04.30 起開始敬贈）

39.**喇嘛性世界**—揭開假藏傳佛教譚崔瑜伽的面紗　張善思 等人合著

由正覺同修會購贈　回郵20元

40.**假藏傳佛教的神話**—性、謊言、喇嘛教　張正玄教授編著　回郵20元

由正覺同修會購贈　回郵20元

41.**隨 緣**—理隨緣與事隨緣　平實導師述　回郵20元。

42.**學佛的覺醒**　正枝居士 著　回郵25元

43.**導師之真實義**　蔡正禮老師 著　回郵10元

44.**淺談達賴喇嘛之雙身法**—兼論解讀「密續」之達文西密碼

吳明芷居士 著　回郵10元

45.**魔界轉世**　張正玄居士 著　回郵10元

46.**一貫道與開悟**　蔡正禮老師 著　回郵10元

47.**博愛**—愛盡天下女人　正覺教育基金會 編印　回郵10元
48.**意識虛妄經教彙編**—實證解脫道的關鍵經文　正覺同修會編印　回郵25元
49.**邪箭囈語**—破斥藏密外道多識仁波切《破魔金剛箭雨論》之邪說
陸正元老師著　上、下冊回郵各30元
50.**真假沙門**—依 佛聖教闡釋佛教僧寶之定義
蔡正禮老師著　俟正覺電子報連載後結集出版
51.**真假禪宗**—藉評論釋性廣《印順導師對變質禪法之批判
及對禪宗之肯定》以顯示真假禪宗
附論一：凡夫知見 無助於佛法之信解行證
附論二：世間與出世間一切法皆從如來藏實際而生而顯
余正偉老師著　俟正覺電子報連載後結集出版　回郵未定
52.**假鋒虛焰金剛乘**—揭示顯密正理，兼破索達吉師徒《般若鋒兮金剛焰》。
釋正安 法師著　俟正覺電子報連載後結集出版

★ 上列贈書之郵資，係台灣本島地區郵資，大陸、港、澳地區及外國地區，請另計酌增（大陸、港、澳、國外地區之郵票不許通用）。尚未出版之書，請勿先寄來郵資，以免增加作業煩擾。

★ 本目錄若有變動，唯於後印之書籍及「成佛之道」網站上修正公佈之，不另行個別通知。

函索書籍請寄：佛教正覺同修會　103台北市承德路3段277號9樓
台灣地區函索書籍者請附寄郵票，無時間購買郵票者可以等值現金抵用，但不接受郵政劃撥、支票、匯票。大陸地區得以人民幣計算，國外地區請以美元計算（請勿寄來當地郵票，在台灣地區不能使用）。欲以掛號寄遞者，請另附掛號郵資。

親自索閱：正覺同修會各共修處。　★請於共修時間前往取書，餘時無人在道場，請勿前往索取；共修時間與地點，詳見書末正覺同修會共修現況表（以近期之共修現況表爲準）。

註：正智出版社發售之局版書，請向各大書局購閱。若書局之書架上已經售出而無陳列者，請向書局櫃台指定洽購；若書局不便代購者，請於正覺同修會共修時間前往各共修處請購，正智出版社已派人於共修時間送書前往各共修處流通。 郵政劃撥購書及 大陸地區 購書，請詳別頁正智出版社發售書籍目錄最後頁之說明。

成佛之道 網站：http://www.a202.idv.tw　正覺同修會已出版之結緣書籍，多已登載於 成佛之道 網站，若住外國、或住處遙遠，不便取得正覺同修會贈閱書籍者，可以從本網站閱讀及下載。　書局版之《宗通與說通》亦已上網，台灣讀者可向書局洽購，售價300元。《狂密與眞密》第一輯~第四輯，亦於 2003.5.1.全部於本網站登載完畢；台灣地區讀者請向書局洽購，每輯約400頁，售價300元（網站下載紙張費用較貴，容易散失，難以保存，亦較不精美）。

＊＊假藏傳佛教修雙身法，非佛教＊＊

正智出版社 籌募弘法基金發售書籍目錄　2016/11/11

1.**宗門正眼**—公案拈提 第一輯 重拈　平實導師著　500 元
因重寫內容大幅度增加故，字體必須改小，並增為 576 頁 主文 546 頁。比初版更精彩、更有內容。初版《禪門摩尼寶聚》之讀者，可寄回本公司免費調換新版書。免附回郵，亦無截止期限。(2007 年起，每冊附贈本公司精製公案拈提〈超意境〉CD 一片。市售價格 280 元，多購多贈。)

2.**禪淨圓融**　平實導師著　200 元(第一版舊書可換新版書。)

3.**真實如來藏**　平實導師著　400 元

4.**禪—悟前與悟後**　平實導師著　上、下冊，每冊 250 元

5.**宗門法眼**—公案拈提 第二輯　平實導師著　500 元
(2007 年起，每冊附贈本公司精製公案拈提〈超意境〉CD 一片)

6.**楞伽經詳解**　平實導師著　全套共 10 輯　每輯 250 元

7.**宗門道眼**—公案拈提 第三輯　平實導師著　500 元
(2007 年起，每冊附贈本公司精製公案拈提〈超意境〉CD 一片)

8.**宗門血脈**—公案拈提 第四輯　平實導師著　500 元
(2007 年起，每冊附贈本公司精製公案拈提〈超意境〉CD 一片)

9.**宗通與說通**—成佛之道 平實導師著 主文 381 頁 全書 400 頁售價 300 元

10.**宗門正道**—公案拈提 第五輯　平實導師著　500 元
(2007 年起，每冊附贈本公司精製公案拈提〈超意境〉CD 一片)

11.**狂密與真密** 一～四輯　平實導師著　西藏密宗是人間最邪淫的宗教，本質不是佛教，只是披著佛教外衣的印度教性力派流毒的喇嘛教。此書中將西藏密宗密傳之男女雙身合修樂空雙運所有祕密與修法，毫無保留完全公開，並將全部喇嘛們所不知道的部分也一併公開。內容比大辣出版社喧騰一時的《西藏慾經》更詳細。並且函蓋藏密的所有祕密及其錯誤的中觀見、如來藏見……等，藏密的所有法義都在書中詳述、分析、辨正。每輯主文三百餘頁　每輯全書約 400 頁　售價每輯 300 元

12.**宗門正義**—公案拈提 第六輯　平實導師著　500 元
(2007 年起，每冊附贈本公司精製公案拈提〈超意境〉CD 一片)

13.**心經密意**—心經與解脫道、佛菩提道、祖師公案之關係與密意　平實導師述　300 元

14.**宗門密意**—公案拈提 第七輯　平實導師著　500 元
(2007 年起，每冊附贈本公司精製公案拈提〈超意境〉CD 一片)

15.**淨土聖道**—兼評「選擇本願念佛」　正德老師著　200 元

16.**起信論講記**　平實導師述著　共六輯　每輯三百餘頁　售價各 250 元

17.**優婆塞戒經講記**　平實導師述著 共八輯 每輯三百餘頁 售價各 250 元

18.**真假活佛**—略論附佛外道盧勝彥之邪說(對前岳靈犀網站主張「盧勝彥是證悟者」之修正)　正犀居士(岳靈犀)著　流通價 140 元

19.**阿含正義**—唯識學探源　平實導師著　共七輯　每輯 300 元

20.**超意境** CD 以平實導師公案拈提書中超越意境之頌詞，加上曲風優美的旋律，錄成令人嚮往的超意境歌曲，其中包括正覺發願文及平實導師親自譜成的黃梅調歌曲一首。詞曲雋永，殊堪翫味，可供學禪者吟詠，有助於見道。內附設計精美的彩色小冊，解說每一首詞的背景本事。每片 280 元。【每購買公案拈提書籍一冊，即贈送一片。】

21.**菩薩底憂鬱** CD 將菩薩情懷及禪宗公案寫成新詞，並製作成超越意境的優美歌曲。 1.主題曲〈菩薩底憂鬱〉，描述地後菩薩能離三界生死而迴向繼續生在人間，但因尚未斷盡習氣種子而有極深沈之憂鬱，非三賢位菩薩及二乘聖者所知，此憂鬱在七地滿心位方才斷盡；本曲之詞中所說義理極深，昔來所未曾見；此曲係以優美的情歌風格寫詞及作曲，聞者得以激發嚮往諸地菩薩境界之大心，詞、曲都非常優美，難得一見；其中勝妙義理之解說，已印在附贈之彩色小冊中。 2.以各輯公案拈提中直示禪門入處之頌文，作成各種不同曲風之超意境歌曲，值得玩味、參究；聆聽公案拈提之優美歌曲時，請同時閱讀內附之印刷精美說明小冊，可以領會超越三界的證悟境界；未悟者可以因此引發求悟之意向及疑情，眞發菩提心而邁向求悟之途，乃至因此眞實悟入般若，成眞菩薩。 3.正覺總持咒新曲，總持佛法大意；總持咒之義理，已加以解說並印在隨附之小冊中。本 CD 共有十首歌曲，長達 63 分鐘。每盒各附贈二張購書優惠券。每片 280 元。

22.**禪意無限** CD 平實導師以公案拈提書中偈頌寫成不同風格曲子，與他人所寫不同風格曲子共同錄製出版，幫助參禪人進入禪門超越意識之境界。盒中附贈彩色印製的精美解說小冊，以供聆聽時閱讀，令參禪人得以發起參禪之疑情，即有機會證悟本來面目而發起實相智慧，實證大乘菩提般若，能如實證知般若經中的眞實意。本 CD 共有十首歌曲，長達 69 分鐘，每盒各附贈二張購書優惠券。每片 280 元。

23.**我的菩提路**第一輯　釋悟圓、釋善藏等人合著　售價 300 元

24.**我的菩提路**第二輯　郭正益、張志成等人合著　售價 300 元

25.**鈍鳥與靈龜**—考證後代凡夫對大慧宗杲禪師的無根誹謗。

平實導師著 共 458 頁 售價 350 元

26.**維摩詰經講記** 平實導師述 共六輯 每輯三百餘頁 售價各 250 元

27.**真假外道**—破劉東亮、杜大威、釋證嚴常見外道見　正光老師著　200 元

28.**勝鬘經講記**—兼論印順《勝鬘經講記》對於《勝鬘經》之誤解。

平實導師述　共六輯　每輯三百餘頁　售價 250 元

29.**楞嚴經講記** 平實導師述 共 **15** 輯，每輯三百餘頁 售價 300 元

30.**明心與眼見佛性**—駁慧廣〈蕭氏「眼見佛性」與「明心」之非〉文中謬說

正光老師著　共 448 頁　售價 300 元

31.**見性與看話頭** 黃正倖老師 著，本書是禪宗參禪的方法論。

內文 375 頁，全書 416 頁，售價 300 元。

32.**達賴真面目**—玩盡天下女人 白正偉老師 等著 中英對照彩色精裝大本 800 元

33.**喇嘛性世界**—揭開假藏傳佛教譚崔瑜伽的面紗　張善思 等人著　200 元
34.**假藏傳佛教的神話**—性、謊言、喇嘛教　正玄教授編著　200 元
35.**金剛經宗通**　平實導師述　共九輯　每輯售價 250 元。
36.**空行母**—性別、身分定位，以及藏傳佛教。
珍妮．坎貝爾著 呂艾倫 中譯 售價 250 元
37.**末代達賴**—性交教主的悲歌　張善思、呂艾倫、辛燕編著 售價 250 元
38.**霧峰無霧**—給哥哥的信　辨正釋印順對佛法的無量誤解
游宗明 老師著　售價 250 元
39.**第七意識與第八意識？**—穿越時空「超意識」
平實導師述　每冊 300 元
40.**黯淡的達賴**—失去光彩的諾貝爾和平獎
正覺教育基金會編著　每冊 250 元
41.**童女迦葉考**—論呂凱文〈佛教輪迴思想的論述分析〉之謬。
平實導師 著 定價 180 元
42.**人間佛教**—實證者必定不悖三乘菩提
平實導師 述，定價 400 元
43.**實相經宗通**　平實導師述　共八輯　每輯 250 元
44.**真心告訴您(一)**—達賴喇嘛在幹什麼？
正覺教育基金會編著　售價 250 元
45.**中觀金鑑**—詳述應成派中觀的起源與其破法本質
孫正德老師著　分為上、中、下三冊，每冊 250 元
46.**佛法入門**—迅速進入三乘佛法大門，消除久學佛法漫無方向之窘境。
○○居士著　將於正覺電子報連載後出版。售價 250 元
47.**藏傳佛教要義**—《狂密與真密》之簡體字版　平實導師 著 上、下冊
僅在大陸流通　每冊 300 元
48.**法華經講義**　平實導師述　共二十五輯　每輯 300 元
已於 2015/05/31 起開始出版，每二個月出版一輯
49.**西藏「活佛轉世」制度**—附佛、造神、世俗法
許正豐、張正玄老師合著　定價 150 元
50.**廣論三部曲**　郭正益老師著　定價 150 元
51.**真心告訴您(二)**—達賴喇嘛是佛教僧侶嗎？
—補祝達賴喇嘛八十大壽
正覺教育基金會編著　售價 300 元
52.**廣論之平議**—宗喀巴《菩提道次第廣論》之平議　正雄居士著
約二或三輯　俟正覺電子報連載後結集出版　書價未定
53.**末法導護**—對印順法師中心思想之綜合判攝　正慶老師著　書價未定
54.**菩薩學處**—菩薩四攝六度之要義　陸正元老師著　出版日期未定。
55.**八識規矩頌**詳解　○○居士 註解　出版日期另訂　書價未定。
56.**印度佛教史**—法義與考證。依法義史實評論印順《印度佛教思想史、佛教史地考論》之謬說　正偉老師著　出版日期未定　書價未定

57.**中國佛教史**—依中國佛教正法史實而論。 ○○老師 著 書價未定。
58.**中論正義**—釋龍樹菩薩《中論》頌正理。

孫正德老師著 出版日期未定 書價未定

59.**中觀正義**—註解平實導師《中論正義頌》。

○○法師（居士）著 出版日期未定 書價未定

60.**佛藏經講記** 平實導師述 出版日期未定 書價未定
61.**阿含經講記**—將選錄四阿含中數部重要經典全經講解之，講後整理出版。

平實導師述 約二輯 每輯300元 出版日期未定

62.**寶積經講記** 平實導師述 每輯三百餘頁 優惠價300元 出版日期未定
63.**解深密經講記** 平實導師述 約四輯 將於重講後整理出版
64.**成唯識論略解** 平實導師著 五～六輯 每輯300元 出版日期未定
65.**修習止觀坐禪法要講記** 平實導師述 每輯三百餘頁

將於正覺寺建成後重講、以講記逐輯出版 出版日期未定

66.**無門關**—《無門關》公案拈提 平實導師著 出版日期未定
67.**中觀再論**—兼述印順《中觀今論》謬誤之平議。正光老師著 出版日期未定
68.**輪迴與超度**—佛教超度法會之真義。

○○法師（居士）著 出版日期未定 書價未定

69.**《釋摩訶衍論》平議**—對偽稱龍樹所造《釋摩訶衍論》之平議

○○法師（居士）著 出版日期未定 書價未定

70.**正覺發願文**註解—以真實大願為因 得證菩提

正德老師著 出版日期未定 書價未定

71.**正覺總持咒**—佛法之總持 正圜老師著 出版日期未定 書價未定
72.**涅槃**—論四種涅槃 平實導師著 出版日期未定 書價未定
73.**三自性**—依四食、五蘊、十二因緣、十八界法，說三性三無性。

作者未定 出版日期未定

74.**道品**—從三自性說大小乘三十七道品 作者未定 出版日期未定
75.**大乘緣起觀**—依四聖諦七真如現觀十二緣起 作者未定 出版日期未定
76.**三德**—論解脫德、法身德、般若德。 作者未定 出版日期未定
77.**真假如來藏**—對印順《如來藏之研究》謬說之平議 作者未定 出版日期未定
78.**大乘道次第** 作者未定 出版日期未定 書價未定
79.**四緣**—依如來藏故有四緣。 作者未定 出版日期未定
80.**空之探究**—印順《空之探究》謬誤之平議 作者未定 出版日期未定
81.**十法義**—論阿含經中十法之正義 作者未定 出版日期未定
82.**外道見**—論述外道六十二見 作者未定 出版日期未定

正智出版社有限公司書籍介紹

禪淨圓融：言淨土諸祖所未曾言，示諸宗祖師所未曾示；禪淨圓融，另闢成佛捷徑，兼顧自力他力，闡釋淨土門之速行易行道，亦同時揭櫫聖教門之速行易行道；令廣大淨土行者得免緩行難證之苦，亦令聖道門行者得以藉著淨土速行道而加快成佛之時劫。乃前無古人之超勝見地，非一般弘揚禪淨法門典籍也，先讀爲快。平實導師著 200元。

宗門正眼——公案拈提第一輯：繼承克勤圜悟大師碧巖錄宗旨之禪門鉅作。先則舉示當代大法師之邪說，消弭當代禪門大師鄉愿之心態，摧破當今禪門「世俗禪」之妄談；次則旁通教法，表顯宗門正理；繼以道之次第，消弭古今狂禪；後藉言語及文字機鋒，直示宗門入處。悲智雙運，禪味十足，數百年來難得一睹之禪門鉅著也。平實導師著 500元（原初版書《禪門摩尼寶聚》，改版後補充爲五百餘頁新書，總計多達二十四萬字，內容更精彩，並改名爲《宗門正眼》，讀者原購初版《禪門摩尼寶聚》皆可寄回本公司免費換新，免附回郵，亦無截止期限）（2007年起，凡購買公案拈提第一輯至第七輯，每購一輯皆贈送本公司精製公案拈提〈超意境〉CD一片，市售價格280元，多購多贈）。

禪—悟前與悟後：本書能建立學人悟道之信心與正確知見，圓滿具足而有次第地詳述禪悟之功夫與禪悟之內容，指陳參禪中細微淆訛之處，能使學人明自眞心、見自本性。若未能悟入，亦能以正確知見辨別古今中外一切大師究係眞悟？或屬錯悟？便有能力揀擇，捨名師而選明師，後時必有悟道之緣。一旦悟道，遲者七次人天往返，便出三界，速者一生取辦。學人欲求開悟者，不可不讀。平實導師著。上、下冊共500元，單冊250元。

真實如來藏：如來藏眞實存在，乃宇宙萬有之本體，並非印順法師、達賴喇嘛等人所說之「唯有名相、無此心體」。如來藏是涅槃之本際，是一切有智之人竭盡心智、不斷探索而不能得之生命實相；是古今中外許多大師自以爲悟而當面錯過之生命實相。如來藏即是阿賴耶識，乃是一切有情本自具足、不生不滅之眞實心。當代中外大師於此書出版之前所未能言者，作者於本書中盡情流露、詳細闡釋。眞悟者讀之，必能增益悟境、智慧增上；錯悟者讀之，必能檢討自己之錯誤，免犯大妄語業；未悟者讀之，能知參禪之理路，亦能以之檢查一切名師是否眞悟。此書是一切哲學家、宗教家、學佛者及欲昇華心智之人必讀之鉅著。平實導師著 售價400元。

宗門法眼——**公案拈提**第二輯：列舉實例，闡釋土城廣欽老和尚之悟處；並直示這位不識字的老和尚妙智橫生之根由，繼而剖析禪宗歷代大德之開悟公案，解析當代密宗高僧卡盧仁波切之錯悟證據，並例舉當代顯宗高僧、大居士之錯悟證據（凡健在者，爲免影響其名聞利養，皆隱其名）。藉辨正當代名師之邪見，向廣大佛子指陳禪悟之正道，彰顯宗門法眼。悲勇兼出，強捋虎鬚；慈智雙運，巧探驪龍；摩尼寶珠在手，直示宗門入處，禪味十足；若非大悟徹底，不能爲之。禪門精奇人物，允宜人手一冊，供作參究及悟後印證之圭臬。本書於2008年4月改版，增寫為大約500頁篇幅，以利學人研讀參究時更易悟入宗門正法，以前所購初版首刷及初版二刷舊書，皆可免費換取新書。平實導師著 500元（2007年起，凡購買公案拈提第一輯至第七輯，每購一輯皆贈送本公司精製公案拈提〈超意境〉CD一片，市售價格280元，多購多贈）。

宗門道眼——**公案拈提**第三輯：繼宗門法眼之後，再以金剛之作略、慈悲之胸懷、犀利之筆觸，舉示寒山、拾得、布袋三大士之悟處，消弭當代錯悟者對於寒山大士……等之誤會及誹謗。亦舉出民初以來與虛雲和尚齊名之蜀郡鹽亭袁煥仙夫子——南懷瑾老師之師，其「悟處」何在？並蒐羅許多眞悟祖師之證悟公案，顯示禪宗歷代祖師之睿智，指陳部分祖師、奧修及當代顯密大師之謬悟，作爲殷鑑，幫助禪子建立及修正參禪之方向及知見。假使讀者閱此書已，一時尚未能悟，亦可一面加功用行，一面以此宗門道眼辨別眞假善知識，避開錯誤之印證及歧路，可免大妄語業之長劫慘痛果報。欲修禪宗之禪者，務請細讀。平實導師著 售價500元（2007年起，凡購買公案拈提第一輯至第七輯，每購一輯皆贈送本公司精製公案拈提〈超意境〉CD一片，市售價格280元，多購多贈）。

楞伽經詳解：本經是禪宗見道者印證所悟眞僞之根本經典，亦是禪宗見道者悟後起修之依據經典；故達摩祖師於印證二祖慧可大師之後，將此經典連同佛缽祖衣一併交付二祖，令其依此經典佛示金言、進入修道位，修學一切種智。由此可知此經對於眞悟之人修學佛道，是非常重要之一部經典。此經能破外道邪說，亦破佛門中錯悟名師之謬說，亦破禪宗部分祖師之狂禪：不讀經典、一向主張「一悟即成究竟佛」之謬執。並開示愚夫所行禪、觀察義禪、攀緣如禪、如來禪等差別，令行者對於三乘禪法差異有所分辨；亦糾正禪宗祖師古來對於如來禪之誤解，嗣後可免以訛傳訛之弊。此經亦是法相唯識宗之根本經典，禪者悟後欲修一切種智而入初地者，必須詳讀。 平實導師著，全套共十輯，已全部出版完畢，每輯主文約320頁，每冊約352頁，定價250元。

宗門血脈—**公案拈提**第**四**輯：末法怪象—許多修行人自以爲悟，每將無念靈知認作眞實；崇尚二乘法諸師及其徒眾，則將外於如來藏之緣起性空—無因論之無常空、斷滅空、一切法空—錯認爲佛所說之般若空性。這兩種現象已於當今海峽兩岸及美加地區顯密大師之中普遍存在；人人自以爲悟，心高氣壯，便敢寫書解釋祖師證悟之公案，大多出於意識思惟所得，言不及義，錯誤百出，因此誤導廣大佛子同陷大妄語之地獄業中而不能自知。彼等書中所說之悟處，其實處處違背第一義經典之聖言量。彼等諸人不論是否身披袈裟，都非佛法宗門血脈，或雖有禪宗法脈之傳承，亦只徒具形式；猶如螟蛉，非眞血脈，未悟得根本眞實故。禪子欲知佛、祖之眞血脈者，請讀此書，便知分曉。平實導師著，主文452頁，全書464頁，定價500元（2007年起，凡購買公案拈提第一輯至第七輯，每購一輯皆贈送本公司精製公案拈提〈超意境〉CD一片，市售價格280元，多購多贈）。

宗通與說通：古今中外，錯誤之人如麻似粟，每以常見外道所說之靈知心，認作眞心；或妄想虛空之勝性能量爲眞如，或錯認物質四大元素藉冥性（靈知心本體）能成就吾人色身及知覺，或認初禪至四禪中之了知心爲不生不滅之涅槃心。此等皆非通宗者之見地。復有錯悟之人一向主張「宗門與教門不相干」，此即尚未通達宗門之人也。其實宗門與教門互通不二，宗門所證者乃是眞如與佛性，教門所說者乃說宗門證悟之眞如佛性，故教門與宗門不二。本書作者以宗教二門互通之見地，細說「宗通與說通」，從初見道至悟後起修之道、細說分明；並將諸宗諸派在整體佛教中之地位與次第，加以明確之教判，學人讀之即可了知佛法之梗概也。欲擇明師學法之前，允宜先讀。平實導師著，主文共381頁，全書392頁，只售成本價300元。

宗門正道—**公案拈提**第**五**輯：修學大乘佛法有二果須證解脫果及大菩提果。二乘人不證大菩提果，唯證解脫果；此果之智慧，名爲聲聞菩提、緣覺菩提。大乘佛子所證二果之菩提果爲佛菩提，故名大菩提果，其慧名爲一切種智函蓋二乘解脫果。然此大乘二果修證，須經由禪宗之宗門證悟方能相應。而宗門證悟極難，自古已然；其所以難者，咎在古今佛教界普遍存在三種邪見：1.以修定認作佛法，2.以無因論之緣起性空—否定涅槃本際如來藏以後之一切法空作爲佛法，3.以常見外道邪見（離語言妄念之靈知性）作爲佛法。如是邪見，或因自身正見未立所致，或因邪師之邪教導所致，或因無始劫來虛妄熏習所致。若不破除此三種邪見，永劫不悟宗門眞義、不入大乘正道，唯能外門廣修菩薩行。平實導師於此書中，有極爲詳細之說明，有志佛子欲摧邪見、入於內門修菩薩行者，當閱此書。主文共496頁，全書512頁。售價500元（2007年起，凡購買公案拈提第一輯至第七輯，每購一輯皆贈送本公司精製公案拈提〈超意境〉CD一片，市售價格280元，多購多贈）。

狂密與眞密：密教之修學，皆由有相之觀行法門而入，其最終目標仍不離顯教經典所說第一義諦之修證；若離顯教第一義經典、或違背顯教第一義經典，即非佛教。西藏密教之觀行法，如灌頂、觀想、遷識法、寶瓶氣、大聖歡喜雙身修法、喜金剛、無上瑜伽、大樂光明、樂空雙運等，皆是印度教**兩性生生不息思想**之轉化，**自始至終皆以如何能運用交合淫樂之法達到全身受樂**爲其中心思想，純屬欲界五欲的貪愛，不能令人超出欲界輪迴，更不能令人斷除我見；何況大乘之明心與見性，更無論矣！故密宗之法絕非佛法也。而其明光大手印、大圓滿法教，又皆同以常見外道所說**離語言妄念之無念靈知心**錯認爲佛地之眞如，不能直指不生不滅之眞如。西藏密宗所有法王與徒眾，都尚未開頂門眼，不能辨別眞僞，以**依人不依法、依密續不依經典**故，不肯將其上師喇嘛所說對照第一義經典，純依密續之藏密祖師所說爲準，因此而誇大其證德與證量，動輒謂彼祖師上師爲究竟佛、爲地上菩薩；如今台海兩岸亦有自謂其師證量高於 釋迦文佛者，然觀其師所述，猶未見道，仍在觀行即佛階段，尚未到禪宗相似即佛、分證即佛階位，竟敢標榜爲究竟佛及地上法王，誑惑初機學人。凡此怪象皆是狂密，不同於眞密之修行者。近年狂密盛行，密宗行者被誤導者極眾，動輒自謂已證佛地眞如，自視爲究竟佛，陷於大妄語業中而不知自省，反謗顯宗眞修實證者之證量粗淺；或如義雲高與釋性圓…等人，於報紙上公然誹謗眞實證道者爲「騙子、無道人、人妖、癩蛤蟆…」等，造下誹謗大乘勝義僧之大惡業；或以外道法中有爲有作之甘露、魔術……等法，誑騙初機學人，狂言彼外道法爲眞佛法。如是怪象，在西藏密宗及附藏密之外道中，不一而足，舉之不盡，學人宜應愼思明辨，以免上當後又犯毀破菩薩戒之重罪。密宗學人若欲遠離邪知邪見者，請閱此書，即能了知密宗之邪謬，從此遠離邪見與邪修，轉入眞正之佛道。

平實導師著 共四輯 每輯約400頁（主文約340頁）每輯售價300元。

宗門正義—公案拈提第六輯：佛教有六大危機，乃是藏密化、世俗化、膚淺化、學術化、宗門密意失傳、悟後進修諸地之次第混淆；其中尤以宗門密意之失傳，爲當代佛教最大之危機。由宗門密意失傳故，易令世尊本懷普被錯解，易令世尊正法被轉易爲外道法，以及加以淺化、世俗化，是故宗門密意之廣泛弘傳與具緣佛弟子，極爲重要。然而欲令宗門密意之廣泛弘傳予具緣之佛弟子者，必須同時配合錯誤知見之解析、普令佛弟子知之，然後輔以公案解析之直示入處，方能令具緣之佛弟子悟入。而此二者，皆須以公案拈提之方式爲之，方易成其功、竟其業，是故平實導師續作宗門正義一書，以利學人。　全書500餘頁，售價500元（2007年起，凡購買公案拈提第一輯至第七輯，每購一輯皆贈送本公司精製公案拈提〈超意境〉CD一片，市售價格280元，多購多贈）。

心經密意—心經與解脫道、佛菩提道、祖師公案之關係與密意。二乘菩提所證之解脫道，實依第八識心之斷除煩惱障現行而立解脫之名；大乘菩提所證之佛菩提道，實依親證第八識如來藏之涅槃性、清淨自性、及其中道性而立般若之名；禪宗祖師公案所證之眞心，即是此第八識如來藏；是故三乘佛法所修所證之三乘菩提，皆依此如來藏心而立名也。此第八識心，即是《心經》所說之心也。證得此如來藏已，即能漸入大乘佛菩提道，亦可因證知此心而了知二乘無學所不能知之無餘涅槃本際，是故《心經》之密意，與三乘佛菩提之關係極爲密切、不可分割，三乘佛法皆依此心而立名故。今者平實導師以其所證解脫道之無生智及佛菩提之般若種智，將《心經》與解脫道、佛菩提道、祖師公案之關係與密意，以演講之方式，用淺顯之語句和盤托出，發前人所未言，呈三乘菩提之眞義，令人藉此《心經密意》一舉而窺三乘菩提之堂奧，迥異諸方言不及義之說；欲求眞實佛智者、不可不讀！主文317頁，連同跋文及序文…等共384頁，售價300元。

宗門密意——公案拈提第七輯：佛教之世俗化，將導致學人以信仰作為學佛，則將以感應及世間法之庇祐，作為學佛之主要目標，不能了知學佛之主要目標為親證三乘菩提。大乘菩提則以般若實相智慧為主要修習目標，以二乘菩提解脫道為附帶修習之標的；是故學習大乘法者，應以禪宗之證悟為要務，能親入大乘菩提之實相般若智慧中故，般若實相智慧非二乘聖人所能知故。此書則以台灣世俗化佛教之三大法師，說法似是而非之實例，配合真悟祖師之公案解析，提示證悟般若之關節，令學人易得悟入。平實導師著，全書五百餘頁，售價500元（2007年起，凡購買公案拈提第一輯至第七輯，每購一輯皆贈送本公司精製公案拈提〈超意境〉CD一片，市售價格280元，多購多贈）。

淨土聖道——兼評日本本願念佛：佛法甚深極廣，般若玄微，非諸二乘聖僧所能知之，一切凡夫更無論矣！所謂一切證量皆歸淨土是也！是故大乘法中「聖道之淨土、淨土之聖道」，其義甚深，難可了知；乃至真悟之人，初心亦難知也。今有正德老師真實證悟後，復能深探淨土與聖道之緊密關係，憐憫眾生之誤會淨土實義，亦欲利益廣大淨土行人同入聖道，同獲淨土中之聖道門要義，乃振奮心神、書以成文，今得刊行天下。主文279頁，連同序文等共301頁，總有十一萬六千餘字，正德老師著，成本價200元。

起信論講記：詳解大乘起信論**心生滅門**與**心眞如門**之眞實意旨，消除以往大師與學人對起信論所說**心生滅門**之誤解，由是而得了知眞心如來藏之非常非斷中道正理；亦因此一講解，令此論以往隱晦而被誤解之眞實義，得以如實顯示，令大乘佛菩提道之正理得以顯揚光大；初機學者亦可藉此正論所顯示之法義，對大乘法理生起正信，從此得以眞發菩提心，眞入大乘法中修學，世世常修菩薩正行。平實導師演述，共六輯，都已出版，每輯三百餘頁，售價250元。

優婆塞戒經講記：本經詳述在家菩薩修學大乘佛法，應如何受持菩薩戒？對人間善行應如何看待？對三寶應如何護持？應如何正確地修集此世後世證法之福德？應如何修集後世「行菩薩道之資糧」？並詳述第一義諦之正義：五蘊非我非異我、自作自受、異作異受、不作不受……等深妙法義，乃是修學大乘佛法、行菩薩行之在家菩薩所應當了知者。出家菩薩今世或未來世登地已，捨報之後多數將如華嚴經中諸大菩薩，以在家菩薩身而修行菩薩行，故亦應以此經所述正理而修之，配合《楞伽經、解深密經、楞嚴經、華嚴經》等道次第正理，方得漸次成就佛道；故此經是一切大乘行者皆應證知之正法。平實導師講述，每輯三百餘頁，售價各250元；共八輯，已全部出版。

真假活佛—略論附佛外道盧勝彥之邪說：人人身中都有眞活佛，永生不滅而有大神用，但眾生都不了知，所以常被身外的西藏密宗假活佛籠罩欺瞞。本來就眞實存在的眞活佛，才是眞正的密宗無上密！諾那活佛因此而說禪宗是大密宗，但藏密的所有活佛都不知道、也不曾實證自身中的眞活佛。本書詳實宣示眞活佛的道理，舉證盧勝彥的「佛法」不是眞佛法，也顯示盧勝彥是假活佛，直接的闡釋第一義佛法見道的眞實正理。眞佛宗的所有上師與學人們，都應該詳細閱讀，包括盧勝彥個人在內。正犀居士著，優惠價140元。

阿含正義—唯識學探源：廣說四大部《阿含經》諸經中隱說之眞正義理，一一舉示佛陀本懷，令阿含時期初轉法輪根本經典之眞義，如實顯現於佛子眼前。並提示末法大師對於阿含眞義誤解之實例，一一比對之，證實唯識增上慧學確於原始佛法之阿含諸經中已隱覆密意而略說之，證實 世尊確於原始佛法中已曾密意而說第八識如來藏之總相；亦證實 世尊在四阿含中已說此藏識是名色十八界之因、之本—證明如來藏是能生萬法之根本心。佛子可據此修正以往受諸大師（譬如西藏密宗應成派中觀師：印順、昭慧、性廣、大願、達賴、宗喀巴、寂天、月稱、……等人）誤導之邪見，建立正見，轉入正道乃至親證初果而無困難；書中並詳說三果所證的**心解脫**，以及四果**慧解脫**的親證，都是如實可行的具體知見與行門。全書共七輯，已出版完畢。平實導師著，每輯三百餘頁，售價300元。

超意境CD：以平實導師公案拈提書中超越意境之頌詞，加上曲風優美的旋律，錄成令人嚮往的超意境歌曲，其中包括正覺發願文及平實導師親自譜成的黃梅調歌曲一首。詞曲雋永，殊堪翫味，可供學禪者吟詠，有助於見道。內附設計精美的彩色小冊，解說每一首詞的背景本事。每片280元。【每購買公案拈提書籍一冊，即贈送一片。】

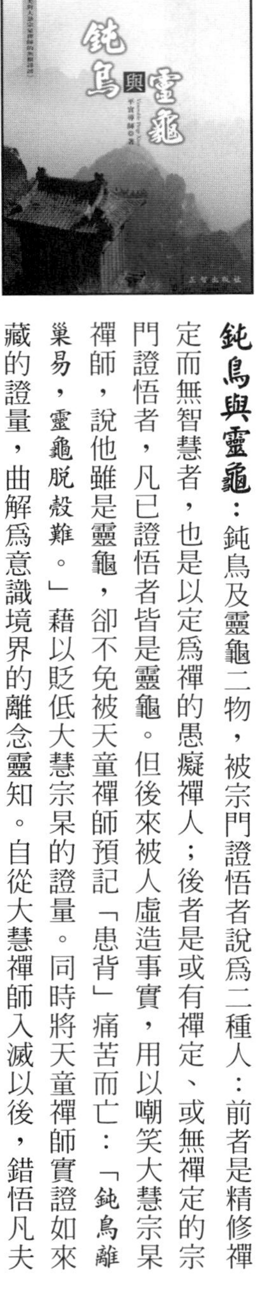

鈍鳥與靈龜：鈍鳥及靈龜二物，被宗門證悟者說爲二種人：前者是精修禪定而無智慧者，也是以定爲禪的愚癡禪人；後者是或有禪定、或無禪定的宗門證悟者，凡已證悟者皆是靈龜。但後來被人虛造事實，用以嘲笑大慧宗杲禪師，說他雖是靈龜，卻不免被天童禪師預記「患背」痛苦而亡：「**鈍鳥離巢易，靈龜脫殼難**。」藉以貶低大慧宗杲的證量。同時將天童禪師實證如來藏的證量，曲解爲意識境界的離念靈知。自從大慧禪師入滅以後，錯悟凡夫對他的不實毀謗就一直存在著，不曾止息，並且捏造的假事實也隨著年月的增加而越來越多，終至編成「鈍鳥與靈龜」的假公案、假故事。本書是考證大慧與天童之間的不朽情誼，顯現這件假公案的虛妄不實；更見大慧宗杲面對惡勢力時的正直不阿，亦顯示大慧對天童禪師的至情深義，將使後人對大慧宗杲的誣謗至此而止，不再有人誤犯毀謗賢聖的惡業。書中亦舉證宗門的所悟確以第八識如來藏爲標的，詳讀之後必可改正以前被錯悟大師誤導的參禪知見，日後必定有助於實證禪宗的開悟境界，得階大乘眞見道位中，即是實證般若之賢聖。全書459頁，售價350元。

我的菩提路第一輯：凡夫及二乘聖人不能實證的佛菩提證悟，末法時代的今天仍然有人能得實證，由正覺同修會釋悟圓、釋善藏法師等二十餘位實證如來藏者所寫的見道報告，已爲當代學人見證宗門正法之絲縷不絕，證明大乘義學的法脈仍然存在，爲末法時代求悟般若之學人照耀出光明的坦途。由二十餘位大乘見道者所繕，敘述各種不同的學法、見道因緣與過程，參禪求悟者必讀。全書三百餘頁，售價300元。

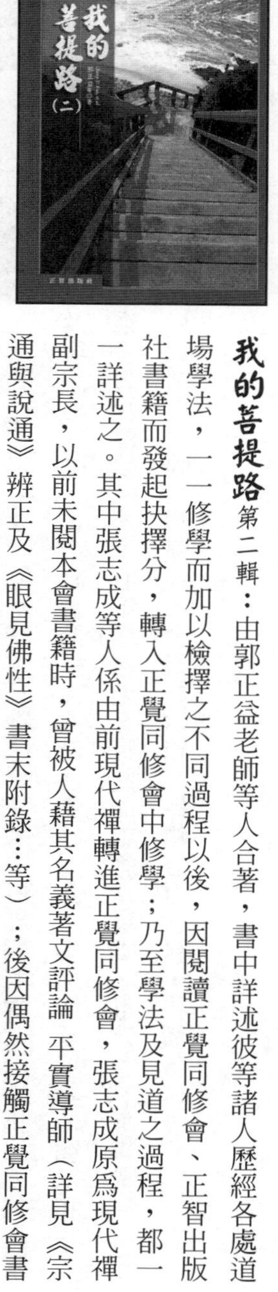

我的菩提路第二輯：由郭正益老師等人合著，書中詳述彼等諸人歷經各處道場學法，一一修學而加以檢擇之不同過程以後，因閱讀正覺同修會、正智出版社書籍而發起抉擇分，轉入正覺同修會中修學；乃至學法及見道之過程，都一一詳述之。其中張志成等人係由前現代禪轉進正覺同修會，張志成原爲現代禪副宗長，以前未閱本會書籍時，曾被人藉其名義著文評論 平實導師（詳見《宗通與說通》辨正及《眼見佛性》書末附錄…等）；後因偶然接觸正覺同修會書籍，深覺以前聽人評論平實導師之語不實，於是投入極多時間閱讀本會書籍、深入思辨，詳細探索中觀與唯識之關聯與異同，認爲正覺之法義方是正法，深覺相應；亦解開多年來對佛法的迷雲，確定應依八識論正理修學方是正法。乃不顧面子，毅然前往正覺同修會面見平實導師懺悔，並正式學法求悟。今已與其同修王美伶（亦爲前現代禪傳法老師），同樣證悟如來藏而證得法界實相，生起實相般若眞智。此書中尚有七年來本會第一位眼見佛性者之見性報告一篇，一同供養大乘佛弟子。全書共四百頁，售價300元。

維摩詰經講記：本經係 世尊在世時，由等覺菩薩維摩詰居士藉疾病而演說之大乘菩提無上妙義，所說函蓋甚廣，然極簡略，是故今時諸方大師與學人讀之悉皆錯解，何況能知其中隱含之深妙正義，是故普遍無法為人解說；若強為人說，則成依文解義而有諸多過失。今由平實導師公開宣講之後，詳實解釋其中密意，令維摩詰菩薩所說大乘不可思議解脫之深妙正法得以正確宣流於人間，利益當代學人及與諸方大師。書中詳實演述大乘佛法深妙不共二乘之智慧境界，顯示諸法之中絕待之實相境界，建立大乘菩薩妙道於永遠不敗不壞之地，以此成就護法偉功，欲冀永利娑婆人天。已經宣講圓滿整理成書流通，以利諸方大師及諸學人。全書共六輯，每輯三百餘頁，售價各250元。

真假外道：本書具體舉證佛門中的常見外道知見實例，並加以教證及理證上的辨正，幫助讀者輕鬆而快速的了知常見外道的錯誤知見，進而遠離佛門內外的常見外道知見，因此即能改正修學方向而快速實證佛法。游正光老師著。成本價200元。

勝鬘經講記：如來藏為三乘菩提之所依，若離如來藏心體及其含藏之一切種子，即無三界有情及一切世間法，亦無二乘菩提緣起性空之出世間法；本經詳說無始無明、一念無明皆依如來藏而有之正理，藉著詳解煩惱障與所知障間之關係，令學人深入了知二乘菩提與佛菩提相異之妙理；聞後即可了知佛菩提之特勝處及三乘修道之方向與原理，邁向攝受正法而速成佛道的境界中。平實導師講述，共六輯，每輯三百餘頁，售價各250元。

楞嚴經講記：楞嚴經係密教部之重要經典，亦是顯教中普受重視之經典；經中宣說明心與見性之內涵極為詳細，將一切法都會歸如來藏及佛性—妙眞如性；亦闡釋佛菩提道修學過程中之種種魔境，以及外道誤會涅槃之狀況，旁及三界世間之起源。然因言句深澀難解，法義亦復深妙寬廣，學人讀之普難通達，是故讀者大多誤會，不能如實理解佛所說之明心與見性內涵，亦因是故多有悟錯之人引為開悟之證言，成就大妄語罪。今由平實導師詳細講解之後，整理成文，以易讀易懂之語體文刊行天下，以利學人。全書十五輯，全部出版完畢。每輯三百餘頁，售價每輯300元。

明心與眼見佛性：本書細述明心與眼見佛性之異同，同時顯示了中國禪宗破初參明心與重關眼見佛性二關之間的關聯；書中又藉法義辨正而旁述其他許多勝妙法義，讀後必能遠離佛門長久以來積非成是的錯誤知見，令讀者在佛法的實證上有極大助益。也藉慧廣法師的謬論來教導佛門學人回歸正知正見，遠離古今禪門錯悟者所墮的意識境界，非唯有助於斷我見，也對未來的開悟明心實證第八識如來藏有所助益，是故學禪者都應細讀之。游正光老師著　共448頁　售價300元。

菩薩底憂鬱CD將菩薩情懷及禪宗公案寫成新詞，並製作成超越意境的優美歌曲。1.主題曲〈菩薩底憂鬱〉，描述地後菩薩能離三界生死而迴向繼續生在人間，但因尚未斷盡習氣種子而有極深沈之憂鬱，非三賢位菩薩及二乘聖者所知，此憂鬱在七地滿心位方才斷盡；本曲之詞中所說義理極深，昔來所未曾見；此曲係以優美的情歌風格寫詞及作曲，聞者得以激發嚮往諸地菩薩境界之大心，詞、曲都非常優美，難得一見；其中勝妙義理之解說，已印在附贈之彩色小冊中。2.以各輯公案拈提中直示禪門入處之頌文，作成各種不同曲風之超意境歌曲，值得玩味、參究；聆聽公案拈提之優美歌曲時，請同時閱讀內附之印刷精美說明小冊，可以領會超越三界的證悟境界；未悟者可以因此引發求悟之意向及疑情，眞發菩提心而邁向求悟之途，乃至因此眞實悟入般若，成眞菩薩。3.正覺總持咒新曲，總持佛法大意；總持咒之義理，已加以解說並印在隨附之小冊中。本CD共有十首歌曲，長達63分鐘，附贈二張購書優惠券。每片280元。

禪意無限CD平實導師以公案拈提書中偈頌寫成不同風格曲子，與他人所寫不同風格曲子共同錄製出版，幫助參禪人進入禪門超越意識之境界。盒中附贈彩色印製的精美解說小冊，以供聆聽時閱讀，令參禪人得以發起參禪之疑情，即有機會證悟本來面目，實證大乘菩提般若。本CD共有十首歌曲，長達69分鐘，每盒各附贈二張購書優惠券。每片280元。

金剛經宗通：三界唯心，萬法唯識，是成佛之修證內容，是諸地菩薩之所修；般若則是成佛之道（實證三界唯心、萬法唯識）的入門，若未證悟實相般若，即無成佛之可能，必將永在外門廣行菩薩六度，永在凡夫位中。然而實相般若的發起，全賴實證萬法的實相；若欲證知萬法的眞相，則必須探究萬法之所從來，則須實證自心如來—金剛心如來藏，然後現觀這個金剛心的金剛性、眞實性、如如性、清淨性、涅槃性、能生萬法的自性性、本住性，名爲證眞如；進而現觀三界六道唯是此金剛心所成，人間萬法須藉八識心王和合運作方能現起。如是實證《華嚴經》的「三界唯心、萬法唯識」以後，由此等現觀而發起實相般若智慧，繼續進修第十住位的如幻觀、第十行位的陽焰觀、第十迴向位的如夢觀，再生起增上意樂而勇發十無盡願，方能滿足三賢位的實證，轉入初地；自知成佛之道而無偏倚，從此按部就班、次第進修乃至成佛。第八識自心如來是般若智慧之所依，般若智慧的修證則要從實證金剛心自心如來開始；《金剛經》則是解說自心如來之經典，是一切三賢位菩薩所應進修之實相般若經典。這一套書，是將平實導師宣講的《金剛經宗通》內容，整理成文字而流通之；書中所說義理，迥異古今諸家依文解義之說，指出大乘見道方向與理路，有益於禪宗學人求開悟見道，及轉入內門廣修六度萬行。講述完畢後結集出版，總共9輯，每輯約三百餘頁，售價各250元。

空行母—性別、身分定位，以及藏傳佛教：本書作者爲蘇格蘭哲學家，因爲嚮往佛教深妙的哲學內涵，於是進入當年盛行於歐美的假藏傳佛教密宗，擔任卡盧仁波切的翻譯工作多年以後，被邀請成爲卡盧的空行母（又名佛母、明妃），開始了她在密宗裡的實修過程；後來發覺在密宗雙身法中的修行，其實無法使自己成佛，也發覺密宗對女性岐視而處處貶抑，並剝奪女性在雙身法中擔任一半角色時應有的身分定位。當她發覺自己只是雙身法中被喇嘛利用的工具，沒有獲得絲毫應有的尊重與基本定位時，發現了密宗的父權社會控制女性的本質；於是作者傷心地離開了卡盧仁波切與密宗，但是卻被恐嚇不許講出她在密宗裡的經歷，也不許她說出自己對密宗的教義與教制下對女性剝削的本質，否則將被咒殺死亡。後來她去加拿大定居，十餘年後方才擺脫這個恐嚇陰影，下定決心將親身經歷的實情及觀察到的事實寫下來並且出版，公諸於世。出版之後，她被流亡的達賴集團人士大力攻訐，誣指她爲精神狀態失常、說謊……等。但有智之士並未被達賴集團的政治操作及各國政府政治運作吹捧達賴的表相所欺，使她的書銷售無阻而又再版。正智出版社鑑於作者此書是親身經歷的事實，所說具有針對「藏傳佛教」而作學術研究的價值，也有使人認清假藏傳佛教剝削佛母、明妃的男性本位實質，因此洽請作者同意中譯而出版於華人地區。珍妮·坎貝爾女士著，呂艾倫 中譯，每冊250元。

霧峰無霧—給哥哥的信：本書作者藉兄弟之間信件往來論義，略述佛法大義；並以多篇短文辨義，舉出釋印順對佛法的無量誤解證據，並一一給予簡單而清晰的辨正，令人一讀即知。久讀、多讀之後即能認清楚釋印順的六識論見解，與眞實佛法之牴觸是多麼嚴重；於是在久讀、多讀之後，於不知不覺之間提升了對佛法的極深入理解，正知正見就在不知不覺間建立起來了。當三乘佛法的正知見建立起來之後，對於三乘菩提的見道條件便將隨之具足，於是聲聞解脫道的見道也就水到渠成；接著大乘見道的因緣也將次第成熟，未來自然也會有親見大乘菩提之道的因緣，悟入大乘實相般若也將自然成功，自能通達般若系列諸經而成實義菩薩。作者居住於南投縣霧峰鄉，自喻見道之後不復再見霧峰之霧，故鄉原野美景一一明見，於是立此書名爲《霧峰無霧》；讀者若欲撥霧見月，可以此書爲緣。游宗明 老師著 售價250元。

假藏傳佛教的神話—性、謊言、喇嘛教：本書編著者是由一首名叫「阿姊鼓」的歌曲爲緣起，展開了序幕，揭開假藏傳佛教—喇嘛教—的神祕面紗。其重點是蒐集、摘錄網路上質疑「喇嘛教」的帖子，以揭穿「假藏傳佛教的神話」爲主題，串聯成書，並附加彩色插圖以及說明，讓讀者們瞭解西藏密宗及相關人事如何被操作爲「神話」的過程，以及神話背後的眞相。作者：張正玄教授。售價200元。

達賴真面目—玩盡天下女人：假使您不想戴綠帽子，請記得詳細閱讀此書；假使您不想讓好朋友戴綠帽子，請您將此書介紹給您的好朋友。假使您想保護家中的女性，也想要保護好朋友的女眷，請記得將此書送給家中的女性和好友的女眷都來閱讀。本書爲印刷精美的大本彩色中英對照精裝本，爲您揭開達賴喇嘛的眞面目，內容精彩不容錯過，爲利益社會大眾，特別以優惠價格嘉惠所有讀者。編著者：白志偉等。大開版雪銅紙彩色精裝本。售價800元。

喇嘛性世界—揭開假藏傳佛教譚崔瑜伽的面紗：這個世界中的喇嘛，號稱來自世外桃源的香格里拉，穿著或紅或黃的喇嘛長袍，散布於我們的身邊傳教灌頂，吸引了無數的人嚮往學習；這些喇嘛虔誠地爲大眾祈福，手中拿著寶杵（金剛）與寶鈴（蓮花），口中唸著咒語：「唵．嘛呢．叭咪．吽……」，咒語的意思是說：「我至誠歸命金剛杵上的寶珠伸向蓮花寶穴之中」！「喇嘛性世界」是什麼樣的「世界」呢？本書將爲您呈現喇嘛世界的面貌。當您發現眞相以後，您將會唸：「噢！喇嘛．性．世界，譚崔性交嘛！」作者：張善思、呂艾倫。售價200元。

末代達賴——性交教主的悲歌：簡介從藏傳僞佛教（喇嘛教）的修行核心——性力派男女雙修，探討達賴喇嘛及藏傳僞佛教的修行內涵。書中引用外國知名學者著作、世界各地新聞報導，包含：歷代達賴喇嘛的祕史、達賴六世修雙身法的事蹟，以及《時輪續》中的性交灌頂儀式……等；達賴喇嘛書中開示的雙修法、達賴喇嘛的黑暗政治手段；達賴喇嘛所領導的寺院爆發喇嘛性侵兒童；新聞報導《西藏生死書》作者索甲仁波切性侵女信徒、澳洲喇嘛秋達公開道歉、美國最大假藏傳佛教組織領導人邱陽創巴仁波切的性氾濫；等等事件背後眞相的揭露。作者：張善思、呂艾倫、辛燕。售價250元。

第七意識與第八意識？——穿越時空「超意識」：「三界唯心，萬法唯識」是佛教中應該實證的聖教，也是《華嚴經》中明載而可以實證的法界實相。唯心者，三界一切境界、一切諸法唯是一心所成就，即是每一個有情的第八識如來藏，不是意識心。唯識者，即是人類各各都具足的八識心王——眼識、耳鼻舌身意識、意根、阿賴耶識，第八阿賴耶識又名如來藏，人類五陰相應的萬法，莫不由八識心王共同運作而成就，故說萬法唯識。依聖教量及現量、比量，都可以證明意識是二法因緣生，是由第八識藉意根與法塵二法爲因緣而出生，又是夜夜斷滅不存之生滅心，即無可能反過來出生第七識意根、第八識如來藏，當知不可能從生滅性的意識心中，細分出恆審思量的第七識意根，更無可能細分出恆而不審的第八識如來藏。本書是將演講內容整理成文字，細說如是內容，並已在〈正覺電子報〉連載完畢，今彙集成書以廣流通，欲幫助佛門有緣人斷除意識我見，跳脫於識陰之外而取證聲聞初果；嗣後修學禪宗時即得不墮外道神我之中，得以求證第八識金剛心而發起般若實智。平實導師 述，每冊300元。

黯淡的達賴—失去光彩的諾貝爾和平獎：本書舉出很多證據與論述，詳述達賴喇嘛不爲世人所知的一面，顯示達賴喇嘛並不是眞正的和平使者，而是假借諾貝爾和平獎的光環來欺騙世人；透過本書的說明與舉證，讀者可以更清楚的瞭解，達賴喇嘛是結合暴力、黑暗、淫欲於喇嘛教裡的集團首領，其政治行爲與宗教主張，早已讓諾貝爾和平獎的光環染污了。 本書由財團法人正覺教育基金會寫作、編輯，由正覺出版社印行，每冊250元。

童女迦葉考—論呂凱文〈佛教輪迴思想的論述分析〉之謬：童女迦葉是佛世率領五百大比丘遊行於人間的歷史事實，是以童貞行而依止菩薩戒弘化於人間的大菩薩，不依別解脫戒（聲聞戒）來弘化於人間。這是大乘佛教與聲聞佛教同時存在於佛世的歷史明證，證明大乘佛教不是從聲聞法中分裂出來的部派佛教的產物，卻是聲聞佛教分裂出來的部派佛教聲聞凡夫僧所不樂見的史實；於是古今聲聞法中的凡夫都欲加以扭曲而作詭說，更是末法時代高聲大呼「大乘非佛說」的六識論聲聞凡夫極力想要扭曲的佛教史實之一，於是想方設法扭曲迦葉菩薩爲聲聞僧，以及扭曲迦葉童女爲比丘僧等荒謬不實之論著便陸續出現，古時聲聞僧寫作的《分別功德論》是最具體之事例，現代之代表作則是呂凱文先生的〈佛教輪迴思想的論述分析〉論文。鑑於如是假藉學術考證以籠罩大眾之不實謬論，未來仍將繼續造作及流竄於佛教界，繼續扼殺大乘佛教學人法身慧命，必須舉證辨正之，遂成此書。平實導師 著，每冊180元。

人間佛教—實證者必定不悖三乘菩提：「大乘非佛說」的講法似乎流傳已久，卻只是日本人企圖擺脫中國正統佛教的影響，而在明治維新時期才開始提出來的說法；台灣佛教、大陸佛教的淺學無智之人，由於未曾實證佛法而迷信日本人錯誤的學術考證，錯認爲這些別有用心的日本佛學考證的講法爲天竺佛教的眞實歷史；甚至還有更激進的反對佛教者提出「釋迦牟尼佛並非眞實存在，只是後人捏造的假歷史人物」，竟然也有少數人願意跟著「學術」的假光環而信受不疑，於是開始有一些佛教界人士造作了反對中國佛教而推崇南洋小乘佛教的行爲，使佛教的信仰者難以檢擇，導致一般大陸人士開始轉入基督教的盲目迷信中。在這些佛教及外教人士之中，也就有一分人根據此邪說而大聲主張「大乘非佛說」的謬論，這些人以「人間佛教」的名義來抵制中國正統佛教，公然宣稱中國的大乘佛教是由聲聞部派佛教的凡夫僧所創造出來的。這樣的說法流傳於台灣及大陸佛教界凡夫僧之中已久，卻非眞正的佛教歷史中曾經發生過的事，只是繼承六識論的聲聞法中凡夫僧依自己的意識境界立場，純憑臆想而編造出來的妄想說法，卻已經影響許多無智之凡夫僧俗信受不移。本書則是從佛教的經藏法義實質及實證的現量內涵本質立論，證明大乘佛法本是佛說，是從《阿含正義》尚未說過的不同面向來討論「人間佛教」的議題，證明「大乘眞佛說」。閱讀本書可以斷除六識論邪見，迴入三乘菩提正道發起實證的因緣；也能斷除禪宗學人學禪時普遍存在之錯誤知見，對於建立參禪時的正知見有很深的著墨。平實導師 述，內文488頁，全書528頁，定價400元。

見性與看話頭：黃正倖老師的《見性與看話頭》於《正覺電子報》連載完畢，今集結出版。書中詳說禪宗看話頭的詳細方法，並細說看話頭與眼見佛性的關係，以及眼見佛性者求見佛性前必須具備的條件。本書是禪宗實修者追求明心開悟時參禪的方法書，也是求見佛性者作功夫時必讀的方法書，內容兼顧眼見佛性的理論與實修之方法，是依實修之體驗配合理論而詳述，條理分明而且極爲詳實、周全、深入。本書內文375頁，全書416頁，售價300元。

中觀金鑑—詳述應成派中觀的起源與其破法本質：學佛人往往迷於中觀學派之不同學說，被應成派與自續派所迷惑；修學般若中觀二十年後自以爲實證般若中觀了，卻仍不曾入門，甫聞實證般若中觀者之所說，則茫無所知，迷惑不解；隨後信心盡失，不知如何實證佛法；凡此，皆因惑於這二派中觀學說所致。自續派中觀所說同於常見，以意識境界立爲第八識如來藏之境界，應成派所說則同於斷見，但又同立意識爲常住法，故亦具足斷常二見。今者孫正德老師有鑑於此，乃將起源於密宗的應成派中觀學說，追本溯源，詳考其來源之外，亦一一舉證其立論內容，詳加辨正，令密宗雙身法祖師以識陰境界而造之應成派中觀學說本質，詳細呈現於學人眼前，令其維護雙身法之目的無所遁形。若欲遠離密宗此二大派中觀謬說，欲於三乘菩提有所進道者，允宜具足閱讀並細加思惟，反覆讀之以後將可捨棄邪道返歸正道，則於般若之實證即有可能，證後自能現觀如來藏之中道境界而成就中觀。本書分上、中、下三冊，每冊250元，已全部出版完畢。

真心告訴您（一）—達賴喇嘛在幹什麼？這是一本報導篇章的選集，更是「破邪顯正」的暮鼓晨鐘。「破邪」是戳破假象，說明達賴喇嘛及其所率領的密宗四大派法王、喇嘛們，弘傳的佛法是仿冒的佛法；他們是假藏傳佛教，是坦特羅（譚崔性交）外道法和藏地崇奉鬼神的苯教混合成的「喇嘛教」，推廣的是以所謂「無上瑜伽」的男女雙身法冒充佛法的假佛教，詐財騙色誤導眾生，常常造成信徒家庭破碎、家中兒少失怙的嚴重後果。「顯正」是揭櫫眞相，指出眞正的藏傳佛教只有一個，就是覺囊巴，傳的是 釋迦牟尼佛演繹的第八識如來藏妙法，稱爲他空見大中觀。正覺教育基金會即以此古今輝映的如來藏正法正知見，在眞心新聞網中逐次報導出來，將箇中原委「眞心告訴您」，如今結集成書，與想要知道密宗眞相的您分享。售價250元。

實相經宗通：學佛之目的在於實證一切法界背後之實相，禪宗稱之為本來面目或本地風光，佛菩提道中稱之為實相法界；此實相法界即是金剛藏，又名佛法之祕密藏，即是能生有情五陰、十八界及宇宙萬有（山河大地、諸天、三惡道世間）的第八識如來藏，又名阿賴耶識心，即是禪宗祖師所說的眞如心，此心即是三界萬有背後的實相。證得此第八識心時，自能瞭解般若諸經中隱說的種種密意，即得發起實相般若——實相智慧。每見學佛人修學佛法二十年後仍對實相般若茫然無知，亦不知如何入門，茫無所趣；更因不知三乘菩提的互異互同，是故越是久學者對佛法越覺茫然，都肇因於尚未瞭解佛法的全貌，亦未瞭解佛法的修證內容即是第八識心所致。本書對於修學佛法者所應實證的實相境界提出明確解析，並提示趣入佛菩提道的入手處，有心親證實相般若的佛法實修者，宜詳讀之，於佛菩提道之實證即有下手處。平實導師述著，共八輯，全部出版完畢，每輯成本價250元。

法華經講義：此書為平實導師始從2009/7/21演述至2014/1/14之講經錄音整理所成。世尊一代時教，總分五時三教，即是華嚴時、聲聞緣覺教、般若教、種智唯識教、法華時；依此五時三教區分為藏、通、別、圓四教。本經是最後一時的圓教經典，圓滿收攝一切法教於本經中，是故最後的圓教聖訓中，特地指出無有三乘菩提，其實唯有一佛乘；皆因眾生愚迷故，方便區分為三乘菩提以助眾生證道。世尊於此經中特地說明如來示現於人間的唯一大事因緣，便是為有緣眾生「開、示、悟、入」諸佛的所知所見——第八識如來藏妙眞如心，並於諸品中隱說「妙法蓮花」如來藏心的密意。然因此經所說甚深難解，眞義隱晦，古來難得有人能窺堂奧；平實導師以知如是密意故，特為末法佛門四眾演述《妙法蓮華經》中各品蘊含之密意，使古來未曾被古德註解出來的「此經」密意，如實顯示於當代學人眼前。乃至〈藥王菩薩本事品〉、〈妙音菩薩品〉、〈觀世音菩薩普門品〉、〈普賢菩薩勸發品〉中的微細密意，亦皆一併詳述之，開前人所未曾言之密意，示前人所未見之妙法。最後乃至以〈法華大意〉而總其成，全經妙旨貫通始終，而依佛旨圓攝於一心如來藏妙心，厥為曠古未有之大說也。平實導師述　已於2015/5/31起出版第一輯，每兩個月出版一輯，共有25輯。每輯300元。

西藏「活佛轉世」制度—附佛、造神、世俗法：歷來關於喇嘛教活佛轉世的研究，多針對歷史及文化兩部分，於其所以成立的理論基礎，較少系統化的探討。尤其是此制度是否依據「佛法」而施設？是否合乎佛法眞實義？現有的文獻大多含糊其詞，或人云亦云，不曾有明確的闡釋與如實的見解。因此本文先從活佛轉世的由來，探索此制度的起源、背景與功能，並進而從活佛的尋訪與認證之過程，發掘活佛轉世的特徵，以確認「活佛轉世」在佛法中應具足何種果德。定價150元。

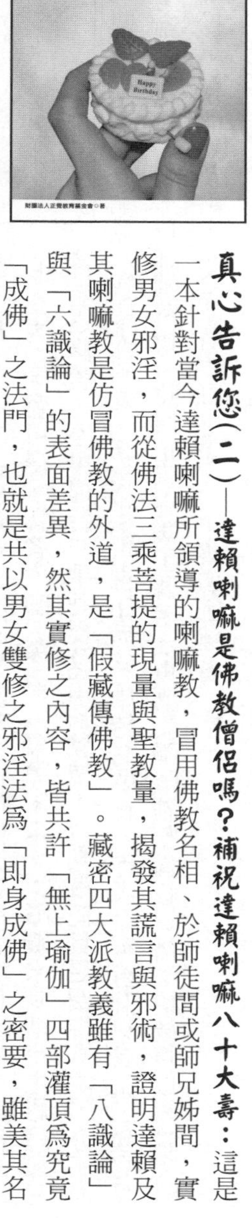

真心告訴您(二)—達賴喇嘛是佛教僧侶嗎？補祝達賴喇嘛八十大壽：這是一本針對當今達賴喇嘛所領導的喇嘛教，冒用佛教名相、於師徒間或師兄姊間，實修男女邪淫，而從佛法三乘菩提的現量與聖教量，揭發其謊言與邪術，證明達賴及其喇嘛教是仿冒佛教的外道，是「假藏傳佛教」。藏密四大派教義雖有「八識論」與「六識論」的表面差異，然其實修之內容，皆共許「無上瑜伽」四部灌頂爲究竟「成佛」之法門，也就是共以男女雙修之邪淫法爲「即身成佛」之密要，雖美其名曰「欲貪爲道」之「金剛乘」，並誇稱其成就超越於（應身佛）釋迦牟尼佛所傳之顯教般若乘之上；然詳考其理論，則或以意識離念時之粗細心爲第八識如來藏，或以中脈裡的明點爲第八識如來藏，或如宗喀巴與達賴堅決主張第六意識爲常恆不變之眞心者，分別墮於外道之常見與斷見中；全然違背　佛說能生五蘊之如來藏的實質。售價300元。

修習止觀坐禪法要講記：修學四禪八定之人，往往錯會禪定之修學知見，欲以無止盡之坐禪而證禪定境界，卻不知修除性障之行門才是修證四禪八定不可或缺之要素，故智者大師云「性障初禪」；性障不除，初禪永不現前，云何修證二禪等？又：行者學定，若唯知數息，而不解六妙門之方便善巧者，欲求一心入定，極難可得，智者大師名之為「事障未來」：障礙未到地定之修證。又禪定之修證，不可違背二乘菩提及第一義法，否則縱使具足四禪八定，亦不能實證涅槃而出三界。此諸知見，智者大師於《修習止觀坐禪法要》中皆有闡釋。作者平實導師以其第一義之見地及禪定之實證證量，曾加以詳細解析。將俟正覺寺竣工啓用後重講，不限制聽講者資格；講後將以語體文整理出版。欲修習世間定及增上定之學者，宜細讀之。平實導師述著。

解深密經講記：本經係　世尊晚年第三轉法輪，宣說地上菩薩所應熏修之唯識正義經典，經中所說義理乃是大乘一切種智增上慧學，以阿陀那識—如來藏—阿賴耶識為主體。禪宗之證悟者，若欲修證初地無生法忍乃至八地無生法忍者，必須修學《楞伽經、解深密經》所說之八識心王一切種智；此二經所說正法，方是眞正成佛之道；印順法師否定如來藏之後所說萬法緣起性空之法，是以誤會後之二乘解脫道取代大乘眞正成佛之道，亦已墮於斷滅見中，不可謂為成佛之道也。平實導師曾於本會郭故理事長往生時，於喪宅中從初七至第十七，宣講圓滿，作為郭老之往生佛事功德，迴向郭老早證八地、速返娑婆住持正法；茲為今時後世學人故，將擇期重講《解深密經》，以淺顯之語句講畢後將會整理成文，用供證悟者進道；亦令諸方未悟者，據此經中佛語正義，修正邪見，依之速能入道。平實導師述著，全書輯數未定，每輯三百餘頁，將於未來重講完畢後逐輯出版。

佛法入門：學佛人往往修學二十年後仍不知如何入門，茫無所入漫無方向，不知如何實證佛法；更因不知三乘菩提的互異互同之處，導致越是久學者越覺茫然，都是肇因於尚未瞭解佛法的全貌所致。本書對於佛法的全貌提出明確的輪廓，並說明三乘菩提的異同處，讀後即可輕易瞭解佛法全貌，數日內即可明瞭三乘菩提入門方向與下手處。○○菩薩著 出版日期未定。

阿含講記——小乘解脫道之修證：數百年來，南傳佛法所說證果之不實，所說解脫道之虛妄，所弘解脫道法義之世俗化，皆已少人知之；從南洋傳入台灣與大陸之後，所說法義虛謬之事，亦復少人知之；今時台灣全島印順系統之法師居士，多不知南傳佛法數百年來所說解脫道之義理已然偏斜、已然世俗化、已非眞正之二乘解脫正道，猶極力推崇與弘揚。彼等南傳佛法近代所謂之證果者多非眞實證果者，譬如阿迦曼、葛印卡、帕奧禪師、一行禪師……等人，悉皆未斷我見故。近年更有台灣南部大願法師，高抬南傳佛法之二乘修證行門為「捷徑究竟解脫之道」者，然而南傳佛法縱使眞修實證，得成阿羅漢，至高唯是二乘菩提解脫之道，絕非究竟解脫，無餘涅槃中之實際尚未得證故，法界之實相尚未了知故，習氣種子待除故，一切種智未實證故，焉得謂為「究竟解脫」？即使南傳佛法近代眞有實證之阿羅漢，尚且不及三賢位中之七住明心菩薩本來自性清淨涅槃智慧境界，不知此賢位菩薩所證之無餘涅槃實際，仍非大乘佛法中之見道者，何況普未實證聲聞果乃至未斷我見之人？謬充證果已屬逾越，更何況是誤會二乘菩提之後，以未斷我見之凡夫知見所說之二乘菩提解脫偏斜法道，焉可高抬為「究竟解脫」？而且自稱「捷徑之道」？又妄言解脫之道即是成佛之道，完全否定般若實智、否定三乘菩提所依之如來藏心體，此理大大不通也！平實導師為令修學二乘菩提欲證解脫果者，普得迴入二乘菩提正見、正道中，是故選錄四阿含諸經中，對於二乘解脫道法義有具足圓滿說明之經典，預定未來十年內將會加以詳細講解，令學佛人得以了知二乘解脫道之修證理路與行門，庶免被人誤導之後，未證言證，干犯道禁，成大妄語，欲升反墮。本書首重斷除我見，以助行者斷除我見而實證初果為著眼之目標，若能根據此書內容，配合平實老師所著《識蘊眞義》《阿含正義》內涵而作實地觀行，實證初果非為難事，行者可以藉此三書自行確認聲聞初果為實際可得現觀成就之事。此書中除依二乘經典所說加以宣示外，亦依斷除我見等之證量，及大乘法中道種智之證量，對於意識心之體性加以細述，令諸二乘學人必定得斷我見、常見，免除三縛結之繫縛。次則宣示斷除我執之理，欲令升進而得薄貪瞋痴，乃至斷五下分結…等。平實導師述，共二冊，每冊三百餘頁。每輯300元。

總經銷： 飛鴻 國際行銷股份有限公司

231 新北市新店市中正路 501 之 9 號 2 樓

Tel.02－82186688（五線代表號） Fax.02-82186458、82186459

零售：1.**全台連鎖經銷書局：**

三民書局、誠品書局、何嘉仁書店

敦煌書店、紀伊國屋、金石堂書局、建宏書局

2.**台北市：**佛化人生 羅斯福路 3 段 325 號 6 樓之 4　台電大樓對面

3.**新北市：**春大地書店 **蘆洲**中正路 117 號

4.**桃園市縣：**誠品書局 **桃園市**中正路 20 號遠東百貨地下室一樓

金石堂 **桃園市**大同路 24 號　金石堂 **桃園**八德市介壽路 1 段 987 號

諾貝爾圖書城 **桃園市**中正路 56 號地下室　御書堂 **龍潭**中正路 123 號

墊腳石文化書店 **中壢市**中正路 89 號

5.**新竹市縣：**大學書局 **新竹**建功路 10 號　誠品書局 **新竹**東區信義街 68 號

誠品書局 新竹東區中央路 229 號 5 樓　誠品書局 **新竹**東區力行二路 3 號

墊腳石文化書店 **新竹**中正路 38 號

6.**台中市：** **瑞成**書局、各大連鎖書店。

詠春書局 **台中市**永春東路 884 號　文春書局 **霧峰**中正路 1087 號

7.**彰化市縣：**心泉佛教流通處 **彰化市**南瑤路 286 號

員林鎮：墊腳石圖書文化廣場 中山路 2 段 49 號（04-8338485）

8.**台南市：**博大書局 **新營**三民路 128 號

藝美書局 **善化**中山路 436 號　宏欣書局 **佳里**光復路 214 號

9.**高雄市：**各大連鎖書店、**瑞成**書局

政大書城 **三民區**明仁路 161 號　政大書城 **苓雅區**光華路 148-83 號

明儀書局 **三民區**明福街 2 號　明儀書局 三多四路 63 號

青年書局 青年一路 141 號

10.**宜蘭縣市：**金隆書局　宜蘭市中山路 3 段 43 號

宋太太梅鋪　羅東鎮中正北路 101 號（039-534909）

11.**台東市：**東普佛教文物流通處 台東市博愛路 282 號

12.**其餘鄉鎮市經銷書局：**請電詢總經銷**飛鴻**公司。

13.**大陸地區請洽：**

香港：樂文書店

旺角店 :香港九龍旺角西洋菜街 62 號 3 樓

電話 : (852) 2390 3723 email: luckwinbooks@gmail.com

銅鑼灣店 :香港銅鑼灣駱克道 506 號 2 樓

電話 : (852) 2881 1150 email: luckwinbs@gmail.com

廈門：廈門外圖臺灣書店有限公司

地址：廈門市思明區湖濱南路809 號 廈門外圖書城3 樓 郵編：361004

電話：0592-5061658（臺灣地區請撥打 86-592-5061658）

E-mail：JKB118＠188.COM

14.**美國：世界日報圖書部：**紐約圖書部　電話 7187468889#6262
洛杉磯圖書部　電話 3232616972#202

15.**國內外地區網路購書：**

正智出版社 書香園地　http://books.enlighten.org.tw/
（書籍簡介、直接聯結下列網路書局購書）

三民 網路書局　http://www.Sanmin.com.tw

誠品 網路書局　http://www.eslitebooks.com

博客來 網路書局　http://www.books.com.tw

金石堂 網路書局　http://www.kingstone.com.tw

飛鴻 網路書局　http://fh6688.com.tw

附註：1.請儘量向各經銷書局購買：郵政劃撥需要十天才能寄到（本公司在您劃撥後第四天才能接到劃撥單，次日寄出後第四天您才能收到書籍，此八天中一定會遇到週休二日，是故共需十天才能收到書籍）若想要早日收到書籍者，請劃撥完畢後，將劃撥收據貼在紙上，旁邊寫上您的姓名、住址、郵區、電話、買書詳細內容，直接傳眞到本公司 02-28344822，並來電 02-28316727、28327495 確認是否已收到您的傳眞，即可提前收到書籍。 2.因台灣每月皆有五十餘種宗教類書籍上架，書局書架空間有限，故唯有新書方有機會上架，通常每次只能有一本新書上架；本公司出版新書，大多上架不久便已售出，若書局未再叫貨補充者，書架上即無新書陳列，則請直接向書局櫃台訂購。 3.若書局不便代購時，可於晚上共修時間向正覺同修會各共修處請購（共修時間及地點，詳閱**共修現況表**。每年例行年假期間請勿前往請書，年假期間請見共修現況表）。 4.郵購：郵政劃撥帳號 19068241。 5.正覺同修會會員購書都以八折計價（戶籍台北市者為一般會員，外縣市為護持會員）都可獲得優待，欲一次購買全部書籍者，可以考慮入會，節省書費。入會費一千元（第一年初加入時才需要繳），年費二千元。**6.尚未出版之書籍，請勿預先郵寄書款與本公司，謝謝您！** 7.若欲一次購齊本公司書籍，或同時取得正覺同修會贈閱之全部書籍者，請於正覺同修會共修時間，親到各共修處請購及索取；**台北市讀者**請洽：103 台北市承德路三段 267 號 10 樓（捷運淡水線 圓山站旁）請書時間：週一至週五為 18.00~21.00，第一、三、五週週六為 10.00~21.00，雙週之週六為 10.00~18.00 請購處專線電話：25957295-分機 14（於請書時間方有人接聽）。

敬告大陸讀者：

大陸讀者購書、索書捷徑（尚未在大陸出版的書籍，以下二個途徑都可以購得，電子書另包括結緣書籍）：

1.廈門外國圖書公司：廈門市思明區湖濱南路 809 號 廈門外圖書城 3F
郵編：361004　電話：0592-5061658　網址：JKB118@188.COM

2.電子書：正智出版社有限公司及正覺同修會在台灣印行的各種局版書、結緣書，已有『**正覺電子書**』陸續上線中，提供讀者於手機、平板電腦上購書、下載、閱讀正智出版社、正覺同修會及正覺教育基金會所出版之電子書，詳細訊息敬請參閱『正覺電子書』專頁：http://books.enlighten.org.tw/ebook

關於平實導師的書訊，請上網查閱：

成佛之道　http://www.a202.idv.tw

正智出版社 書香園地　http://books.enlighten.org.tw/

中國網採訪佛教正覺同修會、正覺教育基金會訊息：

http://big5.china.com.cn/gate/big5/fangtan.china.com.cn/2014-06/19/content_32714638.htm

http://pinpai.china.com.cn/

★ 正智出版社有限公司售書之稅後盈餘，全部捐助財團法人正覺寺籌備處、佛教正覺同修會、正覺教育基金會，供作弘法及購建道場之用；懇請諸方大德支持，功德無量。

★ 聲　明 ★

本社於 2015/01/01 開始調整本目錄中部分書籍之售價，以因應各項成本的持續增加。

＊ 喇嘛教修外道雙身法、墮識陰境界，非佛教 ＊

＊ 弘揚如來藏他空見的覺囊派才是真正藏傳佛教 ＊

售後服務—換書啓事（免附回郵） 2012/09/24

《楞嚴經講記》第 14 輯初版首刷本免費調換新書啓事：本講記第 14 輯出版前因 平實導師諸事繁忙，未將之重新閱讀而只改正校對時發現的錯別字，故未能發覺十年前所說法義有部分錯誤，於第 15 輯付印前重閱時才發覺第 14 輯中有部分錯誤尚未改正。今已重新審閱修改並已重印完成，煩請所有讀者將以前所購第 14 輯初版首刷本，寄回本社免費換新（初版二刷本無錯誤），本社將於寄回新書時同時附上您寄書回來換新時所付的郵資，並在此向所有讀者致上最誠懇的歉意。

《心經密意》初版書免費調換二版新書啓事：本書係演講錄音整理成書，講時因時間所限，省略部分段落未講。後於再版時補寫增加 13 頁，維持原價流通之。茲爲顧及初版讀者權益，自 2003/9/30 開始免費調換新書，原有初版一刷、二刷書籍，皆可寄來本來公司換書。

《宗門法眼》已經增寫改版爲 464 頁新書，2008 年 6 月中旬出版。讀者原有初版之第一刷、第二刷書本，都可以寄回本社免費調換改版新書。改版後之公案及錯悟事例維持不變，但將內容加以增說，較改版前更具有廣度與深度，將更能助益讀者參究實相。

換書者免附回郵，亦無截止期限；舊書請寄：111 台北郵政 73-151 號信箱 或 103 台北市承德路三段 267 號 10 樓 正智出版社有限公司。舊書若有塗鴨、殘缺、破損者，仍可換取新書；但缺頁之舊書至少應仍有五分之三頁數，方可換書。所有讀者不必顧念本公司是否有盈餘之問題，都請踴躍寄來換書；本公司成立之目的不是營利，只要能眞實利益學人，即已達到成立及運作之目的。若以郵寄方式換書者，免附回郵；並於寄回新書時，由本社附上您寄來書籍時耗用的郵資。造成您不便之處，再次致上萬分的歉意。

正智出版社有限公司 啓

國家圖書館出版品預行編目(CIP)資料

金剛經宗通／平實導師述. -- 初版. -- 臺北市：
正智，2013.01
冊； 公分
ISBN 978-986-6431-33-3（第1輯：平裝）
ISBN 978-986-6431-37-1（第2輯：平裝）
ISBN 978-986-6431-38-8（第3輯：平裝）
ISBN 978-986-6431-39-5（第4輯：平裝）
ISBN 978-986-6431-48-7（第5輯：平裝）
ISBN 978-986-6431-49-4（第6輯：平裝）
ISBN 978-986-6431-50-0（第7輯：平裝）
ISBN 978-986-6431-51-7（第8輯：平裝）
ISBN 978-986-6431-60-9（第9輯：平裝）
1.般若部
221.44　　　　101007242

金剛經宗通——第三輯

著述者：平實導師
音文轉換：劉惠莉
校　　對：章乃鈞 陳介源 孫淑貞 傅素嫻 王美伶
出版者：正智出版社有限公司
電話：○二 28327495　28316727（白天）
傳眞：○二 28344822
111台北郵政73-151號信箱
郵政劃撥帳號：一九○六八二四一
正覺講堂：總機○二 25957295（夜間）
總經銷：飛鴻國際行銷股份有限公司
231新北市新店區中正路501-9號2樓
電話：○二 82186688（五線代表號）
傳眞：○二 82186458　82186459
初版首刷：二○一二年九月三十日　二千冊
初版七刷：二○一六年十一月　二千冊
定　　價：二五○元